GOLDMANN
A R K A N A

W0187945

Buch

Dieses Buch ist nicht das erste, das mit mentaler Programmierung den Lesern zu einem erfolgreichen Leben verhelfen will. Aber es gibt einen entscheidenden Unterschied zur Masse der Bücher auf dem Markt: Michael Neill hält mit jedem Satz den Kontakt zu seinen Klienten, denn sie sind es, die ihren Bedürfnissen folgen und sich ein Leben entsprechend ihrem individuellen Potenzial einrichten sollen. So stellt er sicher, dass die Leser sich auch wirklich auf das besinnen, was in ihnen steckt, und nicht halbherzig von außen diktierten Zielen folgen. Denn das Ureigene (und nur dies) hat die Energie, uns zu inspirieren und zu beflügeln. Und deswegen kann er auch versprechen: »Es ist leichter, das zu kriegen, was du wirklich willst, als das, wovon du glaubst, du könntest es kriegen.«

Freilich gibt es für die Leser einiges zu tun: mal ihr Innenleben gründlich zu durchforsten, Fragebögen auszufüllen und Pläne aufzustellen. Neill leitet sie von der Selbsterkenntnis über Selbstvertrauen zur Selbstermutigung und schließlich zur Selbstliebe. Von Anfang bis zum Ende macht sein hoch motivierendes Programm Spaß. Wie Bestsellerautorin Jennifer Louden (»Tu dir gut!«) schreibt: »Es gibt einige Bücher, die Dich bereits beim Lesen verändern. Michaels Buch gehört in diese exklusive Kategorie.«

Autor

Michael Neill ist ein international bekannter Erfolgscoach und diplomierter NLP-Trainer, der in den vergangenen 15 Jahren viele Prominente, Unternehmenschefs, einen Prinzen, Hunderte bekannte und unbekannte Leute coachte, die mehr aus ihrem Leben machten wollen. Seine wöchentliche Coaching-Kolumne wird von verschiedenen Zeitungen und Magazinen weltweit gleichzeitig veröffentlicht. Ursprünglich aus Großbritannien kommend, hat er sich nun mit seiner Frau und seinen drei Kindern in Hollywood/ USA niedergelassen.

Michael Neill

Entdecke Deine Möglichkeiten

Aus dem Englischen von Erika Ifang

GOLDMANN
ARKANA

Die englische Originalausgabe erschien
2006 unter dem Titel »You Can Have What You Want«
bei Hay House UK Ltd, London.

FSC

Mix

Produktgruppe aus vorbildlich
bewirtschafteten Wäldern und
anderen kontrollierten Herkünften

Zert.-Nr. SGS-COC-1940
www.fsc.org
© 1996 Forest Stewardship Council

Verlagsgruppe Random House FSC-DEU-0100
Das für dieses Buch verwendete
FSC-zertifizierte Papier *Super Snowbright*
liefert Hellerfoss AS, Hokksund, Norwegen.

1. Auflage

Deutsche Erstausgabe April 2008
© 2008 der deutschsprachigen Ausgabe
Wilhelm Goldmann Verlag, München
in der Verlagsgruppe Random House GmbH
© 2006 Michael Neill
Umschlaggestaltung: Design Team München
Porträtfoto von Michael Neill auf dem Umschlag: David Beeler
Redaktion: Gerhard Juckoff
WL · Herstellung: CZ
Satz: KompetenzCenter, Mönchengladbach
Druck: GGP Media GmbH, Pößneck
Printed in Germany
ISBN 978-3-442-21828-8
www.arkana-verlag.de

Für Nina, Oliver, Clara und Maisy –
ohne euch wäre nichts hier lohnenswert
oder auch nur halb so lustig gewesen.
Ich liebe euch mehr, als Worte (selbst solche wie diese)
es ausdrücken können …

Ich bin kein Lehrer: nur ein Mitreisender,
den du nach dem Weg gefragt hast.
Ich habe gezeigt, wo es weitergeht –
für mich ebenso wie für dich.

George Bernard Shaw

Inhalt

Vorwort

Gib einem Menschen einen Fisch,
und er hat einen Tag lang zu essen; lehre ihn fischen,
und er hat sein Leben lang zu essen.
Chinesisches Sprichwort

Es gibt nur wenige Menschen in der *Human-Potential*-Bewegung* heutzutage, die mich beeindrucken. Leider habe ich einsehen müssen, dass viele der bedeutendsten eher etwas verkaufen wollen als zu einer Veränderung beitragen. Michael Neill ist anders. Er hat wirklich etwas zu sagen und eine herrlich unbekümmerte Art, seine Botschaft zu übermitteln. Das liegt zum Teil an seinem großen Können, ist aber auch ein Hinweis darauf, was für eine Persönlichkeit er ist.

Ich habe Michael Neill Ende der Achtzigerjahre kennengelernt, als er in einem Buchladen in Camden Town arbeitete und ich DJ beim Sender »Capital« in London war. Wir ließen uns dann beide zu NLP-Trainern ausbilden und hielten über die Jahre lockere Verbindung zueinander. Vor einigen Jahren schließlich war ich in Los Angeles, und wir trafen uns dort wieder.

Auf meine Frage, was er denn jetzt mache, erzählte er mir, er beschäftige sich mit »Erfolgstraining«. Er erklärte mir, dies sei etwas anderes als eine der üblichen Therapien, bei

---

* Bewegung zur Entfaltung des menschlichen Potenzials.

denen man sich vor allem auf das konzentriere, was in der Vergangenheit geschehen sei, und auf die »Reparatur« dessen, was schiefgegangen sei. Als Trainer müsse er Menschen dazu verhelfen, sich an der Gegenwart zu erfreuen und die Zukunft zu gestalten. Statt seinen Klienten einfach zu geben, was sie nach eigenen Angaben haben wollen, lehrte er sie, es sich selbst zu verschaffen.

Er fragte mich, ob ich nicht ein Training bei ihm absolvieren wollte. Ich hätte beinahe nein gesagt, denn ich hatte keinerlei Probleme, und ich fragte mich, was er mir in Bezug auf Veränderungen wohl noch beibringen konnte, aber meine Neugier war geweckt, und so engagierte ich ihn für einen Monat, um herauszufinden, was er bewirken konnte.

Damals war mir allerdings nicht klar, was für ein außergewöhnlicher Coach Michael tatsächlich ist. Im *Manchester Guardian* las ich den Bericht über eine brandneue Forschungsstudie, derzufolge Glücksgefühle und nicht harte Arbeit der Schlüssel zum Erfolg sind. Fröhliche Menschen neigen eher dazu, Neues auszuprobieren und sich Herausforderungen zu stellen, was die positiven Emotionen noch verstärkt und zu größerem Erfolg bei der Arbeit, festeren Beziehungen und einer besseren Gesundheit führt. Dies entspricht dem, was Michael seit Jahren propagiert und was eine der Hauptbotschaften dieses wunderbaren Buches ist.

Wissenschaftlichkeit hin und her, ich kann nur meine persönlichen Erfahrungen wiedergeben. Seit ich Michaels Methode anwende, um innerlich und äußerlich zu Erfolg zu kommen, ruhe ich glücklicher in mir selbst, bin erfolgreicher und, um es geradeheraus zu sagen, verdiene erheblich mehr! In diesem Buch sind viele der Techniken beschrieben, denen ich persönlich eine starke lebensverändernde Wirkung verdanke.

In den letzten Jahren habe ich vielen meiner engsten Freunde empfohlen, Michael als Trainer zu engagieren, und zugesehen, wie sich ihr Leben von Grund auf verwandelte. Auch sie sind jetzt glücklicher und reicher und – was vielleicht das Beste ist – inspirierter und lebendiger als je zuvor. Denen, die skeptisch waren und zögerten, es einmal damit zu probieren, habe ich das Gleiche gesagt, was ich jetzt Ihnen sage: Die Arbeit mit Michael wird Ihnen helfen, mehr von dem aus Ihrem Leben herauszuholen, was Sie sich aufrichtig wünschen.

Für das bisschen Zeit und Mühe, das Sie investieren müssen, um das Buch zu lesen und die Übungen durchzuführen, werden Sie mit tief greifenden, positiven Veränderungen in Ihrem Leben belohnt.

Auf geht's!

Paul McKenna

Einleitung

Hier gibt es keine Regeln –
wir versuchen einfach etwas richtig hinzubekommen.
Thomas Edison

Beginnen wir unsere gemeinsame Zeit mit einem kleinen Experiment!

Legen Sie das Buch bitte kurz weg und tauschen Sie mit der Person, die in diesem Augenblick zufällig bei Ihnen ist, die Schuhe. Sollten Sie gerade im Bad oder allein irgendwo weit weg von allem sein, dürfte das etwas schwierig werden. Sonst jedoch tun Sie's bitte. Ziehen Sie die Schuhe aus, gehen Sie zu dem betreffenden Menschen, und bitten Sie ihn, mit Ihnen zu tauschen.

Fertig?

Okay, dann wollen wir mal darüber reden.

Niemand zweifelt daran, dass sich Ihre Füße von denen anderer Leute unterscheiden. Sie haben eine andere Größe, eine andere Form, ein anderes Aussehen. Vielleicht kennen Sie jemanden mit ähnlichen Füßen, aber niemand mit genau den gleichen wie Ihre. Der Grund, warum Sie mit ziemlicher Sicherheit nicht getan haben, wozu ich Sie aufgefordert habe (und falls doch, dann tauschen Sie bloß schnell wieder!), ist der, dass Sie sofort erkannt haben, dass es lächerlich war.

Die Wahrscheinlichkeit, dass die Schuhe von jemand anderem Ihrem Stil und Geschmack (und vor allem natürlich

Ihren Füßen) entsprechen, ist verschwindend gering. Dem Besitzer mögen sie allerdings als die besten der Welt erscheinen – bequem, praktisch, schick und obendrein noch mit schönen Erinnerungen verknüpft.

Den meisten von Ihnen fällt jedoch gar nicht auf, dass das gleiche Prinzip für unsere Überzeugungen und Handlungsweisen auf dieser Welt gilt. Sich Ziele zu setzen, zweimal am Tag jeweils eine halbe Stunde zu meditieren, die neueste Diät einzuhalten oder Yoga zu üben mag zwar ebenso qualvoll, unbequem und unangemessen für Sie sein, wie sich in die Unterwäsche Ihres Lieblingsfilmstars zu zwängen – aber das versuchen Sie trotzdem, weil er oder sie so toll damit aussieht!

Was wäre, wenn Sie gar nicht genauso vorgehen müssten wie jemand anders, um glücklich und erfolgreich zu leben? Was wäre, wenn alles, was Sie je über Erfolg gelernt haben, falsch ist?

In diesem Buch geht es darum, was geschieht, wenn Sie Ihren Kopf gebrauchen, auf Ihr Herz hören und Ihrem eigenen Weg zum Glück folgen. Es geht darum, was geschieht, wenn Sie mit allem aufhören, was Sie glauben tun zu müssen, und endlich das tun, was Sie wirklich tun wollen – wenn Sie nicht länger auf andere hören, sondern stattdessen die leise innere Stimme laut drehen.

Sobald Sie das Buch ausgelesen haben, werden Sie – über jeden Zweifel erhaben – wissen, dass Sie alles im Leben erreichen können, was Sie sich wünschen: mehr Geld, bessere Beziehungen, einen neuen Job oder etwas anderes, das Ihr Herz vor Freude hüpfen lässt und Ihnen in der Seele wohltut. Sie müssen sich nur entscheiden, ob Sie es wirklich wollen oder nicht!

Machen wir uns doch nichts vor – die meisten Menschen

jagen ihr Leben lang fremden Träumen hinterher und sind am Ende enttäuscht, dass diese sich nie erfüllen, oder noch enttäuschter, *wenn* sie sich erfüllen.

Wenn Sie die Ideen aus diesem Buch aufgreifen und in Ihrem Leben, dem Einzigen, das Sie haben, auf die Probe stellen, kommen Sie wieder mit Ihren eigenen Träumen in Berührung. Sie entdecken, was bei Ihnen funktioniert, und zwar unabhängig davon, ob es auch bei anderen funktioniert oder nicht. Das Beste aber ist, dass Sie schließlich jeden Abschnitt der Reise samt den Haltestellen aus vollen Zügen genießen können.

Den Mythos vom Expertentum entlarven

Der große Feind der Wahrheit ist sehr häufig nicht die Lüge –
wohlbedacht, erfunden und unehrlich, sondern der Mythos –
hartnäckig, überzeugend und unrealistisch.
John F. Kennedy

Ich bin in einer Familie von Wissenschaftlern aufgewachsen und war vollkommen durchdrungen vom Mythos des Expertentums, der sich in einem Satz zusammenfassen lässt: »Folge dem Rat der Experten – sie wissen es am besten.«

Man stellt sich vor, dass irgendwo da draußen Leute sind, die »Experten« genannt werden, alles studieren, was es auf einem bestimmten Gebiet zu studieren gibt, und die beste Art des Umgangs mit der betreffenden Materie herausfinden. Sie berichten uns, was sie in Erfahrung gebracht haben, und wir halten uns an das, was die Experten sagen, selbst wenn es uns verkehrt vorkommt – eben weil sie Experten sind.

Klingt ganz vernünftig, oder nicht?

Mir erschien es jedenfalls so vernünftig, dass ich schließlich selbst Experte auf meinem Gebiet der Psychologie, der Neurolinguistischen Programmierung (NLP), wurde. Ich habe Hunderte von Büchern gründlich gelesen und in den letzten 15 Jahren mit Tausenden von Leuten gearbeitet, darunter einem ausländischen Prinzen, ungezählten Millionären und berühmten (manchmal berühmt-berüchtigten!) Prominenten aus Hollywood. Ich bin ein unbestrittener Experte auf dem Gebiet des menschlichen Verhaltens.

Aber ich werde Ihnen nicht den kleinsten Rat erteilen, was Sie mit Ihrem Leben anfangen sollen.

Warum nicht?

Weil das, was ich sagen würde, zwar aus meiner Erfahrung richtig sein mag, aber nicht unbedingt für Sie. In der Theorie weiß ich vielleicht besser Bescheid als Sie, aber in der Praxis wissen Sie selbst am besten, was für Sie gut ist (zumindest besteht die Möglichkeit dazu!).

Ich würde sogar so weit gehen zu sagen:

Sie sind Ihr eigener Experte.

Aber die Sache hat einen Haken …

Die meisten von uns haben ihr Expertentum nie in Anspruch genommen – sie haben sich nie selbst erforscht. Wenn Sie nun vortreten und Ihr eigener Experte werden wollen, ist das Beste, was Sie tun können, regelmäßig den eigenen innersten Empfindungen und dem eigenen *Genius* zu folgen.

Zwar kann Ihnen niemand genau erklären, wie das geht, aber trotzdem ist es erlernbar – und so ist jede Zeile dieses

Buches dazu gedacht, als Katalysator für den Prozess zu dienen, in dessen Verlauf Sie Ihren Genius zum Leben erwecken werden.

Die Idee des »Genius« als Maß für die geistige Größe ist tatsächlich ziemlich neu. Das Wort hatte ursprünglich zwei Bedeutungen. Die erste bezieht sich auf die natürliche Begabung oder Neigung, die jeder zu haben scheint und aufgrund derer wir uns zu manchen Dingen stärker hingezogen fühlen als zu anderen. Darin unterscheidet der Genius sich von der kulturellen Konditionierung, die in uns allen die gleichen Wünsche weckt und uns darin übereinstimmen lässt, dass gewisse Dinge »gut« und »richtig« sind, während alles andere schlecht und falsch ist.

In der zweiten ursprünglichen Bedeutung ist »Genius« so etwas wie ein Schutzgeist oder *Dschinn*. Wenn Sie es schaffen, Ihren inneren Genius freizusetzen wie den Geist in der Wunderlampe, werden Sie merken, dass sich Ihre Wünsche ans Universum leichter und müheloser erfüllen, als Sie je gedacht hätten.

Wie alles funktioniert

In »Teil I: Ein Leben schaffen, das Sie zum Staunen bringt« erhalten Sie Einblick in die Geschichten und Techniken, die ich auch bei meinen Klienten anwende, um ihnen zu helfen, ihren eigenen inneren Genius freizusetzen und zur Grundlage ihrer Lebensgestaltung zu machen. Sie werden die Schlüssel zu vier Fähigkeiten in die Hand bekommen, nämlich sich selbst zu erkennen, sich selbst zu vertrauen, sich selbst zu inspirieren und sogar sich selbst zu lieben.

Das sind die »vier Pfeiler eines außergewöhnlichen Lebens«, wie ich sie nenne. Jeder von ihnen birgt ein wesentliches Strukturelement in sich, das Ihnen auf Ihrer Reise weiterhilft, und zusammen bilden sie die stabile Grundlage für ein Leben, wie Sie es sich erträumt haben.

Außerdem werden Sie einige der grundlegenden Geheimnisse mühelosen Erfolgs erfahren – der Art von Erfolg, bei der Sie erreichen, was Sie wollen, ohne auch nur einen Finger krumm zu machen. Solche Erfahrungen betrachten wir meist als Ausnahmezustände, als glückliche Zufälle, die eintreten, während wir den »wirklichen« Geschäften nachgehen und uns das erarbeiten, was wir vom Leben erwarten. Dabei sind die Erfahrungen mühelosen Erfolgs entscheidend dafür, »den Pfad der Inspiration« zu finden und entlangzugehen. Dieser von mir so bezeichnete Pfad ist ein Weg zu Erfolg, Glück und Erfüllung, der sich jeden Tag aufs Neue in Ihrem Herzen und Leben für Sie öffnet.

In »Teil II: Der Hindernislauf zum Erfolg« geht es um die neun Haupthindernisse, mit denen sich die Leute selbst davon abbringen, alles zu erreichen, was sie sich vom Leben wünschen. Ich führe Sie Schritt für Schritt über diese Hindernisse hinweg, um sie herum oder mitten durch sie hindurch. Dieser Teil ist vollgepackt mit einfachen Tipps, Techniken und erprobten Handlungsstrategien, davon loszukommen und den eigenen Träumen zu folgen.

Ferner finden Sie überall im Buch Kästen und darin die Überschrift: »*Von der Theorie zur Praxis ...*« Die Kästen rahmen eine einfache, aber wichtige Idee ein:

Der Unterschied zwischen Theorie und Praxis ist der, dass es theoretisch keinen Unterschied zwischen den beiden gibt – praktisch aber sehr wohl.

Jeder Kasten enthält ein, zwei Experimente oder Übungen, die Sie selbst ausführen können, um herauszufinden, ob das, was ich sage, für Sie stimmt – ob es Ihre Lebensqualität steigert und Sie dem Ziel näher bringt, mehr von dem zu erreichen, was Sie sich wünschen.

Sie brauchen nicht alle Übungen und Experimente in diesem Buch durchzuführen, um Ihr Ziel zu erreichen!

Betrachten Sie sie lieber als Einladung, mehr zu lernen und daran Freude zu haben. Natürlich brauchen Sie meine Einladung nicht anzunehmen – aber dann verpassen Sie vielleicht etwas Tolles!

Wie Sie Ihr Leben nicht verändern

Eine der Grundmethoden von NLP ist die, Sprache »hypnotisch« benutzen zu lernen. Diese Methode habe ich beim Schreiben angewendet, sodass sich Ihr Leben schon allein dadurch zum Besseren wendet, wenn Sie das Buch lesen.

Trotzdem bestehen noch immer ein paar Möglichkeiten für Sie, positiven Veränderungen in Ihrem Leben auszuweichen, wenn Sie das wirklich wollen …

1. Tun Sie alles als typisch amerikanische Blabla-New-Age-Psychologie ab

Sollten Sie bereits daran denken, dieses Buch in einem Pornoheft zu verstecken, weil Ihnen der Gedanke peinlich ist, die Leute könnten sehen, dass Sie es lesen, wird es hier ein paar Probleme für Sie geben …

Erstens benutze ich bisweilen Wörter wie »Liebe«, »Glück« und sogar »Gott« (ächz!).

Zweitens erzähle ich gelegentlich Geschichten wie die vom »kleinen Hasen Fufu«. Sie kennen doch die Geschichte von Häschen Fufu, oder? Das durch den Wald hoppelte, die Feldmäuse aus ihren Löchern holte und ihnen eine Kopfnuss verpasste?

Es muss Ihnen nicht sonnenklar sein, was solche Geschichten eigentlich bedeuten sollen. Sie sprechen einen anderen Teil Ihres Bewusstseins an – den, der Ihr Herz schlagen und Ihren Körper atmen lässt, selbst jetzt, während Sie dieses Buch lesen.

2. Stellen Sie aus den Ideen dieses Buches neue »Regeln« dafür zusammen, was Sie in der Welt darstellen, sein, tun, haben oder wünschen »sollten« und was nicht

In der berühmten Geschichte von den Blinden und dem Elefanten hielt jeder Blinde den kleinen Teil des Elefanten, den er gerade zu fassen bekam, für die wahre Gestalt eines Elefanten. Der Blinde, der den Schwanz ergriffen hatte, meinte, der Elefant gleiche einer Schlange, derjenige, der ein Ohr gepackt hatte, beschrieb den Elefanten als eine Art Fledermaus, und der Dritte, der eines der Beine umfasst hatte, hielt den Elefanten für so etwas wie einen Baum.

Ebenso ist es die leichteste Sache der Welt, irgendeine Perspektive auf das Leben in »die ganze Wahrheit« zu verwandeln und dann darauf zu pochen, das sei die einzig richtige Art von Dasein.

Doch falls Sie dieses Buch wie ein Handbuch lesen, das Ihnen sagt, wie Sie sein und was Sie tun *sollten*, werden Sie immer Mittel und Wege finden, um aus jeder positiven Möglichkeit eine Zwangsjacke zu machen.

Machen Sie sich Folgendes klar – egal, wie gut die Dinge für Sie laufen oder wie sehr Sie vielleicht gerade leiden, Sie tun wahrscheinlich nach bestem Wissen und Gewissen das Bestmögliche für sich, um sich von Ihrem Kummer zu befreien und glücklich zu werden. Wie die amerikanische Talkmasterin Oprah Winfrey gerne sagt: »Wer's besser weiß, der macht's auch besser.«

3. Setzen Sie sich über Ihre innere Weisheit hinweg, indem Sie auf mich hören, statt auf sich selbst

Der Grund, warum ich solchen Wert auf das Experimentieren lege, ist der, dass Sie erst erfahren werden, wo, wann und wie etwas am besten bei Ihnen wirkt, wenn Sie es selbst ausprobieren.

Hier eine kleine Übung, die im ganzen Buch immer wieder vorkommen wird …

Sie können sich beim Lesen sehr leicht »in Gedanken verlieren«, besonders, wenn etwas, das ich behaupte, nicht dem entspricht, was Sie über Glück, Erfolg und das Leben überhaupt gelernt haben.

Aber wenn die Vorstellungen stimmten, die die meisten Menschen davon haben, wie sie ihr Traumleben verwirklichen können, wäre es überflüssig gewesen, dieses Buch zu schreiben, und ebenso überflüssig, dass Sie es jetzt lesen.

Prüfen Sie darum immer, wenn Sie dieses Symbol

sehen, ob Sie wieder in Ihre eigene Gedankenwelt abge-
driftet sind. Wenn ja, klopfen Sie sich auf die Schulter dafür,
dass Sie es bemerkt haben, und lenken Sie Ihre Aufmerksamkeit auf Ihren Körper zurück, indem Sie die Augen
schließen, sich auf Ihr Herz konzentrieren und dabei ein
paarmal langsam aus- und einatmen. Sie können sich mithilfe dieser kleinen Weckübung leicht wieder mit sich selbst
und Ihrer inneren Weisheit verbinden. Warum das so wichtig ist, werde ich in Kapitel 5 und 6 näher erläutern.

Also … welche Möglichkeiten haben Sie eigentlich?

Ich hoffe, Sie haben dieses Buch zur Hand genommen, weil
es alles Mögliche in Ihrem Leben gibt, das Sie sich wünschen, und Hilfe gebrauchen können, um es zu erlangen.
Vielleicht wollen Sie mehr Geld verdienen, Ihren beruflichen Werdegang ankurbeln (oder sogar verändern) oder
ein eigenes Unternehmen gründen. Vielleicht wünschen Sie
sich auch eine neue oder bessere Beziehung, besseren Sex
(oder überhaupt welchen), andere Freunde oder ein erfreu-
licheres Sozialleben.
  Womöglich ist es etwas noch Persönlicheres, noch Inti-

meres, das Sie sich wünschen. Vielleicht würden Sie gern Ihre Ehe retten oder mit dem Teenager in ihrem Haushalt besser klarkommen. Oder Sie leiden an einer Krankheit, die Sie zu überwinden hoffen. Es mag sogar sein, dass Sie sich einfach nur sagen: »Ich will glücklich sein«, »meinen Frieden haben« oder »geliebt werden«.

Hier die gute Nachricht: Alles dies ist möglich, selbst wenn es Ihnen im Augenblick noch völlig unvorstellbar erscheint. Das heißt nicht, dass nur, weil Sie unbedingt mit Ihrem Lieblingsfilmstar ausgehen wollen, Sie das auch automatisch tun werden (obwohl es einer meiner Klientinnen gelungen ist, wie in Kapitel 2 beschrieben wird), aber Sie werden jedenfalls beim Weiterlesen merken, dass das Universum nach einem grundlegenden, äußerst wunderbaren Prinzip funktioniert:

Wenn Sie wirklich klar und aufrichtig wissen, was Sie wollen, verschwört sich alles im Universum darauf, Ihnen dazu zu verhelfen.

Ich nenne es das Prinzip des mühelosen Erfolgs, und dieses Prinzip liegt im Wesentlichen allem zugrunde, was Sie aus diesem Buch lernen.

Unterwegs werde ich Ihnen Dutzende Geschichten von Leuten erzählen, die wie Sie und ich Traumata überwunden, »unmögliche« Ziele erreicht und Verbesserungen in Bereichen ihres Lebens bewirkt haben, in denen sie schon alle Hoffnung aufgegeben hatten. Tatsächlich werde ich das Beste von alledem mit Ihnen teilen, was ich in über 15 Jahren als Coach und Lehrer Tausender von Menschen gelernt habe, denen ich beigebracht habe, ihre Wünsche zu verwirklichen, ihren Genius zu finden und ein Leben zu leben, das sie selbst (und oft auch ihre Umgebung!) zum Staunen bringt.

Aber die Sache hat noch einen Haken …

Sie werden einräumen müssen, dass es leichter geht, als Sie denken, schneller, als Sie erwarten, und vergnüglicher ist, als Sie sich vorstellen können.

Sind Sie bereit?

Teil I:

Ein Leben schaffen, das Sie zum Staunen bringt

1
Die Glück-Erfolg-Connection

Die Priorität des Glücks

Das Glück ist Sinn und Zweck des Lebens,
es ist das Ziel und die Erfüllung menschlichen Daseins.
Aristoteles

Die meisten Menschen stecken sich Ziele im Leben, von denen sie glauben, dass diese sie glücklich machen werden. Aber wie einer meiner Geschäftspartner einmal zu mir sagte: »Wenn das, was unterm Strich steht, so wichtig ist, warum steht es dann zuunterst?«

Mit anderen Worten: Wenn das, was wir wirklich wollen, Glück ist, warum fangen wir dann nicht gleich damit an?

Diese Frage habe ich inzwischen Tausenden von Leuten gestellt und Antworten erhalten, die deutlich machen, was ich für das größte Märchen der westlichen Zivilisation halte:

Ich werde glücklich sein,
wenn ich bekomme, was ich will.

Diese Vorstellung hat seit Tausenden von Jahren Bestand und zieht sich durch alle Mythologien, seien sie alt oder neu – dass man, wenn man mit dem Drachen kämpft und siegt, die Prinzessin gewinnt und für alle Zeiten glücklich ist. Oder dass man sich, falls man die Prinzessin ist, nur lange genug in Geduld üben muss, bis eines Tages der Prinz kommt, und *dann* wird man für alle Zeiten glücklich sein.

Die Leute sind tatsächlich oft willens, auf dem Weg zum Erfolg die größten Härten zu ertragen, weil sie wissen, dass am Ende ihres Regenbogens ein Topf voll Gold auf sie wartet, und sie dieses Gold dazu benutzen wollen, um sich Glück und Erfüllung zu kaufen, die Gefühle, auf die sie eigentlich aus sind.

Um sich ein Bild davon zu machen, wie dieses Märchen auch in Ihrem eigenen Leben lebendig ist, überlegen Sie sich bitte einmal, wie Sie den folgenden Satz beenden könnten:

Ich werde glücklich sein, wenn ...
- Ich werde glücklich sein, wenn ich genügend Geld habe.
- Ich werde glücklich sein, wenn ich eine liebevolle Beziehung habe.
- Ich werde glücklich sein, wenn ich eine bessere Arbeitsstelle habe.
- Ich werde glücklich sein, wenn mein Chef/Kollege/ Freund sich nicht mehr wie ein Schwachkopf benimmt.

Was immer Sie in ebendiesem Augenblick zwischen sich und Ihr Glück stellen, ist ein Nebenprodukt des Märchens vom Glück: die Vorstellung, dass Sie nur Ihr äußeres Leben endlich in den Griff bekommen müssen, damit sich Ihr Innenleben von selbst regelt.

Aber die Wahrheit hinter diesem Märchen ist ebenso einfach wie grundlegend:

**Wenn Sie etwas tun, um glücklich zu werden,
tun Sie es in der falschen Reihenfolge!**

Sobald das Glück erste Priorität für Sie hat und Sie Ihrem Glücksverlangen nachgeben, rückt der Erfolg nicht nur greifbar näher, sondern es macht auch viel mehr Spaß, ihn anzustreben. Albert Schweitzer hat einmal gesagt:

Nicht Erfolg ist der Schlüssel zum Glück, sondern Glück ist der Schlüssel zum Erfolg. Wenn du gerne tust, was du tust, wirst du auch erfolgreich sein.

Das wirft eine interessante Frage auf: Was genau ist »Erfolg« eigentlich?

Der Ursprung von »Erfolg«

Das Wort »Erfolg« bezeichnet laut Wörterbuch das »positive Ergebnis einer Bemühung«.

Success, das englische Wort für »Erfolg«, wurde 1537 zum ersten Mal erwähnt. Ist das nicht erstaunlich? Hat es denn vorher keine Erfolge gegeben? Wie wurde das positive Ergebnis einer Bemühung vor dieser Zeit genannt?

Ich meine, Ben Hur hat doch eindeutig seine Sache gut gemacht bei dem Wagenrennen. Richard Löwenherz brachte »Schwung« in die Kreuzzüge, Dschingis Khan erreichte Beeindruckendes auf den Hochebenen der Äußeren Mongolei, aber verbrieft ist der Gebrauch des Wortes *success* tatsächlich erst seit 1537.

(Ich persönlich denke gern, dass der erste Mensch, der als

»erfolgreich« bekannt wurde, ein Renaissance-Barbier namens Bob war, der die Einträglichkeit seines Geschäfts erheblich zu steigern vermochte, als er den Aderlass in sein Dienstleistungsangebot aufnahm.)

Hier meine Probleme mit der lexikalischen Definition des Wortes »Erfolg« – aus linguistischer Sicht wird damit etwas beschrieben, das im Grunde gar nicht existiert.

»Erfolg« gehört zur Wortkategorie der Abstrakta. Das sind Begriffe, die eine Aktivität oder Befindlichkeit beschreiben, als handle es sich um ein Ding. Denken Sie einmal an Worte wie »Liebe«, »Glück«, »Beziehungen« oder »Freude«. Die lassen sich nicht mit einer Schubkarre transportieren, und doch sprechen wir von ihnen, als wären es Dinge, die außerhalb von uns existierten.

Warum ist das von Belang? Weil wir zum Scheitern verurteilt sind, wenn wir all unsere Zeit daran wenden, erfolgreich zu sein, während es so etwas wie Erfolg überhaupt nicht gibt.

Wenn also unsere Erfolgssuche einen Sinn haben soll, müssen wir erst einmal »Erfolg« für uns selbst definieren. Um herauszufinden, wie eine solche Definition aussehen könnte, wollen wir jetzt einen Blick auf die zwei Kategorien von Dingen werfen, bei denen die Leute von »Erfolg« sprechen.

1. Äußerer Erfolg

Ich wollte immer die Insignien großen Reichtums;
stattdessen habe ich die Insignien tiefster Armut erlangt.
Ich habe die falschen Insignien erwischt –
noch dazu Insignien der übelsten Art.
Peter Cook

Die Insignien äußeren Erfolgs sind die Dinge, die wir für gewöhnlich im Fernsehen sehen und über die wir in Zeitschriften lesen: Geld, Autos, Häuser, Ehemänner/-frauen, Lover, Dienerschaft usw. Statussymbole verändern sich von Generation zu Generation, aber in der Welt des äußeren Erfolgs gewinnt eigentlich immer, wer bei seinem Tod das meiste Spielzeug hat.

2. Innerer Erfolg

Inneren Erfolg zu finden ist die beste,
einfachste und im Grunde einzige Möglichkeit,
alles andere im Leben zu genießen.
Spencer Johnson

Innerer Erfolg ist stets mit der Erfahrung von Wohlgefühl, Liebe, Glück und Erfüllung verbunden – mit dem Erlebnis von Freude im Lebensalltag. Die meisten Leute würden, wenn sie die Wahl hätten, den inneren Erfolg als den bei Weitem wichtigeren bezeichnen.

Warum müssen wir uns überhaupt entscheiden?

Wenn es nun gar nicht nötig wäre, den Genuss eines wirklich guten Steaks für das Glück der Erleuchtung einzutauschen?

Wenn es nun gar nicht nötig wäre, den Wohlgeruch der Ewigkeit wegen des Duftes einer Rose aufzugeben?

»Glücklichen Erfolg« zu haben – und ich bin davon überzeugt, dass sich die meisten von uns letztlich diese Kombination von innerem und äußerem Erfolg wünschen – bedeutet, ein wirklich erfülltes Leben zu leben, in dem authentische Glücksgefühle und total coole Errungenschaften miteinander kombiniert sind.

Zum Beispiel:

- Die wunderbare Erfahrung, in einem wunderbaren Beruf zu arbeiten.
- Ein fantastisches Wohlgefühl innerhalb einer fantastischen Liebesbeziehung.
- Seelenfrieden und ein schönes Anwesen mit Blick aufs Meer.

Von der Theorie zur Praxis ...

Was »glücklicher Erfolg« für Sie bedeutet

1. Stellen Sie sich vor, am Ende Ihres Lebens angekommen zu sein. Sehen Sie vor Ihrem geistigen Auge ein zukünftiges Ich, das glücklich und zufrieden aussieht. Was hat diese Person an sich, das Ihnen einen solchen Eindruck von Glück und Zufriedenheit vermittelt?

2. Begrüßen Sie sie! Fragen Sie, was sie mit ihrem Leben gemacht hat, dass es ihr so gut geht. Welche Aktivitäten, Einstellungen, Entscheidungen und Leistungen waren es in erster Linie, die aus ihrem Leben etwas so Wunderbares gemacht haben?

3. Bitten Sie, ehe Sie sich verabschieden, unbedingt um mindestens eine oder zwei Empfehlungen, was sich aus der

Rückschau verbessern ließe. Vergessen Sie nicht, ihr für die Zeit zu danken, die sie für Sie erübrigt hat!

4. Was bedeutet nun, nachdem Sie um einiges klüger sind, »glücklicher Erfolg« für Sie?

Glücklicher Erfolg bedeutet für mich ...

_____

_____

_____

_____

Das Geheimnis glücklichen Erfolgs

Wie wir jetzt wissen, ist die Vorstellung, dass wir glücklich werden, wenn wir das bekommen, was wir wollen, ein Märchen, das unserem glücklichen Erfolg im Wege steht. Dann ist das Geheimnis des Erfolgs einfach Folgendes:

Ihr Glück hängt nicht davon ab,
dass Sie bekommen, was Sie wollen.

Das mag auf den ersten Blick völlig unspektakulär erscheinen. Bestimmt haben Sie schon ähnliche Äußerungen gehört wie »Das Glück lacht dem Tüchtigen«, »Glück kommt von innen« und »Willst du lieber Recht haben oder glücklich sein?« (eine Frage, die ich immer mit »Beides!« beantworten würde).

Wie nun, wenn es _wirklich_ wahr wäre? Anders ausgedrückt: Was würden Sie sich wünschen, wenn Sie nicht unglücklich zu sein brauchten, falls Sie es nicht bekämen?

Wenn ich diese Frage in meinen Seminaren stelle, muss ich sie oft mehrmals wiederholen, bis die Leute sie verstehen, deshalb kommt sie hier noch einmal:

Was würden Sie sich wünschen,
wenn Sie nicht unglücklich zu sein brauchten,
falls Sie es nicht bekämen?

Wir sind so sehr daran gewöhnt, angenehme Gefühle damit zu verbinden, dass wir bekommen, was wir wollen, und unangenehme damit, zu »scheitern«, dass wir kaum jemals an der Vorstellung zweifeln, Glück und Erfolg hingen von Natur aus zusammen.

Dieser scheinbare Zusammenhang ist die Quelle fast all unserer Ängste in Bezug auf Erfolg und Misserfolg. Überlegen Sie einmal – haben Sie wirklich Angst davor, zu versagen, oder fürchten Sie nicht vielmehr, zu versagen und sich deshalb mies zu fühlen? Haben Sie wirklich Angst, all Ihr Geld zu verlieren, oder fürchten Sie nicht vielmehr, Ihr Geld zu verlieren und sich dann mies zu fühlen? Haben Sie wirklich Angst davor, eine Beziehung zu beenden, oder fürchten Sie nicht vielmehr, sich mies zu fühlen, wenn Sie Ihre Beziehung beenden und darüber froh sind, statt sich mies zu fühlen? (Wir sind ganz schön kompliziert, nicht wahr?)

Hier ein Beispiel: Einer meiner Klienten hatte die Beziehung zu einer Frau abgebrochen, die er eigentlich hatte heiraten wollen, und die Trennung war sehr schwierig für ihn. Eines Tages sagte er während der Sitzung bei mir: »Es ist einfach so, dass ich sie nicht mehr liebe.«

Das fand ich etwas seltsam, denn aus allem, was er je über sie hatte verlauten lassen, hatte tiefe Liebe gesprochen.

»Aber natürlich lieben Sie sie«, sagte ich.

»Nein, tue ich nicht«, sagte er, offensichtlich unschlüssig, ob er sich über meine Bemerkung ärgern oder wundern sollte.

»Doch, Sie lieben sie noch immer«, sagte ich. »Sie wollen nur nicht mehr mit ihr zusammen sein.«

Er schwieg eine Zeit lang und überlegte.

Schließlich sagte er zögernd: »Kann denn beides gleichzeitig stimmen?«

Einige Tage später klagte mir eine Freundin ihr Leid – wie sehr sie ihre Arbeit hasste und wie sehr sie sich doch wünschte, genug Geld zu verdienen, um ihre Stelle sofort aufgeben und endlich das machen zu können, was sie immer machen wollte.

Nachdem ich ihr eine Weile zugehört hatte, kam mir plötzlich etwas in den Sinn, das keiner von uns beiden bisher in Betracht gezogen hatte.

»Wie wäre es denn, wenn du deine jetzige Arbeit so richtig lieben könntest und *trotzdem* kündigen würdest, um das zu tun, was du wirklich tun möchtest, sobald dir das sinnvoll erscheint?«

Dieses Mal dauerte es nicht lange, bis sie antwortete.

»Darf ich das denn?«, fragte sie, hörbar verwundert.

In beiden Gesprächen ging es um die Vorstellung, dass man unglücklich sein muss, um sich zu verändern.

Bruce DiMarsico, der Erfinder der »Option Method«, hat eine einfache, aber überzeugende Theorie darüber aufgestellt, warum Leute auf jede nur erdenkliche Art unglücklich sind, ob durch Angst, Wut, Trauer, Depressivität oder Not:

Du bist nur aus einem einzigen Grund unglücklich –
weil du denkst, es sein zu müssen.

Mit anderen Worten: Wenn es Ihnen schlecht geht, dann deshalb, weil Sie in dem betreffenden Augenblick das »Sich-schlecht-Fühlen« für angebracht halten in dem Glauben, dass es grundlegende Vorteile mit sich bringt.

Diese Vorteile gehören im Allgemeinen in eine von zwei Kategorien:

1. Es geht uns schlecht, weil wir denken, dass uns das motiviert (oder fürchten, dass es unseren Interessen nicht dienen würde, wenn es anders wäre).
2. Es geht uns schlecht, weil wir glauben, dass das ein gutes Licht auf uns wirft (oder fürchten, dass es ein schlechtes Licht auf uns werfen würde, wenn es anders wäre).

Ich werde nie den Mann vergessen, der mich während eines NLP&Happiness-Workshops, den ich in London abhielt, mit der ziemlich provokanten Frage herausforderte, ob ich wolle, dass er über den Tod seiner Frau, die vor Kurzem gestorben war, glücklich sein solle.

Nachdem ich schnell klargestellt hatte, dass dies absolut *nicht* in meiner Absicht liege, erklärte ich, dass sich für mich nicht die Frage stellte, ob er glücklich sein »sollte« oder nicht, sondern nur, ob er es wolle. Das heißt, ob es für ihn in Ordnung wäre, Frieden zu schließen mit dem, was geschehen war?

Als er verneinend den Kopf schüttelte, fragte ich ihn weiter: »Was, fürchten Sie, sagt es über Sie aus, wenn Sie nicht unglücklich wären über den Tod Ihrer Frau?«

Daraufhin schaute er mich völlig entgeistert an. »Ich wäre ja ein Ungeheuer, wenn ich darüber nicht traurig wäre!«

»Wollen Sie damit sagen, dass Sie jetzt unglücklich sind, weil das Ihre Art ist, Ihre Liebe zu Ihrer Frau zum Ausdruck zu bringen?«, fragte ich.

Er entspannte sich sofort wieder und nickte.

»Das ist also die Art und Weise, wie Sie Ihre Liebe zu ihr ausdrücken wollen?«, fragte ich weiter.

»Nein«, gab er zu, »aber würden andere nicht denken, dass mit mir etwas nicht stimmt, wenn ich mich nicht elend fühlte?«

Statt meine eigenen Ansichten vorzutragen, bat ich ihn, seine Frage selbst zu beantworten.

»Ich nehme mal an«, sagte er langsam, »es wäre mir egal, wenn sie es täten. Denn eins weiß ich sicher: wie dankbar ich bin für unsere gemeinsamen Jahre und wie sehr ich sie immer lieben werde.«

Ist es wirklich wahr, dass wir nur unglücklich sind, weil wir meinen, es sein zu müssen?

Um ehrlich zu sein: Ich weiß es nicht. Aber einmal abgesehen davon, ob wir gelernt haben, durch Trauer unsere Liebe zu bekunden, durch Wut unsere Anteilnahme zu zeigen oder durch Angst uns selbst zum Erreichen unserer Ziele zu motivieren, ist der springende Punkt doch der:

**Was immer Sie tun können, wenn Sie unglücklich sind,
gelingt Ihnen besser, wenn Sie glücklich sind.**

Von der Theorie zur Praxis ...
Glücklicher Erfolg in Aktion

1. Denken Sie an etwas in Ihrem Leben, das Sie unglücklich (wütend, traurig, ängstlich usw.) macht.

2. Wenn ich einen Zauberstab schwingen und Sie in dieser Situation sofort glücklich machen könnte, ohne dass sich irgendetwas ändern müsste, würden Sie dann wollen, dass ich ihn benutze?

Mit anderen Worten: Wäre es in Ordnung für Sie, in der betreffenden Situation, so wie sie ist, glücklich zu sein?
(Denken Sie daran: Das heißt nicht, dass Sie nicht traurig sein dürften über das, was Sie gerade traurig stimmt – es handelt sich bloß um eine aufrichtige, neugierige Frage, die Sie sich selbst stellen.)

3. Stellen Sie sich, falls Sie die Frage verneinen, eine oder beide der folgenden Fragen:
   – *Was, fürchte ich, würde geschehen, wenn ich nicht traurig wäre über_____?*
   – *Was würde es nach meiner Auffassung über mich aussagen, wenn ich nicht traurig wäre über _____?*

4. Erkennen Sie die positive Absicht hinter allem, was Ihnen als Antwort in den Sinn kommt, das heißt, den »guten Grund«, aus dem Sie unglücklich sind und bleiben.

5. Stellen Sie sich zum Schluss vor, es ginge Ihnen gut, Sie wären im Frieden mit sich selbst und würden die Situation elegant und erfreulich meistern. Führen Sie mindestens drei Arten an, wie Sie diese gute, positive Absicht ohne »ungute« Empfindungen verwirklichen könnten.

Die drei Arten von Glück

Vor ein paar Jahren habe ich an einem Pilotprojekt teilgenommen, bei dem Trainer angeleitet wurden, mit den Unterscheidungskriterien der relativ neuen Positiven Psychologie umzugehen. Im Verlauf des Programms stellte uns Dr. Martin Seligman, ein bekannter Forscher und Autor, seine drei Arten von Glück vor und erklärte uns, wie man in seinem Leben mehr davon erfahren kann. Überlegen Sie, während Sie die folgende Einführung in die drei »Glücksarten« lesen, einmal, welche davon in Ihrem Leben am besten und welche am wenigsten entwickelt ist.

1. Genuss

Alles Geld der Welt wird für angenehme Gefühle ausgegeben.
Ry Cooder

Der Gedanke, aus einer den ganzen Körper erfüllenden Lebendigkeit oder aus Gefühlen des Glücks heraus leben zu können, die nicht nur gelegentliche Höhepunkte während einer besonders tiefen Meditation oder eines wundervollen Sexerlebnisses sind, erscheint Ihnen vielleicht überspannt. Aber was, wenn es nun wirklich möglich wäre?

Wie wäre es, in einem Raum pulsierender Energie zu leben, in dem vor dem leisen Hintergrundsummen einer den ganzen Körper erfüllenden Lebendigkeit Gefühle aufsteigen und zerfließen könnten?

Apropos Gefühle: Wie wohl fühlen Sie sich gerade in Ihrem Körper, gemessen auf einer Skala von 1 bis 10? Nicht, wie glücklich, traurig, wütend oder angstvoll, sondern wie wunderbar und angenehm lebendig?

Ich kann mich gut erinnern, dass ich mich das erste Mal mit fünfzehn wirklich lebendig in meinem Körper fühlte, als ich mir gerade eine Neuauflage der alten Serie *Bezaubernde Jeannie* im Fernsehen anschaute. Damals saß ich mit gekreuzten Beinen und gerade aufgerichteter Wirbelsäule da, in einer Haltung also, die allem Anschein nach den Energiefluss im Körper erleichtert. Mich überkam ein solches Gefühl von Frieden und Wohlbehagen (was ich heute, aus wissenschaftlicher Sicht, mit einer Endorphin-Ausschüttung erklären würde), dass ich dachte, ich wäre gestorben und im Himmel.

Dieses Erlebnis war so bedeutend für mich, dass ich in den darauffolgenden fünf Jahren immer wieder versuchte, es erneut auszulösen, indem ich mich genauso hinsetzte, meditierte, mit Drogen experimentierte und mir alte Fernsehklassiker aus den Sechzigerjahren ansah. (Siehst du, Mami, ich habe ja gesagt, dass es der Forschung diente!)

In meinen Zwanzigern gab ich die Suche nach innerer Wonne vorübergehend auf, um mich auf meinen beruflichen Werdegang und meine Familie zu konzentrieren. Wer hat schließlich, so argumentierte ich mir selbst gegenüber, Zeit für Glückseligkeit *und* Ratenzahlungen? Aber die Erinnerung daran, dass so etwas möglich war, verblasste nie wirklich, und seit ich meine Suche vor ein paar Jahren wieder aufnahm, habe ich einige wunderbare Methoden kennengelernt, Wohlgefühl und Glücksempfinden systematisch zu steigern.

Im Folgenden eine meiner Lieblingstechniken, mit der Sie sich mehr Leben in Ihren Körper und mehr Lebendigkeit in Ihr Leben holen können.

Von der Theorie zur Praxis ...

Eine Übung in Wärme und Weichheit

1. Holen Sie ein paarmal tief Luft und werden Sie sich Ihres ganzen Körpers von Kopf bis Fuß bewusst.

2. Suchen Sie jetzt einen Teil Ihres Körpers, der sich besonders gut anfühlt – richtig angenehm. Das kann ein warmes Kribbeln in den Händen oder ein Gefühl von Weichheit oder »Flauschigkeit« im Herzen sein.

3. Richten Sie, während Sie sich auf dieses angenehme Gefühl einstimmen, einen Teil Ihrer Aufmerksamkeit weiter auf die betreffende Körperpartie. Stellen Sie sich das Gefühl als Farbe vor, die sich bis zum Scheitelpunkt Ihres Kopfes hinauf und bis zu Ihren Fußsohlen hinab ausbreitet.

4. Schauen Sie sich nun das Zimmer an, in dem Sie sich befinden, und bleiben Sie weiter mit einem Teil Ihrer Aufmerksamkeit bei dem angenehmen Gefühl in Ihrem Innern. Falls Sie merken, dass das Wohlgefühl nachzulassen beginnt, oder Ihnen plötzlich auffällt, dass Sie sich gar nicht mehr darauf konzentrieren, während Sie nach außen schauen, kehren Sie einfach zum angenehmen Gefühl zurück. Sie können dabei die Augen geschlossen halten, das erleichtert Ihnen die Sache. Schauen Sie sich erneut im Zimmer um, sobald das angenehme Gefühl wieder da ist.

5. Wenn es Ihnen leichtfällt, den Blick umherschweifen zu lassen und gleichzeitig das angenehme Gefühl im Innern zu spüren, stehen Sie auf und wandern im Zimmer umher. Kehren Sie einfach, sobald das angenehme Gefühl abzuklingen beginnt, zum Körper zurück, bis Sie die Verbindung wiederhergestellt haben.

6. Nehmen Sie, wenn es Ihnen gelungen ist, beim Umherschauen und -gehen im Zimmer an dem angenehmen Gefühl in Ihrem Körper festzuhalten, persönlich oder telefonisch Kontakt zu einem anderen Menschen auf. Denken Sie daran, dass ein Teil Ihrer Aufmerksamkeit bei dem angenehmen Gefühl in Ihrem Körper verweilt, während Sie sich auf die andere Person konzentrieren.

> Ziehen Sie sich jedes Mal, wenn Ihnen auffällt, dass das Wohlgefühl abklingt, so weit in sich selbst zurück, bis Sie es wieder spüren. Verbinden Sie sich wieder mit der warmen Flauschigkeit, wo immer sie sich in Ihrem Körper bemerkbar macht. Lassen Sie sich, sobald Sie das geschafft haben, erneut auf andere Menschen und die Außenwelt ein.

2. Befriedigung

> *Wenn alle Tag im Jahr gefeiert würden,*
> *So würde Spiel so lästig sein wie Arbeit,*
> *Doch seltne Feiertage sind erwünscht.*
>
> aus *Heinrich IV.* von Shakespeare

Die einfachste Möglichkeit, Genuss und Befriedigung zu unterscheiden, ist die, sich den Unterschied zwischen dem, was im Augenblick angenehm erscheint, und dem, was auch hinterher noch angenehm ist, klarzumachen.

Hier ein paar der Genüsse, die meine Frau und ich uns gelegentlich gönnen:
- Schokoladenkuchen essen
- Eine Ganzkörpermassage erhalten
- Kleidung einkaufen (die eine von uns)
- Ein Fußballspiel auf einem TV-Großbildschirm angucken und dabei Bier trinken (der andere von uns)

Hier die Befriedigung gewährenden Entsprechungen:
- Einen Schokoladenkuchen backen
- Eine Ganzkörpermassage geben
- Kleidung schneidern oder entwerfen
- Fußball spielen (wohl eher ohne das Bier)

Genüsse bereiten unserem Körper – nun ja, Genuss; Befrie-
digungen nähren unsere Seele.

Heißt das, dass Befriedigung besser ist als Genuss?

Ganz und gar nicht. Aber dem Genuss um seiner selbst
willen hinterherzujagen führt selten zu der Art von dauer-
haftem Glücksgefühl, nach der sich die meisten Menschen
offenbar sehnen. Der Weg der Befriedigung hingegen ist mit
Aktivitäten gepflastert, wie das englische Wort »satisfaction«
in der Nachsilbe »action« erkennen lässt, und je anspruchs-
voller die Tätigkeiten, umso befriedigender der Weg.

Im Folgenden ein paar Fragen, die Ihnen helfen werden,
Ihr Alltagsleben befriedigender zu gestalten:

- Welche Dinge bereiten Ihnen Genuss? Welche entsprechenden Dinge gewähren Ihnen Befriedigung?
- Welcher neuen, herausfordernden Aufgabe könnten Sie
sich heute stellen?
- Was müssten Sie heute tun, um zurückschauen zu können und toll zu finden, was Sie gemacht haben?

3. Sinn

Lassen wir lieber unser Leben für uns sprechen anstatt Worte.
Mahatma Gandhi

Es gibt eine Geschichte über einen Journalisten, der sich in
einem Bahnhof an Mahatma Gandhis Fersen heftete in der
Hoffnung, ein Interview für seine Zeitung zu ergattern.

Obwohl der Mann so hartnäckig war, lehnte Gandhi es
immer wieder höflich ab, auf seine Fragen einzugehen.

Als der Zug sich schon in Bewegung setzte, rief der
Reporter: »Bitte geben Sie mir doch eine Botschaft für die
Menschen mit!«

Da rief Gandhi, ohne zu zögern: »Mein Leben ist meine Botschaft!«

Als ich diese Geschichte zum ersten Mal hörte, war ich verblüfft, denn mir selbst war oft die Frage im Kopf herumgegangen:

> *Wenn mein Leben meine Botschaft wäre,*
> *wie würde diese Botschaft lauten?*

Ich versuchte es mit einer Reihe edel klingender Ideen wie: »Hilf dir selbst, indem du anderen hilfst« oder: »Freude ist der Weg zum Erfolg«, aber nichts schien recht zu passen. Am Ende beschloss ich, realistisch zu sein und bei der Wahrheit zu bleiben, statt nach etwas zu suchen, das ich als Botschaft gut gefunden hätte. Nachdem ich voller Unbehagen meine Seele durchforstet hatte, zeichnete sich die Antwort klar ab. Die Botschaft, die damals von meinem Leben ausging, lautete:

> *Steck dir hohe Ziele, verfolge sie halbherzig*
> *und gib immer anderen, aber nie dir selber die Schuld,*
> *damit es dir nicht so dreckig geht,*
> *wenn dir etwas misslingt.*

Damals wurde mir klar, dass es nicht genügt, der Mahnung der Quäker, »sein Leben sprechen zu lassen«, zu folgen, sondern dass man auch einmal darüber nachdenken muss, was das eigene Leben denn eigentlich aussagen soll.

Von der Theorie zur Praxis ...

Das Leben sprechen lassen

1. Falls Sie es noch nicht gemacht haben, dann stellen Sie sich
jetzt die Gandhi-Frage:

> **Wenn mein Leben meine Botschaft wäre,**
> **wie würde diese Botschaft lauten?**

Denken Sie daran, dass die Frage hier nicht heißt: »Was findest du als Botschaft gut?« – das kommt später. Fangen Sie
mit einem tiefen Blick in den Spiegel an. Auch wenn Sie
nicht unbedingt mögen, was Sie sehen (was ganz in Ordnung ist), gibt es nichts Besseres, als da zu beginnen, wo Sie
sich jetzt gerade befinden.

Beispiele:
- *Tu anderen an, so viel du ihnen ungestraft antun kannst.*
- *Es ist nie zu spät, jemand anderem die Schuld am eigenen Leben zu geben.*
- *Fass Entschlüsse, aber setze sie nie in die Tat um, und dann hasse dich dafür.*

Widerstehen Sie möglichst dem Impuls, die »wahre« Botschaft zugunsten einer positiveren zu verdrängen. Je bereitwilliger Sie diese Botschaft als Ihre eigene annehmen, umso
leichter wird es Ihnen fallen, Veränderungen in Ihrem Leben
durchzuführen.

2. Welche Botschaft soll Ihr Leben denn ausstrahlen? Welche
Botschaft sollen andere von Ihrer Gegenwart und von der
Gemeinschaft mit Ihnen hier auf Erden mitnehmen?

Beispiele:
- *Tu immer dein Bestes, und das Beste wird immer besser wer-den.*
- *Der schnellste Weg in eine lohnende Zukunft ist der, sich an der Gegenwart zu erfreuen.*
- *Die Frage ist irrelevant; Liebe ist die Antwort.*

3. Machen Sie nun ein Brainstorming und listen Sie alle Veränderungen auf, die nötig wären, um Ihr Leben mit dieser
   neuen Botschaft in Einklang zu bringen.

   Beispiele:
   - **Lebensbotschaft:**
     – *Tu immer dein Bestes, und das Beste wird immer besser
       werden.*
   - **Nötige Veränderungen:**
     – *Ich will immer mein Bestes tun, auch wenn ein Teil von
       mir die Sache lieber »einfach hinter sich bringen« will.*
     – *Ich werde mich um ständige Verbesserung bemühen, be-
       sonders in meinen zwischenmenschlichen Beziehungen.*
     – *Ich will mich voll und ganz in alles einbringen, was ich tue.*

4. Geben Sie jetzt Ihrer neuen Lebensbotschaft eine feste
   Grundlage, indem Sie sich vornehmen, innerhalb der nächsten 24 Stunden mindestens eine konkrete Aktion durchzuführen.

   Beispiele:
   - **Lebensbotschaft:**
     – *Die Frage ist irrelevant; Liebe ist die Antwort.*
   - **Nötige Veränderungen:**
     – *Ich will mich mehr auf mein Herz konzentrieren als auf
       meinen Kopf.*
     – *Ich werde nicht mehr so viel Zeit damit verbringen, mög-
       lichst alles mit dem Kopf zu verstehen.*
     – *Im Zweifelsfall werde ich einfach lieben!*
   - **Konkrete Aktion:**
     – *Heute, auf dem Weg von der Arbeit nach Hause, werde ich
       im Stillen allen Menschen, die ich sehe, liebevolle Energie
       zukommen lassen.*

Den drei Kategorien Seligmans möchte ich noch eine vierte
hinzufügen, die für mich über Genuss, Befriedigung und

Sinn hinausgeht, weil sie uns in jedem Augenblick als reine Wahlmöglichkeit zur Verfügung steht …

Die Kunst der Zufriedenheit

Du kannst deine beginnende Glatze ablehnen oder froh sein,
einen Kopf zu haben.
Timothy Miller

Eines der Märchen über das heutige Leben, das so viele Leute dazu bringt, sich mit Volldampf in einer selbstgeschaffenen Tretmühle abzurackern, ist die Vorstellung, morgens keinen Grund mehr zum Aufstehen zu haben, wenn sie schon glücklich und zufrieden wären, noch ehe ihr Leben perfekt ist.

Nach meiner eigenen Erfahrung geschieht in dem Augenblick, in dem ich entscheide, dass ich mich (für den Moment) mit dem zufriedengeben will, was ich bereits erreicht habe, etwas völlig anderes. Statt in Apathie oder Gleichgültigkeit zu versinken, bin ich auf einmal voller Energie und Enthusiasmus. Ich fühle mich wohl, statt ständig zu versuchen, mich besser zu fühlen. Ich fange an, mich an dem zu freuen, was ist, statt unbedingt etwas anderes daraus machen zu wollen.

Im Buddhismus und Hinduismus gilt Zufriedenheit an sich als hohes Ziel, weil diese Religionen die Auffassung vertreten: »Alles, was ist, ist alles, was ist, und alles, was ist, genügt.«

Beim traditionellen Passahfest singen Juden überall auf der Welt das tausend Jahre alte Lied *Dayenu*, was so viel wie

»es wäre genug gewesen« bedeutet. Das Lied soll daran erinnern, dass uns zwar alles, womit Gott uns segnet, zufriedenstellen kann, uns jedoch trotzdem ständig weiter Segen zufließt.

Im Christentum spricht Jesus in seiner Bergpredigt von der Fülle der Zufriedenheit und sagt: »Denn wer da hat, dem wird gegeben, dass er die Fülle habe; wer aber nicht hat, von dem wird auch genommen, was er hat.«

Mit anderen Worten: Alle großen Weltreligionen haben erkannt, dass wir, wenn wir Zufriedenheit üben (indem wir uns die Zeit nehmen, wirklich präsent zu sein bei dem, was wir schon haben), mehr und immer mehr bekommen.

Also ... was müssen Sie noch verändern, bis Sie bereit sind, sich zufrieden zu fühlen?

Müssen Sie eine Million Dollar verdienen? Dem Hunger in der Welt ein Ende setzen? Den Mann oder die Frau Ihrer Träume heiraten?

Den Weltfrieden schaffen?

Wie viel »genug« ist Ihnen genug?

In einem meiner Wörterbücher wird Zufriedenheit definiert als »sich mit dem Gegebenen, den gegebenen Umständen, Verhältnissen in Einklang befinden und daher keine Veränderung der Umstände wünschen«. Das ist ein klarer Hinweis darauf, was es heißt, zufrieden zu sein.

Zuerst konzentrieren wir uns auf unsere gegenwärtigen Umstände, um die Dinge genau so zu erfahren, wie sie sind. Dann konzentrieren wir uns darauf, unseren Geist im gegenwärtigen Augenblick still werden und zur Ruhe kommen zu lassen.

Es gibt zwar viele Methoden, den Zustand der Zufriedenheit herbeizuführen, aber hier sind drei meiner absoluten Favoriten:

1. Seien Sie voll und ganz da, wo Sie gerade sind, und tun Sie voll und ganz das, was Sie gerade tun

Ich hatte einmal einen Lehrer, der Meditation als eine Übung verstand, den Geist auf die Zeit und den Ort zu konzentrieren, wo der Körper ist. Wenn der Geist wirklich woandershin wandern wollte, sollten wir den Körper dahin mitnehmen.

Indem Sie sich bewusst dafür entscheiden, da präsent zu sein, wo Sie gerade sind, und bei dem, was Sie gerade tun, zeigen Sie Ihre Zufriedenheit und geben damit zu erkennen, dass Sie zumindest in diesem Augenblick nirgendwo anders sein und nichts anderes tun müssen oder wollen.

2. Atmen Sie tief

Bei einem Überfall würde Ihre Atmung sich beschleunigen, aber flacher werden und sich auf die Brust beschränken, sodass ein Maximum an Sauerstoff zum Herzen gelangen und es dabei unterstützen könnte, Adrenalin durch den Körper zu pumpen. Denn das würde gebraucht, damit Sie sich ins Schlachtgetümmel stürzen oder einen flüchtigen Dieb verfolgen könnten. Durch eine langsame und tiefe Bauchatmung hingegen sorgen Sie bewusst dafür, dass Ihr Körper ganz von selbst Endorphine ausschüttet, die Ihr Gefühl der Zufriedenheit steigern.

3. Schlendern Sie

Glaubt man dem Jungschen Psychologen Robert A. Johnson, dann stammt *to saunter*, das englische Wort für »schlendern«, aus dem Mittelalter, wo alles als heilig betrachtet wurde, auch die Erde (*saun*-ter = »saint-terre«). Schlendern heißt also so viel wie »gemächlich unter Würdigung ihrer Heiligkeit auf der Erde wandeln«. Wenn wir uns die Zeit nehmen, unser Leben langsam zu leben, machen wir bald die Erfahrung einer tieferen, grundlegenderen Zufriedenheit.

Mit anderen Worten:

Voll und ganz präsent zu sein bei dem, was ist, heißt zufrieden zu sein, und zufrieden zu sein heißt, alles, was im Leben geschieht, als Segen zu empfinden.

Ein letzter Gedanke zur Glück-Erfolg-Connection

Dann und wann tut es gut, auf der Jagd nach dem Glück innezuhalten und einfach glücklich zu sein.
Guillaume Apollinaire

Wie wir bereits wissen, jagen Leute, die nach Erfolg streben, oft bestimmten Dingen nur deshalb hinterher, weil sie sich davon Glück versprechen – eine Art von Glück, die immer schon da ist, wenn man weiß, wie man es sich zu eigen macht.

Während wir die Glück-Erfolg-Connection eingehender untersuchen, stoßen wir auf immer subtilere Einschränkungen, die wir uns selbst auferlegt haben, und befreien uns dadurch allmählich von ihnen, sodass wir mit unserem Leben, so wie es ist, glücklich sind, obwohl wir weiter das verfolgen und bekommen, was wir wollen.

Schauen Sie einmal, ob das Folgende auch für Ihr Leben gilt:

Wenn du unglücklich bist, willst du glücklich sein.
Wenn du glücklich bist, willst du das, was du willst.

Je mehr Sie *aus* dem Glück heraus leben statt *für* das Glück, umso schneller wird Ihnen klar, dass Weltverbesserung die schlechteste Methode ist, die eigenen Gefühle zu verändern.

Lassen Sie mich zum Schluss noch eine Frage an Sie stellen:

Wenn Sie alles Glück und alle Liebe der Welt
in diesem Augenblick schon besäßen,
was würden Sie sich dann noch wünschen?

Ihre Antwort auf diese Frage werden wir uns im nächsten Kapitel ansehen …

2
Die Kraft des »Wow!«

Ein Raum im Himmel

Eines Tages kam ein Mensch in den Himmel, wie eben Menschen in den Himmel kommen. Bei seiner Ankunft wurde er von einer Schar Engel begrüßt und zu einer Rundtour durch alle Wunder des Himmels eingeladen. Während dieser Tour fiel dem Menschen auf, dass es einen Raum gab, an dem die Engel jedes Mal, wenn sie ihm auch nur nahe kamen, schnell vorbeischwebten.

»Was ist in dem Raum?«, fragte er.

Die Engel sahen einander an, als hätten sie diese Frage gefürchtet. Schließlich trat einer von ihnen vor und sagte freundlich: »Wir dürfen dich nicht davon abhalten, dort hineinzugehen, aber bitte glaube uns – du wirst es bereuen.«

Im Kopf des Menschen jagte ein Gedanke den anderen, so fieberhaft dachte er darüber nach, was in dem Raum sein mochte. Was konnte so schrecklich sein, dass alle Engel des Himmels es zu verstecken versuchten? Der Mensch wusste, dass er die Engel getrost beim Wort nehmen konnte, aber es fiel ihm zu schwer, der Versuchung zu widerstehen. »Ich bin ja schließlich nur ein Mensch«, dachte er.

Als er langsam auf den Raum zuging, war er voller Angst und Neugier, und er fragte sich, welche Schrecken sich ihm wohl darbieten würden. Doch in Wirklichkeit war der Raum angefüllt mit den erlesensten Gütern, die man sich nur vorstellen kann: einem herrlichen Haus, schönen Dingen, tiefer Weisheit, einer glücklichen Familie, lieben Freunden und unermesslichen Reichtümern.

Mit weit aufgerissenen Augen wandte sich der Mensch wieder den Engeln zu. »Warum wolltet ihr denn nicht, dass ich hier hineingehe? Dieser Raum ist doch angefüllt mit den wunderbarsten Dingen, die ich je gesehen habe!«

Die Engel warfen sich traurige Blicke zu, dann schauten sie ihn an.

»Das sind all die Dinge, die du haben solltest, als du noch auf der Erde weiltest, aber du hast es nie für möglich gehalten.«

Warum s.m.a.r.t. nicht immer smart ist

*Wolle, was du willst, ob du es bekommen
zu können glaubst oder nicht.*
Robert Fritz

Grund Nummer eins, warum Leute nicht immer das erreichen, was sie wollen, ist der, dass sie gelernt haben, sich nichts zu wünschen, was sie ihres Erachtens nicht bekommen können.

Um Enttäuschungen zu vermeiden, »realistisch« oder auch nur »vernünftig« zu sein, schneiden sie sich systematisch vom natürlichen Strom des Verlangens in ihrem Herzen ab und begnügen sich damit, zu »nehmen und zu mögen, was ihnen gegeben wird«, oder sich »realistische« Ziele zu stecken, die sie glauben verwirklichen zu können. Aber sich »realistische« Ziele zu stecken wirft zwei große Probleme auf.

Erstens sind unsere Ansichten von der Realität so stark durch unsere Hoffnungen, Ängste und Überzeugungen verzerrt, dass unsere Ziele zu dem Zeitpunkt, wo sie uns »realistisch« erscheinen, möglicherweise kaum noch Ähnlichkeit mit dem haben, was wir eigentlich wollen. Zweitens neigen wir dazu, für »realistische« Linkshirnziele einen realistischen Linkshirnplan zu entwerfen, obwohl das Leben ärgerlicherweise extrem unkooperativ ist, wenn es gilt, Ergebnisse zu erzielen, die mit einfachem Ursache-und-Wirkung-Linkshirndenken zu erklären sind.

Im Grunde sind Ihnen Ihre Ziele womöglich sogar im Wege, das zu bekommen, was Sie sich wünschen. Wenn Sie sich Ziele stecken, die dem entsprechen, was Sie erreichen zu können glauben, statt dem, was Sie wirklich wollen, sitzen Sie irgendwann irgendwo fest ohne die nötige Inspiration, die Ihre Schritte beflügeln würde.

Ich habe einmal mit einer Klientin gearbeitet, die das Gefühl hatte, auf ihrem Weg zum Hollywooderfolg nicht weiterzukommen. Auf meine Frage, was sie sich denn am meisten wünsche, wartete sie mit einer Liste von vernünftig klingenden Vorhaben, Zielen und Aktionen für das nächste Jahr auf.

»Nein«, sagte ich, »was *wollen* Sie?«

Sie blickte ein bisschen verwirrt drein und begann ihre Liste noch einmal herunterzubeten.

»Schön«, sagte ich, »aber was wollen Sie *wirklich*?«

Daraufhin vergaß sie ihre Liste und ließ sich langatmig darüber aus, was geschehen würde, wenn sie ein wenig mehr Erfolg hätte, als sie für möglich hielt.

An diesem Punkt erklärte ich ihr das, was ich für das

Allerwichtigste in Bezug auf das Zielestecken halte. Als weitere fünf Minuten mit Fragen und Antworten verstrichen waren, fragte ich sie:

»Was wünschen Sie sich so sehr, dass allein der Gedanke daran ein breites Lächeln auf Ihr Gesicht zaubert? Was entlockt Ihnen ein ›Wow!‹?«

Sie schwieg eine Weile, dann begann sie zu lächeln wie ein Honigkuchenpferd.

»Na ja«, sagte sie, »ich möchte einen Oscar gewinnen!«

In dem Augenblick wechselten wir von einem »vernünftigen« Gespräch darüber, was s.m.a.r.t. (situationsspezifisch, messbar, aktionsorientiert, realistisch und terminiert) wäre, zu einer leidenschaftlichen, angeregten Unterhaltung darüber, was einfach wunderbar wäre.

Von der Theorie zur Praxis …

Was Sie wünschen »sollten«

1. Was wünschen Sie sich? Stellen Sie eine Wunschliste auf, in der Sie die ersten zwölf Dinge aufführen, die Ihnen in den Sinn kommen. Sollte Ihnen kein Dutzend einfallen, strengen Sie sich mehr an!

2. Stellen Sie sich nun vor, Sie würden diese Liste einer streitsüchtigen alten Vaterfigur zeigen, die die Macht besäße, Ihnen entweder Ihre Wünsche zu erfüllen oder Sie bei Missfallen zu bestrafen. Was würden Sie auf der Liste stehen lassen? Was würden Sie entfernen, bevor dieser Vater es sieht?

3. Was »sollten« Sie sich wünschen? Anders ausgedrückt: Welche Ihrer Wünsche würde Ihre Umgebung gutheißen?

4. Welches sind vernünftige, naheliegende Wünsche in Ihrem Leben?

Beispiele:
- *Ich bin Manager in mittlerer Position, also will ich eine Position höher.*
- *Ich habe zwei Kinder, also will ich ein drittes.*
- *Ich habe dieses Jahr 70 000 € verdient, also will ich nächstes Jahr 80 000 € verdienen.*

Was ein Multimillionär sich für Ziele setzt

Die größte Gefahr für die meisten von uns ist nicht die,
dass unsere Ziele zu hochgesteckt sind und wir sie verfehlen,
sondern dass sie zu niedrig gesteckt sind und wir sie erreichen.
Michelangelo

Mit das Beste an meinem Job als Genius-Katalysator und -Coach ist, dass ich sehr oft mit Leuten arbeite, die den Gipfel dessen erklommen haben, was landläufig unter Erfolg verstanden wird. Das bedeutet für mich nicht nur, mitunter in hervorragende Restaurants eingeladen zu werden, sondern gibt mir auch Gelegenheit, etwas darüber zu erfahren, wie Menschen, die daran gewöhnt sind, zu erreichen, was sie wollen, dies *tatsächlich* anstellen.

Zum Beispiel fragte ich einmal einen meiner finanziell erfolgreichsten Klienten, einen »Starverkäufer« und Multimillionär, ob er sich Ziele setzen würde oder nicht. Er sagte mir, das täte er und hätte er immer getan, aber nicht so, wie es allgemein üblich wäre.

Normales Zielsetzen hält uns dazu an, »groß zu denken« und »nach den Sternen zu greifen«, aber auch fest bei unserem Ziel zu bleiben und »alles zu tun, was nötig ist«, um es zu erreichen. Mein Klient hingegen machte es anders. Er pflegte sich ein-, zweimal im Jahr bei einem guten Essen und einem ebenso guten Glas Wein die Frage zu stellen:

»Was wäre spannend und würde dir im nächsten Jahr Spaß machen?«

Danach nahm er sich stets genügend Zeit, um seine Ideen in aller Ruhe aufzuschreiben, bis er eine Liste beisammenhatte, die ihn total inspirierte. Im Laufe des Jahres überprüfte er seine Ziele ab und zu und nahm sich entweder mehr vor oder weniger, je nachdem, wie sein Leben sich gerade entfaltete.

Als er mein Entsetzen sah (hatte ihm nie jemand gesagt, dass man seine Ziele nicht mehr ändern darf, sobald man sie aufgeschrieben hat?), setzte er noch etwas hinzu, was ich nie vergessen habe:

Der einzige Zweck eines Ziels besteht darin, dich dazu anzuregen, dich noch mehr in das Leben zu verlieben.

Sich zum Traum bekennen

Einmal nahm ich an einem einwöchigen Winterretreat teil, bei dem es darum ging, mehr über uns selbst und das, was wir wirklich im Leben erreichen wollten, zu erfahren.

Am Vorabend trafen wir uns in einer Berghütte auf dem

Gelände zu einer Tasse Schokolade und plauderten darüber, was uns erwarten mochte. Jeder erzählte von seinen Träumen, und jede Geschichte war noch spannender als die vorherige.

Aber einer der Teilnehmer (ich will ihn »Alex« nennen) schnaubte nur verächtlich bei jeder Geschichte und verdrehte bei jedem Traum die Augen. Er war Geschäftsmann, Mitte fünfzig, nach außen hin erfolgreich und sprach von sich mit einer Mischung aus Arroganz und Geringschätzung.

»Ich bin wegen meiner Frau hier«, bemerkte er. »Ich habe sie hier raufgeschickt, damit sie mit sich ins Reine kommt … hat sie auch irgendwie geschafft. Nach ihrer Rückkehr war sie quasi eine andere.« Er fasste uns alle ins Auge, besonders mich. »Ich selbst habe keine Probleme!«, verkündete er dann lauthals.

Von diesem Augenblick an gab Alex jedes Mal, wenn er den Mund aufmachte, etwas von sich, was ich nicht mochte, sei es über die Art, wie er andere übers Ohr haute, seine Millionen verdiente oder weil er gegen alle, die von einer besseren Zukunft träumten, nicht nur gegen mich und meine Träume, eine tiefe Abneigung hegte.

Während einer Übung, bei der wir uns gegenseitig sagen sollten, was wir in Wahrheit voneinander dachten und fühlten, traf ich die interessante Entscheidung, genau das zu tun.

»Für mich sind Sie ein richtiger Blödmann«, sagte ich zu ihm. »Ich finde es abscheulich, wie Sie über Ihre Frau reden, ich finde die Art und Weise abscheulich, wie Sie sich mit Ihren linken Methoden brüsten, und ich bin heilfroh, dass Sie so weit weg wohnen und noch nie Gelegenheit hatten, mir oder meiner Familie in die Quere zu kommen.«

Als er an der Reihe war, etwas über mich zu sagen, schwieg er – er verdrehte nur die Augen und wandte sich dann dem nächsten Teilnehmer zu.

Am dritten Abend des Retreats war ich losgegangen, um von einem der Münzfernsprecher auf dem Gelände, der nur über einen engen Durchgang zwischen zwei unbewohnten Hütten zu erreichen war, meine Frau anzurufen. Als ich eben den Hörer eingehängt hatte und mich umdrehte, blockierte Alex den Weg.

»Ich will mit Ihnen reden«, sagte er mit einer Stimme wie aus einem *Film noir* der 1940er Jahre. »Fahren wir ein Stück.«

Die Relativitätstheorie

Einstein erklärte die Relativitätstheorie einmal mit folgendem Vergleich:

> *Wenn ein Mann eine Stunde lang neben einem hübschen Mädchen sitzt, kommt ihm das wie eine Minute vor. Aber wenn er auch nur eine Minute auf einem heißen Ofen sitzt, kommt ihm das länger als jede Stunde vor. Das ist Relativität.*

Nun, die paar Sekunden, die ich brauchte, um zu entscheiden, ob ich ihm zu seinem Wagen folgen oder ihn zur Seite stoßen und wegrennen sollte, genügten, um folgende Überlegungen anzustellen:

1. Meine Familie ist sicher in England, und ich kann mir nicht vorstellen, dass Alex ihr auf irgendeine Weise Schaden zufügen könnte.
2. Ich habe ihn zwar bestimmt schwer verärgert, aber es

erscheint mir unwahrscheinlich, dass er mich deswegen umbringen will.

3. Womöglich will er einfach nur reden, und wenn ja, will ich mir *das* Gespräch nicht entgehen lassen.

Als plausibelstes Szenario fiel mir ein, dass Alex vielleicht ein paar Einheimische angeheuert hatte, mich zu vermöbeln, eine seiner bevorzugten Vorgehensweisen, wie er uns in einer der Sitzungen offenbart hatte. Meiner Meinung nach würde er, falls er mich wirklich zusammenschlagen lassen wollte, dies auch tun, ob ich ihm folgte oder nicht.

Nach einer halben Stunde Autofahrt, die uns weit weg von der nächsten Ortschaft führte, bog er schließlich auf den Parkplatz einer ziemlich verlassenen Bar am Straßenrand ein, was sowohl meine Befürchtung zu bestätigen schien, wahrscheinlich gleich von zwei großen Typen namens Moose und Judd ein paar Tritte in den Magen zu bekommen, als auch meine Hoffnung nährte, die Schmerzen entweder vorher, dabei oder danach mit Alkohol betäuben zu dürfen.

Ich folgte ihm, als er zielstrebig durch den leeren Raum schritt, und wir ließen uns am Ende der Bar nieder. Nachdem wir das erste Bier gekippt hatten, wandte Alex sich mir zu und sagte: »Ich habe Sie hierher mitgenommen, damit ich Ihnen sagen kann, warum ich Sie hasse.«

»Normalerweise«, fuhr er fort, »mache ich nicht viel Federlesens mit jemandem wie Sie. Aber ich vermute mal, ich bin auf diesem Retreat, um ein bisschen mehr über mich selbst in Erfahrung zu bringen, also versuch ich's mal so.«

»Heute Morgen«, sagte er, »habe ich mich im Spiegel betrachtet und mir gesagt: ›Alex, du kennst diesen Typen nicht lange genug, um ihn dermaßen zu hassen. Was ist los?‹ Und dann wurde mir klar, weshalb ich Sie hasse. Sie wollen Ihre Träume verwirklichen. Ich habe meine aufgegeben.«

In der nächsten Stunde erzählte er mir, dass er von einer reichen, mächtigen Familie Neuenglands abstammte, die nie sein jugendliches Faible für Dichtung und insbesondere für das Werk von James Joyce verstanden hatte. Mit 17 war er nach Europa durchgebrannt, um Geschichten zu schreiben, Frauen kennenzulernen und in die Fußstapfen seines Idols zu treten. Zwei Jahre später hatten ihn seine Eltern durch einen Privatdetektiv aufgespürt und zurückgeholt, ihn ermahnt, endlich erwachsen zu werden und einen Beruf zu ergreifen, und ihn im Familienunternehmen eingestellt.

Er hatte geheiratet, Kinder bekommen und Karriere gemacht – kurz: Er hatte genau das getan, was von ihm erwartet wurde. Und hatte es geschafft, seinen großen Traum zu verdrängen – bis ihn seine Frau zu diesem Retreat geschickt hatte.

Als er seine Geschichte beendet hatte, sah er mir in die Augen und fragte mich: »Aber warum hassen Sie mich so sehr?«

Die Antwort war mir sofort klar, und da wir einmal beim Bekennen waren, teilte ich sie ihm freimütig mit: »Weil Sie das sind, was ich befürchte werden zu müssen, um meinen Traum verwirklichen zu können.«

Danach kamen Alex und ich glänzend miteinander aus. Wir blieben sogar noch ein paar Jahre in Kontakt und schickten uns Weihnachtskarten und so was. Als wir das letzte Mal miteinander redeten, war sein Traum ein anderer geworden, wie es oft geht mit Träumen, wenn wir sie im kalten Tageslicht betrachten. Er nahm sich nun immer täglich Zeit zum Schreiben, etwas, das er nach unserem Abend in der Bar angefangen hatte, und war jetzt dabei, jeden

Menschen, den er auf seinem Weg nach oben über den Tisch gezogen hatte, wieder aufzuspüren und sein Unrecht wiedergutzumachen. Seine Ehe lief gut, und er selbst war zu seinem Erstaunen endlich rundum glücklich.

Von der Theorie zur Praxis ...
Was wollen Sie wirklich?

1. Was würde Ihnen das größte »Wow!« entlocken, das Sie sich vorstellen können? Nicht das Vernünftige und Nächstliegende auf Ihrem gegenwärtigen Pfad, sondern das, was wirklich Ihr Herz höher schlagen lässt! Hier ein paar »Traumstarter«, die Ihnen weiterhelfen, falls Sie das Gefühl haben, festzusitzen:
   Stellen Sie sich vor, Sie würden sich mit unermesslichem Reichtum und der Sexbombe Ihrer Wahl auf einer tropischen Insel zur Ruhe setzen. Stellen Sie sich nun vor, Sie führten dieses Leben schon fünf Jahre lang und würden sich grenzenlos langweilen.
   – Was wollen Sie als Nächstes tun?
   – Was wollten Sie machen, ehe Sie »erwachsen« und »vernünftig« wurden?
   – Was würden Sie tun, wenn niemand anders jemals davon erfahren würde?
   – Was würden Sie tun, wenn es wirklich Ihre eigene Entscheidung wäre?
   – Was würden Sie tun, wenn niemand etwas dagegen einzuwenden hätte?
   – Was wäre noch besser als das?

2. Was würde Ihnen in den verschiedenen Bereichen Ihres Lebens ein »Wow!« entlocken?
   – bei der Arbeit/im Beruf _____
   – finanziell _____

- in der Familie _____
- im Freundeskreis _____
- beim gesellschaftlichen Engagement _____
- spirituell _____

Die goldene Regel der Zielverwirklichung

Schauen Sie sich jedes einzelne Ziel und jeden einzelnen Traum an, die Ihnen jetzt gerade bewusst sind. Wo auf einer Skala von 1 bis 100 Punkten (bei 100 ist das größte »Wow!«, das Sie sich vorstellen können) ist jedes Ziel angesiedelt?

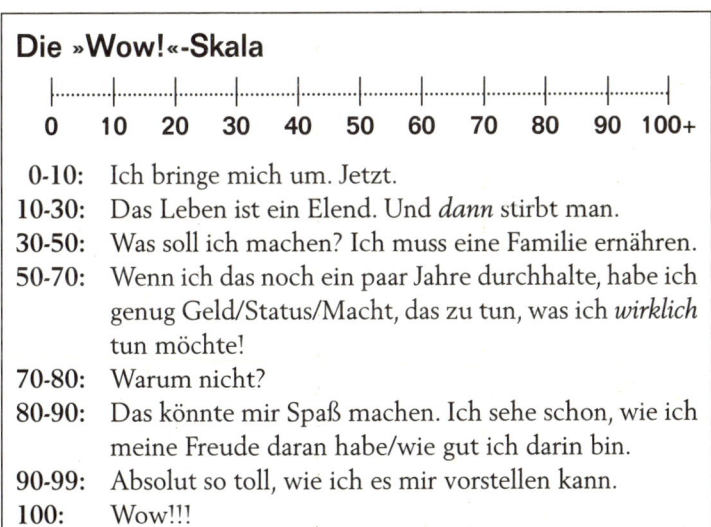

Die »Wow!«-Skala

|⋯⋯⋯|⋯⋯⋯|⋯⋯⋯|⋯⋯⋯|⋯⋯⋯|⋯⋯⋯|⋯⋯⋯|⋯⋯⋯|⋯⋯⋯|⋯⋯⋯|
0   10   20   30   40   50   60   70   80   90   100+

0-10:   Ich bringe mich um. Jetzt.
10-30: Das Leben ist ein Elend. Und *dann* stirbt man.
30-50: Was soll ich machen? Ich muss eine Familie ernähren.
50-70: Wenn ich das noch ein paar Jahre durchhalte, habe ich genug Geld/Status/Macht, das zu tun, was ich *wirklich* tun möchte!
70-80: Warum nicht?
80-90: Das könnte mir Spaß machen. Ich sehe schon, wie ich meine Freude daran habe/wie gut ich darin bin.
90-99: Absolut so toll, wie ich es mir vorstellen kann.
100:    Wow!!!

Diese Übung habe ich einmal mit einem Freund durchgeführt, der jedes seiner Ziele mit 95 Punkten bewertete.

Als ich ihn fragte, was das sollte, sagte er: »Na ja, ich will nur Platz lassen, falls etwas noch Besseres daherspaziert kommt.« Das klang zwar super, war aber vollkommen unehrlich. Entweder entlockt einem etwas ein »Wow!« oder nicht. Und ein »Wow!« heißt nicht, dass es nicht noch ein Dutzend mehr geben kann.

Mein Freund litt an etwas, das ich als einen Fall von »vorauseilender Anpassung« bezeichnen würde. Wir sind zwar einerseits aufrichtig von der Idee begeistert, uns auf das zu konzentrieren, was wir in unserem Leben liebend gern wären, täten oder hätten, versuchen jedoch andererseits unentwegt auszuknobeln, wie zum Kuckuck wir das hinkriegen könnten. Wir schätzen die Widrigkeiten ab, kommen zu dem Schluss, dass die Sache im besten Fall unwahrscheinlich ist, und schlagen sie uns, so gut wir können, aus dem Kopf.

»Schließlich«, reden wir uns ein, »kann ich nicht alles haben, was ich *wirklich* will. Aber das hier ist schon okay.«

Natürlich ist es okay. Unser Glück hängt nicht davon ab, dass wir bekommen, was wir uns wünschen. Aber das heißt nicht, es nicht zu wünschen, und schon gar nicht, es nicht erreichen zu können. Ich nenne das die goldene Regel der Zielverwirklichung:

Es ist leichter, das zu verwirklichen, was du dir *wirklich* wünschst, als was du erreichen zu können glaubst.

Eins meiner Lieblingsbeispiele hierzu ist die Geschichte einer meiner Klientinnen, die aus London nach Los Angeles kam. Rebecca ist schön, intelligent und stark, aber sie tut in ihrem Leben ständig so, als sei sie das alles gar nicht, um niemanden vor den Kopf zu stoßen.

Als ich ihr während einer Sitzung die goldene Regel erklärte, lachte sie mich tatsächlich aus. »Wenn das stimmte«, sagte sie, »würde ich heute Abend mit einem tollen Filmstar ausgehen, statt allein in meinem Hotelzimmer zu sitzen.«

Obwohl das ein Scherz war, konnte ich spüren, wie die Atmosphäre im Raum heller wurde, als sie sich zu diesem innersten, wenn auch ziemlich unrealistischen Wunsch bekannte. Es geschah Folgendes …

Wieder in ihrem Hotel, beschloss Rebecca, sich am Pool zu entspannen. Da hörte sie, wie zwei Leute auf benachbarten Sonnenliegen aufgeregt sagten: »Ist das nicht … Himmel, ich glaube, ja!«

Sie blickte auf, und tatsächlich kam gerade ein Super-Filmstar (nach ihrer bescheidenen Meinung) zum Pool und suchte nach einem Liegeplatz. Es ergab sich, dass genau neben ihr noch eine Sonnenliege frei war. Was dann geschah, weiß ich nicht, aber Rebecca rief mich am nächsten Tag an und klang, als erwache sie gerade aus einem wunderbaren Traum.

»Es ist wahrhaftig passiert«, sagte sie aufgeregt. »Nicht auszudenken, wie es sein könnte, wenn ich mich mein Leben lang auf so etwas einließe!«

Genau dazu ermutigte ich sie.

Der zweite Teil der Zielsetzung

Wenn Leute sich Ziele setzen, übersehen sie oft deren Kontext. Zum Beispiel habe ich einmal eine E-Mail von jemandem bekommen, der meine Radiosendung gehört hatte und sich nun große Sorgen darum machte, ob er seine wichtigsten finanziellen Ziele überhaupt »richtig« formulierte. Er hatte Widersprüchliches darüber in Büchern gelesen und in Seminaren gehört, wie Ziele im Hinblick auf maximale Effektivität formuliert werden müssten, und bat mich, ihm dabei zu helfen, sich auf die bestmögliche Art auf sie zu konzentrieren.

Im Folgenden ein paar Beispiele dessen, was er aus den verschiedenen Zielsetzungsmethoden, mit denen er sich beschäftigt hatte, gelernt hatte:

- Ich will Millionär werden.
- Ich will ein Vermögen von einer Million Dollar erwerben.
- Ich bin ein glücklicher, gesunder Millionär.
- Gott will, dass ich reich werde – eine Million Dollar ist mein gottgegebenes Recht.
- Ich wohne in einem wunderschönen Haus und bin von herrlichen Dingen umgeben, die ich mir gut von meinem Vermögen von mindestens einer Million Dollar leisten kann.

Ich machte ihm klar, dass nach meiner Erfahrung die Formulierung der ersten Hälfte unserer Ziele nicht halb so entscheidend ist wie die der zweiten Hälfte – der normalerweise ungeschriebenen, unausgesprochenen, zugrunde liegenden Bedingungen, Folgen und Annahmen, die uns noch stärker motivieren als der Wunsch, ein Ziel zu erreichen.

Werfen wir einen Blick auf ein paar Beispiele für diese zweite Hälfte der Zielsetzung, die sich womöglich hinter seinem scheinbar so einfachen, klaren Wunsch nach mehr Wohlstand verbarg.

1. Bedingungen

Manchmal wollen wir das, was wir wollen, aber nur unter gewissen Bedingungen. Zum Beispiel:

- Ich will Millionär werden (solange ich dafür nicht mehr als acht bis zehn Stunden pro Tag arbeiten muss).
- Ich will Millionär werden (vorausgesetzt, ich muss dafür nichts allzu Schreckliches tun).
- Ich will Millionär werden (indem ich genau das tue, was ich tun will und wann ich es tun will).
- Ich will Millionär werden (solange ich dafür nicht mit dem Gesetz in Konflikt gerate).

Man beachte, dass einige dieser Bedingungen zwar durchaus gesellschaftlich akzeptiert sind, dass uns aber alle einschränken in dem, was wir tun würden, um das zu sein, zu machen oder zu haben, was wir wollen.

2. Folgen

Gelegentlich hat die zweite Hälfte unserer Zielsetzungen etwas mit den Folgen (positiven oder negativen) zu tun, die die Verwirklichung eines Ziels unserer Meinung nach mit sich bringt:

- Ich will Millionär werden (damit ich wirklich etwas für unsere Erde tun kann).
- Ich will Millionär werden (dann bin ich endlich glücklich).
- Ich will Millionär werden (sodass ich nie wieder Geldsorgen habe).
- Ich will Millionär werden (und meinen Eltern/Lehrern/ Freunden ein für alle Mal beweisen, dass sie sich geirrt haben).

Wie diese Beispiele zeigen, enthüllt die zweite Hälfte unserer Zielsetzungen, was wir *wirklich* wollen: das Ziel hinter dem Ziel. Wenn uns aufgeht, was wir wirklich wollen, merken wir oft, dass es viel einfachere und effektivere Möglichkeiten gibt, es zu erreichen, als der Weg, den wir ursprünglich einzuschlagen gedachten.

3. Annahmen

Die dritte Kategorie der Einschränkungen, denen wir unsere Ziele unterwerfen, sind die Annahmen und Vermutungen, die wir darüber anstellen, ob und wie das, was wir wollen, überhaupt eintreten wird:

- Ich will Millionär werden (aber das wird nie gelingen).
- Ich will Millionär werden (und das heißt, dass ich mich 18 Stunden am Tag mit etwas beschäftigen muss, was mir keine rechte Freude macht).
- Ich will Millionär werden (aber ich will trotzdem miterleben, wie meine Kinder groß werden).
- Ich will Millionär werden (aber ich will auch, dass mich alle so lieben, wie ich bin).

Die gute Nachricht ist die, dass Sie in der Minute, in der Ihnen bewusst wird, wie die zweite Hälfte Ihrer Zielformulierung lautet, Gelegenheit haben, beide Teile Ihrer Zielvorstellung zu ändern, sodass diese genauer widerspiegelt, was Sie wirklich wollen.

Am Ende arbeitete sich der Mann durch die erste und zweite Hälfte seines erklärten Ziels, bis er bei der folgenden Feststellung ankam, die er mir per E-Mail schickte und seither immer frohgemut und ohne Probleme als Leitbild vor Augen hat, wie er mir schrieb:

Ich verfüge über eine Fülle an Liebe und Geld,
die ich mit meiner Familie, meinen Freunden und
aller Welt teilen kann.

Von der Theorie zur Praxis …

Die zweite Hälfte von »Wow!«

1. Schreiben Sie Ihre vorrangigsten Top-Five-Ziele für das kommende Jahr (oder irgendeinen Zeitraum, der Ihnen angemessen erscheint) auf.

2. Notieren Sie sich für jeden Punkt auf Ihrer Liste die heimliche »zweite Hälfte der Zielsetzung«. Stellen Sie fest, ob es sich um eine Bedingung handelt, unter der Sie das Ziel erreichen wollen, um eine Folge, die Sie zu erzielen wünschen, oder um eine Annahme, die Sie mit dem Verfolgen und Erreichen des Gewünschten verbinden.

3. Falls Ihnen das, was Sie entdecken, nicht gefällt, ändern Sie es! Experimentieren Sie mit drei oder vier anderen »zweiten Hälften«, bis Sie eine finden, die für Ihr Empfinden wunderbar ist, wunderbar aussieht und wunderbar klingt. Hier einige meiner Lieblingsvorschläge, in welchem Kontext Sie Ihr Ziel erreichen können:

   … als Teil meines wunderbaren Lebens.

   … als etwas, an dem ich meine Freude habe.

   … als etwas für mich selbst und andere.

   … als etwas zum Wohle aller Beteiligten.

   … als eine natürliche Konsequenz bei der Verwirklichung meiner Wertvorstellungen.

4. Überarbeiten Sie zum Schluss beide Hälften Ihrer Zielvorstellung so lange, bis Sie beim Lesen lächeln müssen und Sie ein warmes Wohlgefühl überkommt.

Aber was ist, wenn es mir einfach nicht gelingen will?

Alle Träume erscheinen völlig unrealistisch,
bis jemand sie verwirklicht.
Barry Neil Kaufman

Tatsache ist, dass Ihnen viele der »Wow!«-Ziele, die Sie sich setzen, zu Anfang völlig unrealistisch vorkommen werden. Zum Glück ist es nicht Ihre Aufgabe, sie zu verwirklichen. Leider ist in einer Kultur, die uns ständig dazu aufruft, ohne fremde Hilfe auszukommen, auf unsere Unabhängigkeit zu bauen und uns selbst zu behaupten, allein schon die Vorstellung, zugeben zu müssen, dass wir etwas nicht allein zustande bringen können, schlimmer als die Aussicht auf einen Misserfolg.

Es ist ein bisschen so wie in der alten Geschichte vom Bergsteiger, der im Hochgebirge am Rande eines Steilhangs in einen Schneesturm gerät. Da er weiß, dass seine Minuten gezählt sind, nimmt er all seine Kraft zusammen und ruft in den Sturm hinein: »Ist da jemand?« Sofort flüstert ihm eine Engelsstimme ins Ohr: »Ich bin hier. Geh einen Schritt weiter, und ich trage dich sicher durch den Sturm.« Der Bergsteiger denkt einen Augenblick nach, dann ruft er: »Ist noch jemand da?«

Wie dem auch sei, bestimmt fällt ihnen mindestens eine Situation aus Ihrem Leben ein, wo Sie auf dem absoluten Tiefpunkt waren und eine höhere Macht (an die Sie vielleicht gar nicht glaubten) um Hilfe baten. Und o Wunder, die Hilfe traf ein! Der Trick dabei, sich Ziele zu stecken, die einem ein »Wow!« entlocken, ist der, nicht erst zu warten, bis man am Boden ist. Sie springen freiwillig kopfüber ins

Wasser, weil Sie wissen, dass Ihnen der Zugang zur höheren Macht, die jeden Augenblick auf Ihren Anruf wartet, gerade dann offensteht, wenn Sie den Boden unter den Füßen verlieren.

Die Anonymen Alkoholiker und ähnliche Gruppen haben mit ihrem 12-Schritte-Programm Hunderttausenden von Menschen dazu verholfen, das »Wow!«-Ziel eines Lebens zu erreichen, das von den Auswirkungen einer krank machenden Sucht befreit ist. Die ersten drei Schritte ihres Programms lauten:

1. Wir geben zu, dass wir dem Alkohol gegenüber machtlos sind – und unser Leben nicht mehr meistern können.
2. Wir kommen zu dem Glauben, dass eine Macht, größer als wir selbst, uns unsere geistige Gesundheit wiedergeben kann.
3. Wir fassen den Entschluss, unseren Willen und unser Leben der Sorge Gottes – wie wir ihn verstehen – anzuvertrauen.

Übersetzen wir dies in eine für Laien verständliche Sprache, liest es sich wie eine Anleitung zum Setzen und Verwirklichen von »Wow!«-Zielen:

1. Gib zu, dass deine Augen größer waren als dein Mund; dass du dir Ziele für dein Leben, dein Unternehmen oder deinen Beruf gesteckt hast, die deine persönlichen Möglichkeiten im Augenblick übersteigen.
2. Öffne dich der Idee, dass eine Macht, größer als du selbst, dafür sorgt, dass sich dein Ziel von selbst verwirklicht.
3. Fass den Entschluss, dein Ziel der Sorge jener höheren Macht anzuvertrauen.

Hierfür gibt es im Wesentlichen zwei Möglichkeiten:
1. Beabsichtigen und loslassen.
2. Einladen und zulassen.

Beim »Beabsichtigen und Loslassen« behalten wir das, was wir wünschen, tun oder haben wollen, fest im Blick, überlassen die Ausführung jedoch einer höheren Macht, ob es sich dabei um einen Gott handelt, an den wir glauben, oder um das Höchste und Beste in uns selbst.

Beim »Einladen und Zulassen« stellen wir uns einfach vor, wir würden Einladungen an all das verschicken, dessen Erscheinen auf der Party unseres Lebens wir uns am sehnlichsten wünschen. Und wenn es dann auftaucht, müssen wir natürlich die Tür öffnen und es einlassen.

Die Mechanismen hinter dem Loslassen und Zulassen erforschen wir im nächsten Kapitel eingehender. Zunächst wollen wir diesen Abschnitt über Ziele mit einer letzten Übung abschließen ...

Von der Theorie zur Praxis ...

Beabsichtigen, einladen, loslassen und zulassen

1. Gehen Sie noch einmal die Liste Ihrer »Wow!«-Ziele durch. Falls Sie keine gemacht haben, nehmen Sie sich einfach zwei, drei Dinge vor, mit denen Sie im Folgenden experimentieren wollen.

2. Entscheiden Sie bei jedem Punkt auf Ihrer Liste, ob Sie das Betreffende wirklich beabsichtigen und in Ihr Leben einladen wollen.

    Ich beabsichtige ...

    Ich lade ... ein

3. Erfinden Sie ein Mini-Ritual für das Los- und Zulassen.

Beispiele:

- *Schreiben Sie alles, was Sie sich wünschen, auf ein Blatt Papier, befestigen Sie das Blatt an einem heliumgefüllten Ballon und lassen Sie diesen fliegen.*
- *Drucken Sie Einladungen und schicken Sie jedem Ihrer Ziele eine.*
- *Stecken Sie Ihre Ziele in eine Zeitkapsel, die erst in einem Jahr wieder geöffnet wird.*
  Alternativ können Sie sie auch in ein Buch oder eine Schublade legen, wo Sie sie aller Wahrscheinlichkeit nach erst wiederfinden, nachdem Sie sie lange Zeit vollkommen vergessen hatten.

4. Halten Sie Ausschau nach jeder Art von »inspirierter Aktion«, die Ihrem Ziel zu dienen scheint. Sie wissen gleich, zu welchen Handlungen Sie inspiriert werden und welche nur Ihrem begrenzten Denken entspringen, weil Ihnen Erstere a) ein bisschen seltsam vorkommen und b) Gefühle in Ihnen auslösen, als käme Ihnen so etwas normalerweise nicht in den Sinn, während es Ihnen jetzt, bei klarer Überlegung, durchaus sinnvoll erscheint.

3

Das Geheimnis des Loslassens

Nimm's zur Abwechslung mal leicht

Engel können fliegen, weil sie sich selbst leicht nehmen.
G. K. Chesterton

Haben Sie je zugeschaut, wie andere Menschen sich im Fitnesscenter abrackern?

Mir fällt da immer ein bestimmter Mann ein; mit seinem Training erinnerte er mich an einen mittelalterlichen Priester, der sich zur Bestrafung seiner Sündhaftigkeit selbst geißelt. Er brachte es auf 16 Runden aus 85 Kraftübungen an dreifachem Körpergewicht und schien eine perverse Freude daran zu haben, seinen Körper täglich zu quälen. Jedes Mal, wenn ich ihn sah, trug er eine neue Bandage – ums Knie, am Ellbogen, um den Hals. Einmal erschien er sogar mit Gipsbein, um wenigstens seinen Oberkörper noch zu trainieren!

Der Mythos »No pain, no gain« (»Ohne Schmerz kein Gewinn« oder »Ohne Schweiß kein Preis«) hält sich hartnäckig in unserer Gesellschaft. Ob im Fitnesscenter, im Büro oder in den zwischenmenschlichen Beziehungen, immer finden die meisten von uns Möglichkeiten, sich zu bestrafen, und das in allerbester Absicht: um wachsen zu können und sich zu motivieren, »bessere« Menschen zu werden. Das Problem ist nur, dass es so nicht funktioniert. Es gelingt vielleicht eine Stunde, einen Tag oder sogar einen Monat lang, aber mit der Zeit klingt der Schmerz ab, und schon fallen wir in die alten Verhaltensweisen zurück. Oder, noch schlimmer, wir bestrafen uns selbst, leiden und schlemmen dann Kuchen, nehmen Drogen oder tun andere Dinge, die wir später bereuen, nur um das gerade selbst erzeugte Unbehagen wieder zu vertreiben.

Erlauben Sie mir, Ihnen meine persönliche Philosophie zu diesem Thema zu unterbreiten. Ich kann sie in einem einfachen Satz zusammenfassen:

No pain, no pain.

Also: Ohne Schmerz kein Schmerz. Nicht dass ich glaubte, Schmerz sei um jeden Preis zu vermeiden oder wir müssten etwas, das wir im Grunde unseres Herzens wollen, aufgeben, sobald sich Schwierigkeiten einstellen. Mir ist nur aufgegangen, dass manches von dem, was wir bei der Verfolgung unserer Ziele und Verwirklichung unserer Träume tun, schmerzhaft ist und anderes nicht. Man bekommt keine Extrapunkte fürs Leiden, es sei denn, man stellt entsprechende Spielregeln auf.

Gelassenheit

Du kannst alles haben, was du dir wünschst,
vorausgesetzt, du hörst mit dem Wünschen auf.
Lester Levenson

Vor vielen Jahren, ich lebte als arbeitsloser Schauspieler in London, rief mich mein Agent an und fragte, ob ich zum Vorsprechen nach Wales fahren wollte. Da ich mich in der Geografie Großbritanniens nicht gut auskannte, fragte ich ihn, wo das sei. Er erwiderte: »Sie fahren nach Westen bis an den Rand von England und dann einfach immer weiter.« Das klang total exotisch für mich, und so packte ich meinen Pass ein, erstand ein Zugticket und ging auf Abenteuerreise.

Irgendwann kam ich an meinem Ziel an: einem kleinen Fertighaus in der Mitte von nirgendwo, das ein Architekturbüro beherbergte. Hinten durch, neben einem Bild von Daniel J. Travanti aus der Serie *Polizeirevier Hill Street*, der unpassenderweise wie ein Cowboy aus dem Wilden Westen gekleidet war, befand sich das Büro einer Produktionsfirma, die eine Radio-Pilotsendung ausgerechnet über die Reise eines New-Age-Amerikaners durch die walisischen Berge machen wollte.

Jedem vorsprechenden Schauspieler wird bald klar, dass er meist die Jobs bekommt, an denen ihm am wenigsten liegt. Lester Levenson, der Schöpfer der Sedona-Methode, nannte dieses Phänomen »Schnurzigkeit«, einen meditativen Zustand der Gelassenheit, in dem einem schnurzegal ist, ob man ein bestimmtes Ziel erreicht oder nicht, und es deshalb oftmals erreicht.

Ich war noch so von der Abenteuerlichkeit des Tages eingenommen (und ohnehin davon überzeugt, dass eine im Hinterzimmer eines Architekturbüros in Rhondda Valley gestartete Sitcom-Serie nie zustande kommen würde), dass ich im Vorsprechraum vollkommen entspannt und infolgedessen in Hochform war. Am Ende wurde ich für die Rolle ausgewählt, nicht, wie ich später hörte, wegen meiner (offensichtlich) fantastischen schauspielerischen Fähigkeiten, sondern wegen der absoluten Unbekümmertheit, mit der ich den Kopf in das »Studio« gestreckt und gefragt hatte, ob vielleicht noch jemand eine Tasse Tee haben wollte, eine ganz natürliche Frage, die jedoch auf die Leute völlig deplatziert wirkte, und da sie sich einig waren, dass die Figur genau so etwas tun würde, nahmen sie mich auf der Stelle.

(Es geht das Gerücht, dass die BBC nur zwei Änderungen für eine Übernahme ins Fernsehen wünschte: meine Freundin in der Show durch eine junge, aufstrebende Schauspielerin aus Wales mit Namen Catherine Zeta Jones zu ersetzen und mich selbst durch einen vielversprechenden, noch nicht ganz zu *Matrix*-Größe gelangten amerikanischen Schauspieler namens Keanu Reeves. Zum Glück hielten die beiden an der verrückten Vorstellung fest, lieber in Hollywood ihr Glück zu versuchen, und der Rest ist ja bekannt.)

Gelassenheit ist Freiheit, aber nicht das Gleiche wie Apathie. Einer der am häufigsten missverstandenen Lehrsätze sowohl des Zen-Buddhismus als auch der New-Age-Religion lautet, dass man sich von all seinen Gefühlen lösen müsste, um frei zu sein.

Einer meiner Kollegen, der Schauspieler als Coach betreut, hat mir einmal ernüchternd genau erklärt, wie er ausmacht, ob sich Leute auf einem »spirituellen Weg« befinden:

Manchmal kommen Leute zum Vorsprechen zu mir, die im Grunde vom Hals abwärts tot sind – das heißt, sie sind total kopflastig und völlig abgeschnitten vom wirklichen Leben. Die frage ich immer, ob sie sich auf einem spirituellen Weg befinden, und sie antworten unweigerlich mit »Ja«, in der stolzen Annahme, dass ich dies an ihrem »friedvollen Auftreten« und ihren »spirituellen Vibes« abgelesen habe. Dabei ist es der vollständige Mangel an Energie, Präsenz und Lebendigkeit, der sie verrät.

Dieser Mangel an Lebendigkeit hat natürlich nichts mit echter Spiritualität zu tun. Doc Lew Childre, der Begründer des kalifornischen HeartMath-Instituts, beschreibt den Unterschied zwischen Apathie, Anteilnahme und Übereifer so:
- Apathie ist eine Art innerer Totenstarre, die uns normalerweise gegen den Schmerz wappnen soll, den wir für unausweichlich halten, wenn wir uns ein Ziel setzen und es dann verfehlen.
- Anteilnahme ist das aufrichtige, ernsthafte Engagement für einen Menschen, einen Ort oder eine Leistung.
- Übereifer liegt dann vor, wenn die Anteilnahme durch Versuche getrübt wird, Mensch, Ort oder Leistung zu beeinflussen und dafür zu sorgen, dass »etwas geschieht«.

Stellen Sie sich vor, das, was Sie wollen, sei wie ein hübscher Schmetterling auf Ihrer Hand. Wenn Sie die Hand zu fest um ihn schließen, wird er zerdrückt; lockern Sie Ihren Griff zu sehr, fliegt er einfach davon. Das Geheimnis ist, ihn sanft festzuhalten. Das gilt für fast jeden Lebensbereich.
- Wenn Sie sich zu stark auf Geld konzentrieren, ersticken Sie jedes Gefühl von Wohlstand und Fülle; zu wenig, und das bisschen, das Sie haben, rinnt Ihnen durch die Finger.

- Wenn Sie Partner oder Partnerin zu sehr binden, fühlen diese sich unterdrückt, und dann wird alle Freude in der Beziehung erstickt; ist die Bindung zu locker, gibt es gar keine Beziehung, die erstickt werden könnte.
- Wenn Sie zu sehr in Geschäft oder Beruf aufgehen, sind Sie zwar vielleicht erfolgreich, aber auf Kosten Ihrer Gesundheit, Ihrer Beziehungen und Ihres Wohlbefindens; kümmern Sie sich zu wenig darum, nimmt Ihnen aller Wahrscheinlichkeit nach jemand Ihr Geschäft oder Ihren Job weg.

Eine sanfte, beständige Konzentration wird in jedem Lebensbereich zu feinen, beständigen Resultaten führen. Indem Sie davon ablassen, Dinge zu forcieren, ohne Ihr ursprüngliches Verlangen danach aufzugeben, setzen Sie das Beste in sich frei und schaffen dadurch den Raum, in dem das, was Sie sich wünschen, leichter in Ihr Leben treten kann.

Um zwischen Ihrer Absicht und Ihrem Verlangen etwas Luft zu schaffen und den »Schmetterlingspunkt« zwischen Apathie und Obsession zu finden, können Sie einmal die folgende Übung machen:

Von der Theorie zur Praxis …

Den »Schmetterlingspunkt« finden

1. Listen Sie drei bis fünf Dinge auf, die Sie sich wirklich, wirklich, *wirklich* in Ihrem Leben wünschen.

2. Schreiben Sie eins dieser Ziele oben auf ein Blatt Papier und teilen Sie das Blatt darunter in zwei Spalten. Geben Sie der linken Spalte die Überschrift »Warum das super wäre« und der rechten die Überschrift »Warum das Unsinn wäre«.

---

3. Führen Sie nun in jeder Spalte mindestens fünf Gründe an. Falls Ihnen nichts dazu einfällt, warum es Unsinn wäre, sich Ihren Herzenswunsch zu erfüllen, bitten Sie einen Zyniker unter Ihren Freunden um Hilfe!

4. Gleichen Sie so lange Pro und Kontra aus, bis Sie den »Schmetterlingspunkt« gefunden haben, einen ausgeglichenen Zustand der Anteilnahme ohne Übereifer, des Verlangens ohne Anhaftung und der Absicht ohne Druck.

Der mühevolle Weg zum Erfolg

Eins der Probleme, die mit Konzepten wie »Gelassenheit« und »glücklicher Erfolg« verbunden sind, ist, dass tatsächlich die Möglichkeit besteht, ohne jede innere Freude äußerlich das zu erreichen, was man will. Hier die Formel dafür:

Druck (Stress) + ständige Tätigkeit = Erfolg

Wenn Sie an solche »Typ-A«-Überflieger denken wie Donald Trump, Bill Gates, Attila den Hunnenkönig und an Sportler, denen schon mal eine Ader platzt, dann sind das alles Leute, die im Hinblick auf Leben, Erfolg und Leistung der Philosophie des »immer größer, immer besser, immer schneller« anhängen. Sie halten stets Ausschau nach noch effizienteren, noch effektiveren Möglichkeiten, um sich oder ihre Untergebenen an- und emporzutreiben zum unermesslich weiten Himmel von persönlicher Leistung, Ruhm und Erfolg.

Nun kann Handeln unter Stress ohne Zweifel kurzfristig effektiv sein, aber letzten Endes bewirkt es das Gegenteil, da die Gier nach sofortiger Belohnung durch immer mehr goldene Eier die goldene Gans (das sind Sie!) allmählich abtötet. Es trägt Ihnen äußeren Erfolg (schöne Dinge) auf Kosten des inneren Erfolgs (der Qualität der Erfahrung) ein.

Stellen wir uns einen mit Wasser gefüllten Kessel vor. In dem Maße, in dem wir die Hitze unter dem Kessel erhöhen (mehr tun, uns noch mehr ins Zeug legen), heizt sich das Wasser auf. Aber wenn wir es übertreiben und die Hitze weiter erhöhen (uns zu sehr anstrengen), verdampft das Wasser, der Kessel kocht trocken und fängt an zu schmelzen.

Viele Leute versuchen nur deshalb immer wieder, durch Stress zu Erfolg zu kommen, weil sie glauben, sonst keine andere Wahl zu haben als das, was ich »den sicheren Weg zum Misserfolg« nenne:

**Druck (Stress) + ständige Untätigkeit
= Misserfolg**

Wenn wir uns selbst durch Stress lahmlegen, bis wir nichts mehr für den Gegenstand unserer Sehnsucht tun können, bleibt es nicht aus, dass wir frustriert werden, alle Hoffnung fahren lassen und vielleicht sogar Selbsthass empfinden.

Nach der herkömmlichen Lerntheorie entspricht dies dem Zustand bewusster Inkompetenz. Uns kommt plötzlich zu Bewusstsein, wie ineffektiv wir bei allem sind, was wir lernen wollen, wodurch wir noch einfallsloser und ineffektiver werden.

Das ist das Stadium, in dem die meisten Leute ein Projekt, ein Ziel oder einen Traum aufgeben, weil es ihnen einfach unmöglich erscheint, irgendetwas zustande zu bringen. Es ist auch das Stadium, in dem die innere Stimme des »Du solltest« überlaut wird und uns mit scheinbar wohlmeinendem Rat bedenkt wie: »Du solltest einfach weitermachen«, »So sollte es leichter gehen« oder »Du solltest es besser so machen.«

Zum Glück gibt es einen leichten Ausweg, wenn Sie bereit sind, mit dem ständigen »Du solltest« aufzuhören …

Easy does it *oder* Der leichte Weg zum Erfolg

Easy

»Easy«, das englische Wort für »leicht«, hat laut Wörterbuch eine Vielzahl von Bedeutungen:

1. Heiter und gelassen
2. Ungehetzt und mühelos
3. Ohne Schmerz, Ärger oder Angst
4. Ohne ungebührende Eile oder Aufregung
5. In Maßen oder maßvoll
6. Sorglos oder unbekümmert
7. Ohne schwere Strafe
8. Ohne heftige Bewegung
Und meine persönliche Lieblingsbedeutung:
9. Ruhig und entspannt

Der leichte Weg zum Erfolg ist nicht immer frei von Schwierigkeiten, aber er ist nicht mit ungebührender Anstrengung oder Stress verbunden. Es geht auch nicht ohne Arbeit, aber dabei handelt es sich per Definition nicht um harte Arbeit, weil wir lernen, uns ihr mit einem Gefühl der Freude und inneren Ausgeglichenheit zu widmen. Mag der Weg auch nicht immer schmerzfrei sein, so ist er doch keinesfalls ein Leidensweg. (Wie heißt es so schön: »Leiden nach Belieben – aber nur für Selbstversorger.«)

Hier meine vierteilige Formel für den leichten Weg zum Erfolg:

Leichtigkeit + Zielgerichtetheit + Tätigkeit + Muße = Erfolg

1. Leichtigkeit

Ich weiß noch, wie ich in London fahren lernte: Solange sich niemand mit mir unterhielt, keine Umgebungsgeräusche zu hören waren und ich nicht zu atmen brauchte, ging alles gut. Ich kam an, wo ich ankommen wollte, nur war ich im Allgemeinen danach vollkommen erschöpft.

Als ich anfing, während der Fahrt Comedy-Tapes abzuspielen – die klassische Goon Show, Monty Python oder Bob Newhart –, entspannte ich mich so weit, dass ich allmählich ein gewisses Vergnügen empfand. Ich kam nicht nur da an, wo ich wollte, ich war auch frisch und zum Spielen bereit.

Sie können Ihr Gefühl der Leichtigkeit auf dem Weg zur Wunscherfüllung steigern, indem Sie sich physisch entspannen, tief durchatmen, präsent sind bei dem, was Sie gerade tun, und nach Möglichkeiten suchen, ihm noch mehr Freude abzugewinnen als jetzt schon.

Von der Theorie zur Praxis ...

Beim Handeln ein Gefühl der Leichtigkeit kultivieren

1. Zerknüllen Sie so viel Papier, wie Ihr ökologisches Gewissen erlaubt. Stellen Sie einen Papierkorb oder ein ähnliches Behältnis in etwa einem Meter Abstand vor sich auf.

2. Entspannen Sie sich körperlich. Das gelingt Ihnen leicht, wenn Sie den Atem anhalten und alle Muskeln kurz anspannen, sie dann beim Ausatmen wieder lockern und Ihren Körper ausschütteln. Tun Sie das alles mit einem Lächeln im Gesicht.

3. Versuchen Sie, sobald Sie entspannt sind, die zusammengeknüllten Papierbälle in den Papierkorb zu werfen. Hierbei kommt es nur darauf an, dass Sie körperlich entspannt und locker bleiben, egal, wohin die Bälle fliegen. Ein Test ist der, sich vorzustellen, dass Ihnen jemand zuschaut. Wenn Sie richtig »gut drauf sind«, würde der Zuschauer wahrscheinlich denken, dass der Ball dorthin fallen sollte, wohin er fällt!

4. Üben Sie das Werfen, bis sie bei zehn Würfen hintereinander völlig entspannt und locker bleiben können. Sollte es Ihnen unabsichtlich gelingen, den Papierkorb zu treffen, ist das in Ordnung – aber erst wenn Sie entspannt und locker bleiben, während sie zehn Papierbälle hintereinander danebenwerfen, steigen Sie in die Klasse für Fortgeschrittene auf.

2. Zielgerichtetheit

Die Macht der Zielgerichtetheit oder Konzentration wirkt nach einem einfachen Prinzip: Je mehr Sie sich auf etwas konzentrieren, desto mehr haben Sie davon. Es gibt haufenweise physiologische, psychologische und metaphysische

Theorien darüber, warum es so funktioniert (das retikuläre Aktivierungssystem, das psychologische Gewand und das Gesetz der Anziehung sind drei meiner Lieblingserklärungen), aber für unsere Zwecke genügt es zu sagen, dass es einfach verdammt wichtig ist, sich auf das zu konzentrieren, was man will.

Woran erkennen Sie, dass Sie sich auf das konzentrieren, was Sie wirklich wollen?

Es löst angenehme Gefühle bei Ihnen aus!

Wenn es Ihnen schlecht geht, sobald Sie an das denken, was Sie wollen, heißt das, dass Sie wahrscheinlich nur daran denken, wie elend weit es bis dahin ist, mit welchen Problemen Sie unterwegs konfrontiert sind oder warum Sie nie dorthin kommen werden. Sich auf das zu konzentrieren, was man will, löst angenehme Gefühle aus. Das ist eine der Möglichkeiten, herauszufinden, dass man es wirklich will.

3. Handeln

Manchmal überprüfe ich, ob meine Ziele realistisch sind, indem ich mich frage:

Mal angenommen, Affirmationen, Visualisationen und all die anderen geistigen Übungen wären Schrott und die einzige Möglichkeit, etwas zu bekommen, bestünde darin, das Richtige dafür zu tun: Wende ich dann genügend Zeit auf und tue ich das Richtige, um das zu erreichen, was ich erreichen will?

Damit will ich nicht etwa behaupten, dass diese Übungen nichts wert seien, nur sind sie für sich allein kaum geeignet, uns bis ganz ans Ziel zu bringen.

Was ist eine »angenehme Tätigkeit«? Jede Tätigkeit, die wir als solche lohnend finden – die also nicht davon abhängig ist, dass wir ein bestimmtes Ergebnis erzielen, damit sie sich lohnt. Auch wenn solche Tätigkeiten sich im Einzelnen von Mensch zu Mensch unterscheiden, hier ein Beispiel für zwei verschiedene Möglichkeiten, die ich vor mir sähe, wenn ich das Ziel hätte, abzunehmen.

Rein am Erfolg orientierte Tätigkeiten (nur etwas wert, wenn ich mein Ziel erreiche):
Meine Lieblingsspeisen aufgeben, nicht mehr aus essen gehen, auf Süßigkeiten verzichten, an einem Aerobic-Kurs teilnehmen (wogegen ich eine persönliche Abneigung habe).

An sich befriedigende Tätigkeiten (für mich von Wert, ob sie von »Erfolg« gekrönt sind oder nicht):
Mehr Wasser trinken, lange Spaziergänge in freier Natur machen, Streckübungen durchführen, mein eigenes Trainingsprogramm mit Schwimmen und Krafttraining im Wasser aufstellen (macht mir persönlich großen Spaß).

Stellen Sie wie immer einen persönlichen Aktionsplan auf, bis Sie die Tätigkeiten gefunden haben, die als solche für *Sie* befriedigend sind!

4. Untätigkeit

> *Die ganz großen Ideen kommen eher dann,*
> *wenn man leicht »unterbeschäftigt« ist.*
> Nobelpreisträger James Watson

Muße ist aus mindestens zwei Gründen wichtig für den Erfolg:

a) Genug Zeit zum Erholen einplanen

Sportexperten stimmen einhellig darin überein, dass es, je härter man trainiert, umso wichtiger ist, gut geplante Pausen einzulegen, damit sich Körper, Geist und Seele erholen können. Je öfter solche Pausen in den Terminplan eingebaut werden, desto unspektakulärer können sie sein. Wenn Sie jemand sind, der einen Monat aussetzen muss, bloß um wieder zu Atem zu kommen, fangen Sie am besten damit an, Minipausen in den Tagesablauf einzubauen (ich empfehle für den Anfang jeweils drei Minuten pro Stunde). Sie werden merken, wie schnell Sie Ihren natürlichen Enthusiasmus wiedergewinnen.

b) Dem Universum Zeit zum Aufholen geben

Was ist der Unterschied zwischen einem guten und einem hervorragenden Handelsvertreter?

Ein guter Vertreter redet und redet, bis er etwas verkauft hat; ein hervorragender Vertreter redet nur bis zu einem bestimmten Punkt und überlässt dem Kunden das Kaufen.

Ähnlich ist es, wenn Sie bei Ihren vermehrten Anstrengungen, Ihre Ziele zu erreichen, die ganze Saat zertrampeln, bevor sie die Chance hat, aufzugehen und zu blühen. Einer meiner Trainer sagte einmal zu mir: »Was könnte Gott alles tun, wenn Sie sich den Tag frei nähmen!«

Die 110-Prozent-Lösung

Es war einmal ein Suchender, der unbedingt so schnell wie möglich sein Ziel, die Erleuchtung, erreichen wollte. Er nahm eine lange Reise auf sich zu einem Zenmeister, der in dem Ruf stand, Schüler schnell dazu zu bringen, ihr höchstes Potenzial auszuschöpfen.

Nach drei quälenden Tagen des Wartens wurde dem Suchenden schließlich eine Audienz bei dem Zenmeister gewährt. Er äußerte seinen sehnlichen Wunsch und fragte, wie lange es wohl dauern würde, bis er Erfolg hätte. Der Meister schaute dem Suchenden tief ins Herz und sagte: »Zwanzig Jahre.« Der Suchende war entsetzt.

»Und wenn ich mich nun wirklich voll und ganz einsetze? Und freiwillig doppelt so lange und schwer arbeite wie jeder andere Schüler im Kloster?«

Der Zenmeister schien in Verwirrung zu geraten. »Oh, mir war die Heftigkeit deiner Suche gar nicht bewusst. Dann dauert es mindestens dreißig Jahre bis zum Erfolg.«

Jetzt war der Suchende verwirrt.

»Vielleicht hast du mich nicht verstanden, o Erhabener«, sagte er.

»Ich bin bereit, bis an meine Grenzen zu gehen, und noch darüber hinaus und mich hundertzehnprozentig einzusetzen, um mein Ziel zu erreichen – ich sehne mich verzweifelt nach Erleuchtung.«

»In dem Fall dauert es mindestens vierzig Jahre, das zu erlangen, was du suchst«, erwiderte der Zenmeister.

Ich erinnere mich noch an den Anruf eines Investment-Bankers aus Singapur, der mich unbedingt als seinen Coach engagieren wollte. Als er mir aufzählte, was er in seinem Berufsleben bereits alles probiert hatte, um seine Ziele zu erreichen, und erklärte, warum ich seine »letzte Hoffnung« sei, merkte ich, wie ich mich aus mitfühlender Resonanz mit diesem Mann, der sich selbst so unter Druck gesetzt hatte, um zu Erfolg zu kommen, körperlich vollkommen verspannte.

Bevor ich ihn als Klienten akzeptierte, stellte ich ihm

folgende Aufgabe: »Sehen Sie in den nächsten zwei Wochen ganz von jedem Versuch ab, Ihre Ziele zu erreichen. Streichen Sie sie vollkommen aus Ihrem Kalender und aus Ihrem Terminplan.«

Wenn er nur ein einziges Mal die Hand rühre, um seine Ziele zu erreichen, würde ich ihn nicht als Klienten akzeptieren, sagte ich ihm.

Er hielt mich bestimmt für verrückt, aber ich wusste, dass mindestens eine von drei Möglichkeiten unweigerlich eintreten würde:

1. Er würde seine Batterien wieder aufladen und sich frisch erholt und voller Energie seinen Zielen und Projekten widmen können, gewillt, einen Neuanfang zu wagen.

2. Alles, wofür er bisher so hart gearbeitet hatte, würde ihm plötzlich »in den Schoß fallen«. Ich habe nicht mehr nachgezählt, wie oft ich schon miterlebt habe, dass es mit der Karriere von jemandem bereits einen Monat nach dem »Loslassen der Ziele« steil bergauf ging oder dass innerhalb weniger Tage nach Aufgabe der Suche der perfekte Partner gefunden wurde.

3. Er würde einsehen, dass nur die Routine ihn noch in Gang hielt, und endlich aufgeben. Das geschieht oft, wenn das Ziel entweder etwas ist, das man nie wirklich erreichen wollte (aber erreichen zu »müssen« glaubte), oder wenn man darüber hinausgewachsen ist, es jedoch im Trubel seiner Aktivitäten gar nicht gemerkt hat.

Er kämpfte wie der Teufel um das Recht, sich weiter in ein frühes Grab schuften zu dürfen, willigte am Ende aber doch in die aufgezwungenen Ferien ein. Folgendes geschah …

Als ich zwei Wochen später wieder mit ihm sprach, gab

er schuldbewusst zu, vorgehabt zu haben, seine Ziele weiterzuverfolgen, mir aber trotzdem zu erzählen, er hätte eine Pause eingelegt, um mit mir arbeiten zu können.

Eine plötzliche Erkrankung hatte ihn für ein paar Tage lahmgelegt, und da hatte er beschlossen, daraus Nutzen zu ziehen und es einfach mal mit dem Nichtstun zu probieren. Zu seinem Erstaunen kamen mehrere Geschäftsabschlüsse, auf die er monatelang hingearbeitet hatte, zustande, während er flachlag. Doch als er körperlich so weit genesen war, dass er wieder hätte arbeiten können, wurde ihm klar, dass ungeachtet der finanziellen Vorteile sein Herz nicht mehr bei der Sache war.

Ich arbeitete die nächsten sechs Monate mit ihm auf einen Wechsel vom Investment-Banking zur Kunstwelt hin (für ihn ein heimliches »Wow!«); inzwischen leitet er erfolgreich ein Importgeschäft, mit dem er mehr Geld verdient und an dem er mehr Freude hat als je zuvor.

Mit Leichtigkeit tätig sein

So, jetzt wissen Sie, was das ist, aber wie tun Sie denn nun etwas auf die leichte Art? Na, in drei leichten Schritten natürlich!

1. Einstimmen (darauf, wie Sie sich gerade fühlen)

Ich habe einmal eine Geschichte über Morihei Ueshiba gehört, den Begründer der japanischen Kampfkunst Aikido. Als ein Schüler an ihm bewunderte, dass er ständig im inneren Gleichgewicht lebte, dachte Ueshiba einen Augenblick nach. »Ich lebe gar nicht im Gleichgewicht«, sagte er dann. »Im Gegenteil, ich bin eigentlich immer aus dem Gleichgewicht. Aber ich weiß, was für ein Gefühl es ist, im Gleichgewicht zu sein, und bemühe mich deshalb ständig darum, wieder zur Mitte zurückzukehren.«

Nehmen Sie sich einen Augenblick Zeit, um sich auf Ihren Körper einzustimmen. Welche Körperpartien fühlen sich angespannt an und welche besonders entspannt?

Stimmen Sie sich jetzt auf Ihr Denken ein. Wovon reden die Stimmen in Ihrem Kopf heute?

Welche Filme laufen in Ihrem mentalen Kino ab?

Stimmen Sie sich abschließend auf Ihr Herz ein, Ihre Verbindung zu Liebe, Freude und dem Reich des Geistes. Welche höhere Weisung wartet auf Sie, während Sie Ihre Aufmerksamkeit auf Frieden, Liebe und Verständnis richten?

2. Entspannen (und voll Freude zur natürlichen Energie zurückfinden)

Gay Hendricks, einer meiner Mentoren, hat mir zwei wunderbare Fragen beigebracht, die ich mir im Laufe eines Tages immer wieder stelle, um selbst mitten in der Aktion tiefere Schichten der Entspannung zu erreichen:
- Könnte ich zulassen, dass es einfacher geht?
- Könnte ich zulassen, dass es leichter geht?

Was immer Sie gerade tun, können Sie aller Wahrscheinlichkeit nach besser machen, wenn Sie Ihre Muskeln entspannen und mit Frohsinn und Leichtigkeit bei der Sache sind. Zuerst mag es scheinen, als würde die Entspannung Ihnen Kraft rauben (sind Sie nicht auch schon mal bei einer Massage, beim Yoga oder gar beim Sex eingeschlafen?).

Doch während der Körper sich von Energiequellen wie Zucker, Koffein und Adrenalin, die Spannung aufbauen, befreit, beginnen die feineren Energien zu fließen, und Sie wachen erfrischt und energiegeladen auf.

3. Weniger tun (aber immerhin etwas tun)

Sie haben wahrscheinlich schon eine ziemlich klare Vorstellung davon, ob Sie sich selbst zu viel Druck machen oder zu wenig, und dieses Verhältnis kann sich noch viele Male ändern, während Sie ein Projekt, ein Ziel oder einen Traum verfolgen.

Falls Sie den Eindruck haben, dass Sie etwas tun müssen, fangen Sie am besten mit etwas an, das Spaß macht, also als solches befriedigend für Sie ist, ob Sie damit Ihr angestrebtes Endergebnis gleich erzielen oder nicht.

Wenn Sie sich bereits seit Längerem das Hirn zermartern, was Sie noch tun könnten, um endlich den Absprung zum Erfolg zu schaffen, schlagen Sie sich mal eine Zeit lang Ihre Ziele aus dem Kopf und erlauben Sie dem Universum, Sie einzuholen, ehe Sie zum Sprung ins Ungewisse ansetzen!

Warum ist es so schwer, es locker angehen zu lassen?

Das Lieblingsmusical meiner Kindheit war *How to succeed in business without really trying* (»Wie man geschäftlich Erfolg hat, ohne sich richtig anzustrengen«), das den Pulitzer-Preis gewonnen hat. Ein junger Fensterputzer legt sich ein Buch zu, wie man Präsident eines großen Unternehmens werden und das Mädchen seiner Träume heiraten kann, und das schafft er auch mit nichts als Selbstvertrauen, einem wachen Verstand und der Unbekümmertheit der Jugend.

Ich hielt es für das Beste auf der Welt, das mir zustoßen konnte, die Ideen dieses Stücks in meinem Leben zu verwirklichen. Aber als ich anfing, mit dieser Vorstellung herumzuspielen, und *tatsächlich* erfolgreich war, ohne mich auch nur im Mindesten richtig angestrengt zu haben, merkte ich, dass ich überhaupt nicht das Gefühl hatte, *wirklich* etwas erreicht zu haben.

Wie ein Lottogewinner, der alles in wenigen Jahren ausgibt, neigen wir dazu, einen zu leicht errungenen Erfolg nicht richtig zu würdigen, und entsprechen damit der landläufigen Überzeugung, unverdientes Glück sei nicht viel wert. »Wie gewonnen, so zerronnen«, sagen wir uns und krallen uns entweder mit aller Macht an das, was wir haben, als ob unser Leben davon abhinge, oder tun alles, um es so schnell wie möglich wieder loszuwerden.

Das Gefühl, des eigenen Erfolgs im Leben nicht würdig zu sein, hat heute einen Namen – das »Paradies-Syndrom«. Es beschreibt sowohl den Stress, den das Warten auf eine fällige Tragödie verursacht (schließlich dürfen Menschen es ja nicht so gut haben, oder?), als auch den Stress der Ungewissheit, wenn die Leute schließlich merken, dass man ein Betrüger ist und weder da hingehört, wo man ist, noch verdient, was man hat.

Es gibt im Wesentlichen drei Arten, wie wir unseren Erfolg herunterspielen können, verleugnen oder nicht wahrhaben wollen …

1. »Aber ich habe ja gar nichts dazu getan!«

Ich weiß noch, wie mir jemand auf der Hochzeit meiner Schwester gratulierte. »Was gratulierst du mir?«, fragte ich, ganz patziger Teenager. »Ich hatte ja gar nichts damit zu tun!« Leider ist das die Art und Weise, wie viele von uns irgendeinen Erfolg in ihrem Leben empfinden. »Warum sollen wir uns selbst gratulieren?«, fragen wir uns. »Wir hatten doch gar nichts damit zu tun.«

2. »Aber ich weiß doch gar nicht, wie ich das gemacht habe!«

Es gibt die berühmte Geschichte von Sir Laurence Olivier, der nach einem besonders brillanten Auftritt im *Othello* wutschnaubend in seiner Garderobe herumlief. »Aber Larry«, sagten seine Freunde, »was ist denn los? Das war doch das Beste, was du jemals gebracht hast!« »Ich weiß«, sagte Olivier, »aber ich weiß nicht, wie ich es angestellt habe!«

Da haben wir einen Teil des Mythos vom Expertentum – die Vorstellung, dass einer, der selbst erfolgreich Karriere gemacht hat, anderen zum Erfolg verhelfen könnte. Dabei hat der Betreffende vielfach keine Ahnung, was eigentlich zu seinem Erfolg geführt hat, und traut sich meist auch nicht, genauer hinzuschauen, aus Furcht, etwas zu vermasseln, wenn er sich das, was weitgehend unbewusst ablief, bewusst macht.

Diese Abneigung und/oder Unfähigkeit, aus unserem Erfolg zu lernen, führt oft dazu, dass wir keinen Begriff davon haben, wie wir dahin gekommen sind, wo wir im Leben stehen.

3. »Wir sind es nicht wert! Wir sind es nicht wert!«

Eine Bekannte von mir war einmal zum Essen eingeladen; man kam auf Kinder zu sprechen. Als sie gefragt wurde, ob sie und ihr Mann Kinder haben wollten, sagte sie: »O Nein, ich möchte unser Glück nicht überfordern. Wir haben bereits eine wunderbare Ehe, ein schönes Heim und ein herrliches Leben. Wenn wir auch noch ein Kind bekämen, würde es sicher grässlich entstellt zur Welt kommen!«

Das ist zwar ein extremes Beispiel, aber Millionen gesunde, wohlhabende Leute sitzen herum und warten darauf, dass die Kehrseite der Medaille sichtbar wird – dass das Universum plötzlich merkt, wie gut es ihnen im Leben geht, sie aus dem Paradies vertreibt und mit einem dumpfen Knall wieder auf die Erde zurückbefördert.

Dieses Gefühl der Unwürdigkeit ist wahrscheinlich das Haupthindernis, das der Verwirklichung dessen, was Sie wirklich wollen, im Wege steht. Wenn wir dieses Phänomen im nächsten Kapitel genauer unter die Lupe nehmen, werden Sie zum einen erkennen, dass Sie all dessen würdig sind, was Ihnen das Leben Gutes zu bieten hat, und zum anderen, dass das Einzige, was zwischen Ihnen und dem Wahrwerden Ihrer Träume steht, nicht etwa Sie selbst sind, sondern der Gedanke, dass Sie sich ändern müssten …

4

Der Feind sind nicht Sie!

Warum Sie kein Versager sind (und warum Sie wahrscheinlich glauben, einer zu sein)

Verteidige vehement deine Grenzen,
und du hast sie zementiert.
Richard Bach

Sehr viel aus der Entwicklungspsychologie, Therapie, Werbung und Selbsthilfe baut auf der Prämisse auf, dass etwas mit einem nicht stimmt – dass, wenn man nur sein Denken, sein Verhalten, seine Shampoomarke oder seine Persönlichkeit verändern würde, alles perfekt wäre und das Leben endlich so laufen würde, wie es sich gehört.

Da es den wenigsten Menschen je in den Sinn kommt, diese Annahme in Zweifel zu ziehen, verbringen die meisten den größten Teil ihres Lebens damit, neue Methoden zu lernen, um etwas zu reparieren, das nie kaputt war, und nehmen sich jedes Jahr aufs Neue vor, sich noch mehr anzustrengen, damit alles in Ordnung kommt. Es ist, als würden wir mit einem T-Shirt durchs Leben gehen, auf dem »Dummkopf!« steht, nur dass der Pfeil darunter immer auf uns selbst zurückweist.

Sobald Ihnen das bewusst wird, steht es Ihnen frei, diesen

Kampf gegen sich selbst zu beenden – den Kampf gegen Ihr Ego, Ihren Schatten oder wie sonst Sie jene Teile Ihrer Persönlichkeit nennen wollen, die Sie nicht mögen oder die Sie wegwünschen.

Außerdem können Sie dann aus einer Haltung des Wohlbehagens, der Lockerheit und Gelassenheit heraus in Aktion treten, denn dann steht nicht gleich Ihr Glück oder Ihr Selbstwertgefühl auf dem Spiel, sobald Sie mal Pommes mit Mayo statt eines Salates zu Mittag essen.

Das Traurige oder auch Witzige (je nach meiner Stimmung), das ich bei nahezu jedem erlebe, mit dem ich über diese Möglichkeit spreche, ist, wie die Betreffenden ab einem gewissen Punkt mir gegenüber zu rechtfertigen versuchen, warum sie alles an sich radikal ändern müssen, ehe sie glücklich sein und haben können, was sie wollen:

- »Wenn Sie mich besser kennten, würden Sie so etwas nicht sagen!«
- »Irgendetwas stimmt nicht mit mir, wirklich!«
- »Ich gebe immer mein Bestes, aber im tiefsten Innern weiß ich, dass man mir nicht trauen kann!«
- »Wenn ich mich nicht selbst an die Kandare nähme, würde ich irgendwann eine Dummheit begehen und den Rest meines Lebens im Gefängnis verbringen – oder es käme noch schlimmer!«

Wie sind wir bloß zu einer so schlechten Meinung von uns selbst gekommen? Man muss sehr vorsichtig sein bei der Erziehung …

Ein (sehr) kurzer Kurs in unkonditionierter Elternschaft

Lieben heißt, einverstanden zu sein –
bedingungslos, urteilsfrei, erwartungslos.
Barry Neil Kaufman

Die Familie meiner Frau war zu Besuch bei uns, und nach dem Abendessen, bei einer lebhaften Unterhaltung, beschuldigten ihre Brüder plötzlich ihre Mutter, meine Schwiegermutter, sie »attackiere« sie. Die Mutter war bestürzt und sagte ganz richtig: »Aber ich habe doch nur die Augenbrauen hochgezogen!«

Nachdem ich eine Weile nachgedacht hatte, wurde mir klar, dass sich dieses Augenbrauenhochziehen über viele Jahre hinweg mit negativer Energie aufgeladen hatte und sich nun jedes Mal, wenn es in die Richtung der Kinder ging, unweigerlich entlud.

Haben Ihre Eltern Sie in Ihrer Kindheit und Jugend jemals »scharf angeguckt«? Mit jener Art von Blick, die Ihnen klarmachte: bis hierher und nicht weiter, sonst bekommst du Ärger, richtig *großen* Ärger! Machen die Eltern das immer noch? Werfen auch Sie jetzt Ihren eigenen Kindern (Ihrem Partner oder Ihrer Partnerin, Ihren Kollegen usw.) solche Blicke zu?

So altehrwürdig er vielleicht ist, der »scharfe Blick« stammt aus einem traditionellen Erziehungsmodell, in dem das kindliche Bedürfnis nach Sicherheit, Liebe und Anerkennung als primäres Motivationsinstrument verwandt wird. Zwar würde niemand es so krass formulieren, aber im Allgemeinen funktioniert es etwa so:

Mami und Papi lieben dich sehr. Solange du tust, was wir von dir verlangen, lieben wir dich weiter so wie bisher; wenn nicht, entziehen wir dir unsere Liebe (oder zumindest unsere Anerkennung), bis du tust, was wir verlangen, und wir sie dir ganz (oder wenigstens zum Teil) wieder zukommen lassen.

Dieses Modell elterlicher Erziehung zum Zwecke einer Verhaltensänderung funktioniert bis zu einem gewissen Punkt, aber leider sowohl besser als auch schlechter, als man denken sollte. Besser, weil die Chance besteht, dass wir trotz noch so starker Rebellion in unserer Jugend auch als Erwachsene weiterhin mit den Entscheidungen, die wir treffen, und mit unserem Verhalten entweder den Beifall unserer Eltern erringen oder ihnen »beweisen« wollen, dass wir diesen nicht nötig haben. (Eine meiner Lieblingsdefinitionen von Reife stammt von Gregory Bateson: gewillt sein, das zu tun, was man wirklich tun will, selbst wenn auch die Eltern wünschen, dass man es tut.)

Schlechter, weil es den Mythos bekräftigt, dass Liebe und Anerkennung so etwas wie Artikel sind, die man sich verdienen kann, und nicht etwa unsere essenziellen Geburtsrechte. Aber welche andere Möglichkeit haben wir?

Einer meiner Freunde erzählte mir einmal von einer Konferenz, auf der der Redner vorne im Saal eine brandneue 50-Pfund-Note hochhielt und fragte, wer sie haben wollte. Natürlich hoben alle Anwesenden die Hand. Daraufhin tat der Mann mit der 50-Pfund-Note alles, was man sich nur vorstellen kann: Er spuckte darauf, riss sie ein, zerknüllte sie und rieb seine Schuhsohle damit ab, bis sie völlig verdreckt war.

»Wer will sie jetzt noch haben?«, fragte der Mann nun.

Langsam, aber sicher hoben wieder alle Anwesenden die Hand. »Ihr gleicht alle dieser 50-Pfund-Note«, sagte der Redner jetzt. »Egal, wie sie aussieht, egal, was sie durchgemacht hat, wie schäbig sei erscheint und wie unvollkommen sie aussieht, ihr Wert bleibt davon unberührt.«

Das ist ein echtes Geschenk, das wir uns selbst und anderen machen können – unseren inneren Wert als Menschen zu erkennen, ungeachtet dessen, was wir bis jetzt im Leben getan oder versäumt haben.

Hier eine Geschichte, wie das in der nicht ganz realen Welt aussehen könnte:

Das Kaninchen in der sechsten Klasse

Ein Kaninchen von der falschen Seite der Gleise bekam in der letzten Schulklasse einen neuen Lehrer, der ihm sagte, er liebe es, ganz egal, was wäre, und er wüsste, dass es die Macht hätte, sich die Art von Leben auszusuchen, die es haben wollte. Daraufhin stellte es den Lehrer immer wieder auf die Probe, aber wie sehr es sich auch anstrengte, böse zu sein, stets bewies der Lehrer das richtige Maß an Disziplin und aufrichtiger, herzlicher Güte.

Ärgerte es sich, forderte er es dazu auf, sich anzuschauen, inwiefern es selbst dazu beitrug, diesen Ärger zu erzeugen und zu nähren, und ermutigte es, täglich auf sich zu achten, indem es die Dinge tat, die es gern machte, wie Hoppeln, Rennen und anregende Bücher lesen. (»Das Samtkaninchen« gehörte zu seiner Lieblingslektüre.)

Auf diese Weise lernte das Kaninchen nach und nach, sich immer mehr auf sich selbst zu verlassen und sich keine Sorgen mehr darum zu machen, was es nach Meinung anderer mit seinem Leben anfangen sollte. Doch obgleich es bei den anderen

Tieren beliebt war (schließlich war es durch das tägliche Hoppeln und Rennen der Star des Laufteams geworden), fühlte es sich im tiefsten Innern weiterhin schrecklich mangelhaft und glaubte, der gütige Lehrer verschwende nur seine Zeit an ein wertloses Weichei wie es. Mochte es auch noch so schnell rennen, stets zuckte es innerlich zusammen, wenn es Vögel mit großer Anmut fliegen und Fische, nun ja, wie Fische im Wasser schwimmen sah.

Eines Tages geschah das Undenkbare. Es trat auf eine Distel und verletzte sich den Glücksfuß, sodass es nicht länger rennen konnte.

Das bisschen, was es seinem Gefühl nach in der Welt wert gewesen war, hatte ihm nun ein einziger kleiner Stachel genommen. Das Kaninchen weinte und weinte, bis es leer geweint war, und da hörte es plötzlich eine neue und doch seltsam vertraute Stimme in seinem Kopf – leise, zart und klar wie eine Glocke –, die flüsterte:

»Dein Wert liegt nicht in deiner Schnelligkeit.«

Von dem Augenblick an hörte es die Stimme immer, wohin es auch hoppelte. Während es die Vögel hoch oben über den Spielwiesen fliegen sah, wisperte die Stimme: »Ihr Wert liegt nicht in ihren Schwingen.« Sah es die Fische im Weiher ihre Kreise ziehen, sagte die Stimme: »Ihr Wert liegt nicht in ihrem Schwimmvermögen.«

Wenn der reiche alte Dachs, der die Schule finanziell unterstützte, vorbeikam, sagte die Stimme: »Sein Wert liegt nicht in seinem Reichtum.«

Und das Kaninchen erkannte, dass das stimmte – der Wert der Vögel lag nicht in ihrem Flug, der Wert des Lehrers nicht in seinem Unterricht, und sein eigener Wert lag nicht in seiner Schnelligkeit oder seiner Meisterschaft im Hoppeln, ja nicht einmal in der Art, wie es die Nase zum Schnuppern verziehen *und damit alle zum Lachen bringen konnte. Und bei diesem Gedanken musste es immerfort lachen und lachen, bis es wieder ganz leer war und die Stimme in seinem Kopf wieder zu flüstern begann. »Jetzt«, sagte die Stimme, »können wir anfangen ...«*

In jeder Hinsicht fast perfekt

> *Freundschaft wird in dem Augenblick geboren,*
> *in dem ein Mensch zum andern sagt:*
> *»Wie, du auch? Ich dachte, ich wäre der Einzige.«*
> C. S. Lewis

Mit etwa zwanzig las ich eins der vielen Bücher über den Einfluss des Selbstbildes auf alles von Selbstachtung über Glück und Erfolg bis hin zum Wohlbefinden. Nach Auffassung des Autors würde ich mich, wenn ich mich immer wieder im Geiste so vor mir sah, wie ich idealerweise zu sein wünschte, meinem Ideal allmählich annähern. Um diesen Vorgang zu beschleunigen, sollte ich eine »ideale Szene« zu Papier bringen und in allen Einzelheiten aufschreiben, wer ich sein wollte und wie ich in meiner Vollkommenheit leben würde.

Hier ungefähr das, was ich damals schrieb:

Ich bin 1,85 m groß. Mein Haar ist dick, voll und blond. Ich bin sportlich, muskulös, wie gemeißelt, gesund und stark (wie Brad Pitt, aber interessanter). Ich bin ein herausragender Lehrer, ein erleuchteter Weiser, und nachdem ich den Krebs besiegt und den Nobelpreis gewonnen habe, begebe ich mich in den Urwald von Borneo und rette indonesische Kinder vor den Krankheiten der Weißen.

Ich bin nie verärgert, sondern immer liebevoll und sanft (und trotzdem männlich und fest) und stets gütig. Ich behandle alle Menschen fair, egal, welcher Rasse oder Religion sie angehören. Ich bin so weit von Vorurteilen entfernt, dass ich das Geschlecht oder die Hautfarbe der Menschen, mit denen ich rede, gar nicht bemerke.

Kinder und Tiere lieben mich, Präsidenten und Staatsoberhäupter rufen mich, um sich von mir beraten zu lassen, und Frauen beten mich an, obwohl ich immer meiner Jugendliebe treu bleibe.

Das mag heute vielleicht lustig klingen (besonders für diejenigen, die mich kennen), aber ich fand es großartig und wartete ungeduldig auf die magischen Verwandlungen, die sich wie versprochen einstellen würden, sobald sich dieses neue Selbstbild meiner unbewussten Psyche tief eingeprägt hatte.

Außerdem rief mich das Buch dazu auf, »so zu tun als ob«, mich also so zu verhalten, als besäße ich die Myriaden von Charaktereigenschaften schon, die ich visualisierte. Ich beschloss, so gesund, gepflegt und peinlich sauber zu werden wie mein Bild der Vollkommenheit. Ich trug bei der Arbeit meinen besten Anzug, richtete meine Haare sorgfältig, trainierte jeden Tag an meinem Heimtrainer, nahm morgens nur noch frisches Obst und Saft zu mir und mittags einen Trennkostimbiss aus magerem Putenfleisch, frischen Möhren und einem Sortiment wasserreicher Salate, der jedes Kaninchen vor Ort neidisch gemacht hätte.

Nach 21 Tagen (der vorgeschriebenen Dauer der empfohlenen Selbstprogrammierung) schaute ich in den Spiegel und war am Boden zerstört. Ich sah nicht nur immer noch wie ich aus, sondern war meinem idealen Selbstbild unähnlich bis zur Unkenntlichkeit.

Etwa zum gleichen Zeitpunkt hatte ich eine kurze Begegnung mit einem männlichen Model namens Tariq, die mein Leben veränderte.

Tariq kam in den New-Age-Buchladen, in dem ich arbeitete, und entsprach Zentimeter für Zentimeter dem Bild der Vollkommenheit, das ich anstrebte. Nachdem er mich mit einem sorgenvollen Blick aus seinen stahlblauen Augen von Kopf bis Fuß betrachtet hatte, fällte er sein Urteil über das Ergebnis meines 21-Tage-Experiments: »Du musst dich besser pflegen. Du siehst ja schrecklich aus.«

Nach dieser hilfreichen Empfehlung von der lebenden Verkörperung meines physischen Ideals wurde mir klar, dass ich Anzüge, mageres Putenfleisch, Kaninchen, Brad Pitt und mich selbst hasste. Ich gab ein für alle Mal meine Pläne auf, ein neuer Tony Robbins, Albert Schweitzer und Robert Redford in einer Person zu werden, bestellte mir ein Bier und eine Pizza und trat den Weg meines völligen Niedergangs an.

Unverhofft hatte die Zerstörung meiner Idealvorstellung einen wunderbaren Nebeneffekt für mich: Sie öffnete mir die Augen für mich selbst, so wie ich wirklich bin. Und zu meinem Erstaunen mochte ich den, den ich sah. In den darauffolgenden Jahren kam ich allmählich zu der Erkenntnis, dass das wahre Geheimnis bleibender Selbstachtung (und aller damit verbundenen Vorteile) einfach in zweierlei liegt:

1. Keine Vergleiche mit jemandes Äußerem anstellen

Ich bin neidisch auf äthiopische Kinder.
Ich wäre auch gerne so dünn wie sie,
nur ohne Fliegen, Tod und all so was.
Mariah Carey

Als wir von London nach Hollywood umzogen, war mit das Erste, was wir als Familie unternahmen, eine Besichtigung der Universal Studios. Die Kinder fanden den Freizeitpark toll, während für mich das Filmgelände einen speziellen Reiz hatte, besonders die Originalsets für Filme wie *King Kong, Der weiße Hai, Psycho* und *Die Mumie.*

Das Auffällige an all diesen Sets war, dass sie von außen sehr real wirkten, aber im Innern sofort erkennen ließen, dass alles Fassade war – ein potemkinsches Dorf aus ein paar Brettern und sehr viel Farbe.

Nachdem ich über die Jahre mit so vielen Leuten gearbeitet habe, ist mir klar geworden, dass auch außerhalb der Universal Studios das meiste von dem, was man von den Leuten um sich herum sieht, Fassade ist – das, was sie der Welt zeigen wollen.

Fast jeder, den ich näher kennenlerne, gibt am Ende zu, aus einem Gefühl der Angst und Unzulänglichkeit heraus »so zu tun als ob« und sich dann zu wundern, warum er sich wie ein Betrüger vorkommt.

In der Psychologie gibt es einen alten Spruch, den ich als wahr erkannt habe:

Wenn alle ihre Probleme nähmen und sie mitten auf der Straße zu einem Abfallhaufen auftürmten, würde man

nach einem kurzen Blick auf das, was im Leben aller
anderen los ist, seine eigenen Probleme zusammenraffen
und wie der Teufel davonrennen!

Von der Theorie zur Praxis ...
Sich mit sich selbst vergleichen

1. Denken Sie an jemanden, der Ihnen auf die Nerven geht. Sie wissen schon, wer das ist, denn beim Gedanken an ihn oder sie werden Sie bitter, deprimiert oder wütend – jedenfalls alles andere als fröhlich.

2. Denken Sie nun an jemanden, den Sie bewundern. Ob Sie das tun, erkennen Sie daran, dass Sie beim Gedanken an ihn oder sie nur so strotzen vor Energie und Enthusiasmus.

3. Stellen Sie sich vor, dass diese beiden zusammentreffen und sich miteinander darüber austauschen, wie sie dahin gekommen sind, wo sie heute stehen. Sie können es sich so lebhaft und detailliert ausmalen, wie es Ihnen Freude macht.

4. Gesellen Sie sich jetzt zu ihnen. Unterhalten Sie sich laut, schriftlich oder im Geiste mit ihnen, erklären Sie, welche Gefühle Sie ihnen gegenüber haben, ihre Begabungen und Erfolge betreffend, und wie Sie davon beeinflusst werden. Lassen Sie dem Gespräch seinen Lauf, ob in eine positive oder negative Richtung, Hauptsache, es bleibt ehrlich. Führen Sie es so lange, bis es zu einem natürlichen Abschluss kommt, was sich normalerweise an einem Gefühl der Erleichterung und des Wohlseins zeigt.

Das ist eine wirkungsvolle Übung, seien Sie also nett zu sich und geben Sie sich genügend Zeit und Raum, um auch wirklich davon zu profitieren.

2. Keine Vergleiche mit dem eigenen Idealbild anstellen

Eins steht fest: Menschen sind nie vollkommen,
nur die Liebe ist es manchmal.
Tom Robbins

In all den Jahren, in denen ich versucht habe, »es richtig zu machen«, ist mir nie in den Sinn gekommen, Fragen zu stellen wie: »Was soll ich richtig machen?« oder, noch wichtiger: »Was würde geschehen, wenn ich es täte?« Hier eine Übung, um allmählich zu erkennen, worauf Sie in Ihrem Leben eigentlich aus sind …

Von der Theorie zur Praxis …

Das »perfekte« Ich

1. Beschreiben Sie Ihr »perfektes« Ich. Anders ausgedrückt: Wie wären Sie, wenn Sie perfekt wären? Wie würden Sie aussehen? Was für eine Art von Persönlichkeit hätten Sie?

2. Beenden Sie den folgenden Satz: *Um perfekt zu sein, müsste ich …*

3. Ist es menschenmöglich für Sie, so perfekt zu werden?

4. Inspiriert die Vorstellung Ihres perfekten Ichs Sie dazu, Ihr Bestes zu geben, oder wirkt sie so entmutigend auf Sie, dass Sie nicht einmal den Versuch dazu machen?

5. Wie stellen Sie sich den perfekten Partner oder die perfekte Partnerin, perfekte Freunde oder perfekte Eltern vor?

6. Was wären Ihrer Vorstellung nach perfekte Kinder, falls Sie welche haben?

Äußere Strategien für den inneren Frieden

Viele der Anstrengungen, die wir unternehmen, um uns zu »bessern«, entstehen aus diesem Konflikt – aus der Spannung zwischen dem, wie wir sind, und dem, wie wir idealerweise gerne wären. Wenn wir einerseits gern nackt toll aussehen möchten und andererseits gern Pommes mit Mayo essen, wird es schwierig, unseren Frieden zu finden!

Ich möchte dieses Kapitel mit zwei Strategien beschließen, die normalerweise der Herstellung des äußeren Friedens vorbehalten sind, sich jedoch auch für die Herausforderungen des Innenlebens eignen.

Strategie Nr. 1: Friedensverhandlungen führen

We share the same biology
Regardless of ideology.
What just might save us, me and you,
Is that the Russians love their children too.
(»Wir haben die gleiche Biologie,
ungeachtet unserer Ideologie.
Was uns womöglich rettet, dich und mich,
ist, dass auch Russen ihre Kinder lieben.«)
Sting (aus dem Album *Dream of the Blue Turtles*)

Eine der einfachsten und doch wirksamsten Strategien, die ich zur Lösung äußerer und innerer Konflikte heranziehe, ist etwas, das ich die »Verhandlungsstehleiter« nenne. Sie funktioniert so:

1. Klären Sie, welche Ziele beide Seiten formuliert haben. Sie können diese Ziele als die untersten Sprossen einer doppelseitigen Stehleiter visualisieren.

2. Identifizieren Sie das Ziel hinter jedem Ziel: den höheren Wert, den das Ziel haben soll. Das ist die jeweils nächste Sprosse auf beiden Seiten der Leiter.

3. Steigen Sie weiter auf beiden Seiten der Leiter empor, bis Sie den obersten Tritt erreichen. Das ist die Identifikation eines gemeinsamen oder verbundenen Ziels.

4. Finden Sie bestimmte Aktionen, die nach Auffassung beider Seiten weiterhelfen, das gemeinsame Ziel zu erreichen. Diesen Schritt können Sie visualisieren, indem Sie sich einen dritten Leiterteil vorstellen, der zwischen den beiden Teilen Ihrer Leiter auf dem Boden steht. Steigen Sie nur so schnell die mittlere Leiter wieder hinab, wie sich das Gefühl der Übereinstimmung beibehalten lässt.

Schauen wir uns nun an, wie sich dies auf den »Pommes-Krieg« übertragen lässt.

Schritt 1: Sich über die Ziele klar werden

Unserem Beispiel entsprechend wollen wir einerseits Pommes mit Mayo essen und andererseits nackt super aussehen.

Schritt 2: Die Ziele hinter den Zielen identifizieren

Wenn wir unser Verlangen nach Pommes mit Mayo unter die Lupe nehmen, stellen wir unter Umständen fest, dass wir in Wirklichkeit auf das angenehme Gefühl aus sind, das wir mit dem Essen der Pommes verbinden. Und hinter dem erklärten Ziel, nackt toll auszusehen, verbirgt sich möglicherweise der Wunsch, anziehend zu wirken.

Schritt 3: Die Leiter emporsteigen, bis ein gemeinsames Ziel gefunden ist

Stellen wir uns einmal jede Seite unserer Leiter einzeln vor:

Bei Pommes mit Mayo fühle ich mich wohl, in Wahrheit bin ich also auf dieses Wohlgefühl aus. Das Wohlbehagen gibt mir Gelegenheit, ruhiger zu werden und mich zu entspannen. Ruhiger zu werden und mich zu entspannen gibt mir Gelegenheit, mich nach innen zu wenden und meine Gefühle wirklich zu fühlen. Wenn ich meine Gefühle voll und ganz fühle, überkommt mich unweigerlich das Gefühl, in meinem Körper im Frieden zu sein.

Die Stufen auf dieser Leiterseite können wir folgendermaßen aufzeichnen:

Pommes mit Mayo → Wohlgefühl → ruhiger werden und entspannen → nach innen wenden und fühlen → im Körper mit mir im Frieden sein

Andererseits habe ich das Gefühl, anziehend zu wirken, wenn ich nackt toll aussehe. Wenn ich mich attraktiv finde, gehe ich bereitwilliger auf andere zu. Der Grund, warum ich auf andere zugehen will, ist der, einen Liebespartner bzw. eine Liebespartnerin zu finden, und einen solchen Partner will ich haben, weil ich mich geliebt fühlen will. Warum will ich mich geliebt fühlen? Weil ich durch das Gefühl, geliebt zu werden, vollkommen im Frieden mit mir bin.

Diese Leiterseite hat also die folgenden Stufen:

Nackt toll aussehen → bereitwillig auf andere
zugehen → einen Liebespartner bzw. eine
Liebespartnerin finden → mich geliebt fühlen
→ im Körper mit mir im Frieden sein

Schritt 4: Praktische Schritte zum gemeinsamen Ziel finden

Angesichts der Tatsache, dass wir »beide« uns im Grunde nur in meinem Körper wohlfühlen wollen, erkennen wir, dass in diesem Fall das, was wir zu tun beschließen, nicht so entscheidend ist wie das, was wir dabei fühlen. Nachdem wir verschiedene Möglichkeiten durchdacht haben, entscheiden wir uns für eine halbe Portion Pommes mit Mayo ohne Schuldgefühle. Später am Abend werden wir zu einem kurzen Training ins Fitnesscenter gehen und uns anschließend friedlich im Whirlpool entspannen. (Wir leben ja schließlich in Hollywood.)

Strategie Nr. 2: Make love, not war

Vernichte ich meinen Feind nicht auch dadurch,
dass ich ihn zum Freund mache?
Abraham Lincoln

Vor Kurzem habe ich mit einem Klienten dessen Entschlüsse für das neue Jahr durchgearbeitet, die sich alle darum drehten, seine negativen Selbstgespräche zu beenden. Nachdem ich mir mehrere Minuten lang angehört hatte, wie er davon sprach, »endlich die Stimme seines Zweifels zu überwinden«, wurde mir eines schlagartig klar: Solange wir einen Teil unserer selbst zu unserem Feind erklären, werden wir in einen inneren Kampf verstrickt. Und solange wir mit uns selbst im Streit liegen, ist es praktisch unmöglich, dauerhaft inneren Frieden zu erfahren.

Strategie Nr. 2 ist ebenso einfach, wie die vorige kompliziert war:

1. Identifizieren Sie das, was Sie aus Ihrem Leben entfernen möchten.
2. Lieben Sie es, so wie es ist.

Sie haben schon richtig vermutet, dass »einfach« nicht das Gleiche ist wie »leicht«. Im Fall meines Klienten war es so, dass dieser auf meine Bitte, einmal zu erforschen, wie es wäre, wenn er »seine negativen Selbstgespräche liebte«, in Lachen ausbrach. Aber kaum hatte er sich zu dem Experiment durchgerungen, änderte sich sein Erscheinungsbild grundlegend. Seine Schultern lockerten sich, seine Atmung verlagerte sich in den Bauch, und ein neues Gefühl der Entspannung machte sich im Raum bemerkbar.

Die wahre Zauberkraft dieser Strategie kommt aber noch. Anders, als die meisten Menschen erwarten, wird etwas, das man liebt, so wie es ist, sich unweigerlich ganz von selbst verändern. In gewisser Weise wird es nämlich festgeschrieben, wenn man dagegen angeht – es erhält erst dadurch eine Struktur und Wirklichkeit, die es von allein gar nicht hätte. Lieben Sie Ihr Fett, und Sie können zusehen, wie die Pfunde dahinschmelzen. Lieben Sie Ihr Ego, und Sie können fühlen, wie es sich in Luft auflöst. Lieben Sie Ihre Krankheit, und Sie werden erleben, wie Ihr Körper gesund wird.

So gesehen ist das Einzige, was bei Ihnen nicht stimmt, die Vorstellung, dass bei Ihnen etwas nicht stimmt – und je eher Sie damit anfangen, das Vorhandene zu lieben und zu akzeptieren, statt über etwas Nichtvorhandenes nachzugrübeln, umso schneller werden Sie dem ähnlicher, wie sie wirklich sein möchten.

Wie liebt man etwas, das man hasst?

Meine Religion ist ganz einfach –
meine Religion ist die Güte.
Dalai Lama

Aldous Huxley, Forscher, Schriftsteller und Philosoph, verbrachte den überwiegenden Teil seines Erwachsenenlebens damit, das menschliche Bewusstsein zu erforschen sowie religiöse und spirituelle Lehren in aller Welt zu studieren. Gegen Ende seines Lebens wurde er von einer Schar gelehrter Professoren gefragt, ob er ihnen das Wesentliche dessen, was er in Erfahrung gebracht habe, kurz zusammenfassen könne. Seine Antwort war einfach und treffend:

Es ist ein bisschen peinlich, dass ich Ihnen nach so vielen Jahren der Erfahrung, des Studiums und der Forschung nur sagen kann, dass wir ein wenig freundlicher miteinander umgehen müssen.

Dem würde ich noch hinzufügen, dass es ebenso wichtig oder noch wichtiger ist, ein bisschen freundlicher mit uns selbst umzugehen, wie meine eigenen jahrelangen Erfahrungen, Studien und Forschungen mich gelehrt haben. Ich würde sogar so weit gehen, zu sagen:

Freundlichkeit ist sichtbare Liebe.

Landläufig wird unter »Freundlichsein zu sich selbst« besonders bei Männern ungefähr so etwas verstanden wie, sich Frauenkleider anzuziehen und sich Nancy zu nennen. Ich erinnere mich noch, wie in einer Fernsehshow, in der ich auftrat, der kernige örtliche Barmann mir (in meiner Rolle) sagte, er werde nicht freundlich zu sich sein, denn er sei ein »richtiger Mann, gebrochen und zerstört zwar, aber trotzdem ein richtiger Kerl«!

Wenn Sie sich trauen, gegen den Strom zu schwimmen und der Freundlichkeit eine Chance zu geben, können Sie damit beginnen, indem Sie sich ein paar Freundlichkeitsfragen stellen wie diese:

- Wie kann ich den Tag heute am freundlichsten beginnen?
- Wie kann ich heute freundlicher zu meinem Chef und meinen Kollegen sein?
- Wie kann ich heute meiner Familie gegenüber freundlicher sein?
- Wie kann ich auf freundlichere Art nein sagen?
- Was ist das Freundlichste, was ich gleich jetzt für mich tun könnte?

Hier ein Beispiel dafür, wie die Beantwortung einer »Freundlichkeitsfrage« meinen eigenen Tag veränderte, als ich dies schrieb:

Es ist 1.14 Uhr in der Nacht. Ich habe erst am späten Abend mit dem Schreiben begonnen, als unsere Gäste gegangen sind, und dann drei verschiedene Versionen geschrieben und wieder verworfen. Ich bin müde und denke, dass ich es lieber auf den Vormittag verschieben werde, die Endfassung zu schreiben. Ich frage mich: »Was wäre die freundlichste Art des Weitermachens für mich?«

*Mir wird bewusst, dass ich die ganze Zeit in einer un-
bequemen Haltung gesessen habe, und ich setze mich be-
quemer hin. Ich erkenne, dass es mir selbst gegenüber im
Augenblick viel freundlicher wäre, weiterzumachen, statt
aufzuhören, allerdings wäre es eine willkommene Pause,
jetzt aufzustehen und mir eine Tasse Tee zu gönnen ... Mit
dem Tee in der Hand setze ich meine Arbeit fort.*

Sollten Sie diese Idee gut finden, dann experimentieren Sie,
indem Sie Freundlichkeit zum Kriterium für möglichst viele
Entscheidungen machen. Schreiben Sie die Möglichkeiten,
die Ihnen offenstehen, auf und fragen Sie sich, welche davon für Ihr Gefühl jeweils die freundlichste ist.

Was ist, wenn ich mich immer noch ändern möchte?

Entscheidend dafür, dass Sie sich von dem Idealbild lösen,
das Ihnen von sich selbst und anderen vorschwebt, ist letztlich das Zulassen dessen, was ist. Sie brauchen wirklich
nicht mehr an sich zu arbeiten. Sie sind fertig, das ist amt-
lich. Sie genügen, genau so, wie sie sind.

Aber vergessen Sie nicht, dass wir als Menschen die Angewohnheit haben, alles, wovon wir glauben, dass es vielleicht lustig, positiv, wichtig oder »gut für uns« sein könnte,
in eine neue Lebensregel zu gießen. Und das kann sogar die
radikale und wunderbare Vorstellung betreffen, sich selbst
zu lieben, so wie man ist.

Falls Sie es wirklich wollen – falls Sie wirklich, wirklich,
wirklich Ihre Freude daran haben –, dürfen Sie weiter an

sich arbeiten. Es gibt eine ganze Reihe innerer Belohnungen, die Ihnen winken.

Aber ein Haken ist doch noch daran …

Selbst wenn Sie Ihren Kampf gegen einen inneren Feind gewinnen, werden Sie immer im Streit liegen.

Wenn der Krieg lange genug dauert, finden Sie sich womöglich in einem Gefängnis wieder, das Sie selbst geschaffen haben. In den nächsten zwei Kapiteln werden wir uns der Aufgabe widmen, aus diesem Gefängnis wieder herauszukommen und wahre Freiheit zu erfahren.

5
Die große Flucht

Das unsichtbare Gefängnis

Ich weiß nicht, wer das Wasser entdeckt hat,
aber ich bin mir ziemlich sicher, dass es kein Fisch war.
Marshall McLuhan

Es gibt im Wesentlichen drei Wege, auf denen man das, was man will, verfolgen, erreichen und haben kann – den richtigen, den falschen und den eigenen. Je eher Sie Ihren eigenen Weg gehen (und je bereitwilliger Sie ihm folgen), umso leichter wird Ihr Leben, und umso müheloser kommen Sie zu Erfolg.

Was sich Ihnen entgegenstellt, sobald Sie Ihren eigenen Weg gehen, sind all die Regeln, die Sie jahrelang darüber gesammelt haben, wie die Dinge sein sollten. Aus diesen inneren Regeln, die der Therapeut Albert Ellis in seinem Werk manchmal als »Muss-ismen« oder »Musst-urbation« bezeichnete, werden schnell die unsichtbaren Gitterstäbe eines mentalen Gefängnisses, und wie im wirklichen Leben haben Sie, solange Sie darin festsitzen, keine Ahnung, welche Möglichkeiten Ihnen Ihr Leben tatsächlich bietet.

Während eines Seminars kam in der Pause eine Frau zu mir, die den Gedanken absurd fand, in einem unsichtbaren Gefängnis aus selbstaufgestellten Regeln zu sitzen. »Schließlich kann ich ja machen, was ich will!«, sagte sie.

Da mir auffiel, dass sie außerordentlich höflich argumentierte und ein Kreuz um den Hals trug, folgte ich einer Eingebung und sagte: »Gut, dann schicken Sie mich zum Teufel.«

Sie sah mich entsetzt an. »Das kann ich nicht«, sagte sie und schaute dabei verstört wie ein kleines Mädchen zu Boden. »Das wäre unrecht!«

Sie denken jetzt vielleicht, dass Sie keine Probleme damit hätten, mich zum Teufel zu schicken (oder noch weiter weg), aber das ist nicht der springende Punkt. Die »Hölle« war eine Wand ihres speziellen Gefängnisses. Sie haben zweifellos eigene Worte, die Sie nicht gern ausgesprochen hören, und eine lange Liste von Tätigkeiten, denen Sie sich nicht widmen könnten, ohne das Gefühl zu haben, entweder von der Person, mit der Sie reden, oder durch einen Blitz aus heiterem Himmel niedergestreckt zu werden.

Wir nehmen nur deshalb unsere eigenen Mauern nicht wahr, weil wir meist großen Abstand von den Grenzen unserer Weltanschauung halten und die Selbsteinschränkung gar nicht spüren. Es ist ein bisschen wie bei einem Hund an einer langen Kette: Wenn er nicht zu weit von seiner Hütte wegläuft, merkt er gar nicht, dass er an einen Pfahl gebunden ist.

Doch wenn wir in einem mentalen Gefängnis sitzen, wer sind dann unsere Gefängniswärter?

Die sind das Unsichtbarste überhaupt. Wir werden nicht von unserer Vergangenheit, den Eltern, Lehrern, Kindern oder gar der Gesellschaft als solcher gefangen gehalten. Vielmehr werden wir von einem total durchsichtigen Wär-

ter in unserem Gefängnis aus mentalen Begrenzungen festgehalten – von der Stimme im eigenen Kopf.

Friss das »Muss« und stirb

*Die Stimme in deinem Kopf ist nicht die Stimme Gottes –
sie klingt nur so, als glaubte sie das.*
Cheri Huber

Sagen Sie auch manchmal zu sich so etwas wie:
- »Du dumme Gans – du hättest doch wissen müssen, dass
  er das tut!«
- »O nein, kaum zu glauben, dass ich das schon wieder gemacht habe. Warum bin ich nicht ein bisschen vorsichti-
  ger!«
- »Was bist du eigentlich, ein Kerl oder ein Schlapp-
  schwanz? Hör auf zu jammern, und mach voran!«

Zu Beginn unseres Lebens folgen wir normalerweise noch
dem Strom unserer eigenen Wünsche und Neigungen, aber
die Reaktionen unserer Umgebung zeigen deutlich, welcher
unserer Wünsche allgemein Beifall findet und welcher möglicherweise unseren Ausschluss aus dem Familienverband
und den Entzug von Liebe und Beifall nach sich zieht; die
Möglichkeit, uns beides selbst zu geben, ist uns noch nicht
geläufig.

Infolgedessen entwickeln wir schon im zartesten Kindes-
alter eine innere Stimme, deren Aufgabe darin besteht, uns
in Sicherheit zu wiegen, indem sie uns davon abhält, etwas
zu tun, was den Großen um uns herum nicht gefällt.

Wir verinnerlichen die missbilligenden Stimmen von außen und beginnen, uns selbst abzulehnen. Es ist wie ein wunderbares Spiel namens »Ich fange mich, bevor du mich fängst«, und die wichtigste Spielregel lautet: »Lass dich bloß nicht dabei erwischen, wie du die Regeln brichst.«

Warum haben wir so viel Angst davor, erwischt zu werden?

Nun, das Schlimmste, was einem als Kind passieren kann, ist, von den Großen, auf die man angewiesen ist – Eltern, Lehrer, Onkel, Tanten oder auch ältere Geschwister und Freunde – abgelehnt zu werden. Das ist Teil eines biologischen Überlebensmechanismus. Überall in der Natur ist ein Tier, das von seinen »Betreuern« abgelehnt wird und gezwungen ist, außerhalb des sicheren und angenehmen Familienverbands oder Rudels zu leben, mit hoher Wahrscheinlichkeit zum Tode verurteilt, sei es durch Verhungern oder durch Gefressenwerden.

Ebenso wie unsere tierischen Vorfahren sind auch wir genetisch darauf programmiert, alles zu tun, was unser Überleben sichert. Darum lernen wir mit der Zeit, welche Verhaltensweisen uns Liebe, Beifall und höhere Wertschätzung im eigenen »Rudel« oder in der eigenen »Sippe« eintragen und welche Verärgerung oder Ablehnung auslösen oder gar zu unserer Verbannung führen.

Hier ein Experiment, durch das Sie ein wenig mehr darüber erfahren, welche Regeln derzeit in Ihrem Leben die wichtigste Rolle spielen:

Von der Theorie zur Praxis ...

Wie es sein »müsste«

1. Schreiben Sie zuoberst auf ein Blatt Papier die Worte »Ich müsste ...«.

2. Beenden Sie den Satz innerhalb von zwei Minuten möglichst oft, indem Sie so schnell schreiben, wie Sie können. (Machen Sie, falls Sie nicht mindestens zehn Sätze geschafft haben, so lange weiter, bis Sie zehn beisammen haben!)

3. Lesen Sie sich Ihre Liste durch und ersetzen Sie die Worte »Ich müsste« so oft wie möglich durch die folgenden:
   a) *Ich würde ..., aber ...*
   b) *Ich könnte ...*
   c) *Ich kann ...*
   d) *Ich will ...*
   e) *Ich möchte gern ...*

4. Schreiben Sie Ihre Liste noch einmal, diesmal aber nur mit den Sätzen, die Sie sinnvoll mit den Worten »Ich will ...« beginnen können.

Wie man aus dem Gefängnis fliehen kann

1. Der »richtige« Weg

Menschen sind die einzigen Geschöpfe, die ins eigene Nest scheißen, um sich zum Auszug zu zwingen.
Bruce DiMarsico

Jetzt können Sie's wahrscheinlich kaum erwarten, zu erfahren, wie zum Kuckuck Sie denn aus diesem Hochsicherheitsgefängnis eigener Schöpfung wieder herauskommen. Und da ist es, wie meistens, wichtig zu wissen, dass es drei Wege gibt: den richtigen, den falschen und den eigenen Weg.

Der »richtige« Weg als der Weg, der im Kanon der individuellen und spirituellen Selbst-Entwicklungslehren am häufigsten empfohlen wird, ist der, sich selbst unentwegt bis an die Grenzen der so genannten *Comfort Zone*, des »Wohlfühlbereichs«, anzutreiben. »Ohne Schweiß kein Preis«, lautet das Sprichwort, und man könnte auch sagen: »Ohne Weh kein Wohl oder Wachstum.«

Entstanden ist dieser Gedanke, weil unser Nervensystem wie ein Thermostat funktioniert, der die Heizung anwirft, sobald die Temperatur unter einen gewissen Punkt, nennen wir ihn Punkt A, fällt und sie ausschaltet, sowie sie einen gewissen Punkt (Punkt B) übersteigt. Der »Wohlfühlbereich« ist die Temperaturzone zwischen A und B. So weit, so gut. Aber warum ist der Wohlfühlbereich ein Feind des Erfolgs?

Weil dort – laut unserer individuellen Selbst-Entwicklungslehre – nichts geschieht. Als Lösung wird uns angeboten, unsere Probleme »aufzuheizen«, bis die Schmerzen, die wir dadurch leiden, ausreichen, um uns aus dem Wohlfühlbereich zu vertreiben und endlich etwas zu tun. Ich kenne natürlich das Argument, dass sich der Wohlfühlbereich jedes Mal, wenn wir ihn verlassen, ausdehnt, aber warum sollten wir ihn uns größer wünschen, da er doch eine so schrecklich einengende Zone ist?

Ich persönlich glaube, dass der Wohlfühlbereich zu Unrecht verteufelt wird. Ich hab's gern gemütlich. Ich habe große, bequeme Sofas, in denen ich gerne sitze und Musik höre, fernsehe, Videospiele spiele oder mit Frau und Kindern kuschele. Aber ich setze mich auch gern für das ein, was ich will. Ich liebe die Herausforderung und wage gern etwas, und ich stelle meistens fest, dass ich durchaus das Zeug dazu habe. Das Problem ist womöglich gar nicht, dass wir uns zu wohl fühlen. Wahrscheinlich verwechseln wir nur unpassenderweise Wohlgefühl und Selbstzufriedenheit.

Was würde Ihrer Meinung nach geschehen, wenn Sie alle Unannehmlichkeiten freudig ergriffen, statt sie entweder mühsam durchzustehen oder sie lieber gänzlich zu umgehen, wenn Sie sie also als Teil eines reichen, erfüllten Lebens akzeptierten? Wie wäre es, wenn Sie sich mit dem Unbequemen anfreunden und das Schwere leichtnehmen könnten?

Falls Sie gewillt sind, etwas Neues auszuprobieren, können Sie sich heute einmal Zeit für Ihre »negativen« Empfindungen nehmen. Sie könnten sich dabei an Ihrer Wut ergötzen oder im Selbstmitleid schwelgen, aber ich rate Ihnen zu Folgendem:

Bringen Sie sich (mit Vorsicht!) in eine unangenehme Situation, aber verweilen Sie, statt »das Problem aufzuheizen« und dann zur Tat zu schreiten, einfach darin. Versuchen Sie nicht, etwas zu verbessern, versuchen Sie auch nicht, »sich geistig darauf einzustellen«, sondern seien Sie bloß da, und fühlen Sie das Unbehagen. (Vergessen Sie aber das Atmen nicht!)

Wenn Sie dies freiwillig ein paar Minuten lang machen, werden Sie etwas Wunderbares bemerken: Sobald es vollkommen in Ordnung ist, sich unbehaglich zu fühlen, stellt sich Behagen ein. Ich weiß zwar, dass der Gedanke Ihnen vielleicht immer noch unangenehm ist, aber ein bisschen Wohlgefühl ist unter Umständen genau das, was Sie brauchen.

2. Der »falsche« Weg

Der »falsche« Weg aus dem mentalen Gefängnis heraus – einer, der einfach nichts bringt – ist der, immer neue und vermeintlich bessere Regeln aufzustellen. Doch wenn dieser Mechanismus des Regelaufstellens nicht hinterfragt wird, bleibt er womöglich ein Leben lang bestehen.

Nach jedem extrem positiven Erlebnis stellt dieser Mechanismus eine Regel darüber auf in der Hoffnung, dass Sie es dadurch wiederholen können. Jedes Mal, wenn Sie eine extrem negative emotionale Erfahrung machen, stellt der Mechanismus eine Regel dazu auf in der Hoffnung, dass Sie sie in Zukunft vermeiden können.

In ähnlicher Weise machen Sie, wenn Sie jemanden kennenlernen, der mit großer Sicherheit über etwas redet, von dem Sie selbst nicht viel verstehen, oder der etwas an sich zu haben scheint, was Ihnen fehlt, aus dem Gesagten eine neue Regel. Der Regelmechanismus kann sogar dann ausgelöst werden, wenn Sie bloß etwas in der Art von »die Regeln brechen« oder »sich an keine Regeln mehr halten« sehen oder hören – und Sie, statt diesen Rat zu beherzigen, eine entsprechende neue Regel aufstellen!

Der Philosoph J. Krishnamurti hat das so ausgedrückt:

Solange es dir um bloße Reformen geht, um die Dekoration der Gitterstäbe und Wände des Gefängnisses, bist du nicht kreativ. Eine Reformation braucht immer neue Reformen, sie bringt bloß mehr Elend, mehr Zerstörung mit sich. Der Geist hingegen, der diese ganze Struktur der Gewinnsucht, der Habgier und des Ehrgeizes versteht und damit bricht – ein solcher Geist ist in beständiger Revolution begriffen ... sein Handeln erzeugt Wel-

len, *und diese Wellen bilden eine völlig andere Zivilisation.*

Ein weniger optimistischer Philosoph würde es vielleicht so beschreiben wie das »Aufstellen von Liegestühlen auf der Titanic«. Aber wenn wir uns weder zwingen, Unannehmlichkeiten durchzustehen, noch neue Regeln aufstellen, um unseren Aufenthalt im Gefängnis erträglicher zu gestalten, wie können wir ihm dann entfliehen?

3. Der »eigene« Weg

Aus ersichtlichen Gründen kann ich Ihnen nicht sagen, wie Ihr eigener Weg zu mehr Freiheit im Leben aussieht. Ich kann Sie jedoch auf etwas aufmerksam machen, wozu ich Sie in diesem Buch immer wieder ermutige – suchen Sie einen leichten Weg nach draußen!

Die folgende Geschichte beruht auf einer alten indischen Parabel. In der überlieferten Form endet sie oben an dem See, aber ich finde das, was passiert, »wenn sie nicht gestorben sind und heute noch leben«, viel interessanter, Sie nicht auch?

Wach auf und brülle

Es war einmal ein neugeborener kleiner Löwe, der war allein und voller Angst. Eine Herde Schafe fand ihn eines Tages in ihrer Gegend, im grünen Wiesental am Fuß der Berge, und da er so hübsch und sie so freundlich waren, beschlossen sie, ihn wie ihresgleichen aufzuziehen. Seine neue Schwester, die einen ausgesprochenen Sinn für Komik hatte, schlug vor, ihn »Leo« zu nennen.

Die Schafe lehrten Leo, das Löwenbaby, wie ein Schaf herumzulaufen und wie ein Schaf zu blöken, sie lehrten den kleinen Löwen alles Wissenswerte über Schafe und liebten ihn von ganzem Herzen. Sie lehrten ihn zu fürchten, was alle Schafe fürchten, und sich immer von den Bergen fernzuhalten, weil dort oben Löwen lebten und kein Schaf, das in die Berge hinaufgelaufen war, jemals wiedergekommen war.

Leo wurde allmählich so gut darin, sich wie ein Schaf zu verhalten, dass selbst seine eigene Familie vergaß, dass er in Wahrheit ein Löwe war. Sicher, ab und zu neckte ihn ein Schaf wegen seiner ungewöhnlichen Größe und seiner üppigen Mähne. Aber Leo tat alles, was in seiner Macht stand, um sich anzupassen, er erwarb sich enge Freunde und wurde schließlich ein gutes, produktives Mitglied der Schafsgemeinschaft.

Jahre vergingen, ohne dass sich etwas Besonderes ereignet hätte, bis eines Tages ein alter Löwe auf der Suche nach Beute aus den Bergen ins grüne Tal herabgeklettert kam. Leo war der Erste, der ihn witterte, und sobald er »Löwe!« schrie, rannten alle Schafe panisch im Kreis herum. Mitten in diesem Chaos entdeckte der alte Löwe Leo.

»He, du da!«, brüllte der hungrige alte Löwe.

»I-i-ich?«, stotterte Leo, von Entsetzen erfüllt, aber zugleich fasziniert von diesem herrlichen Geschöpf.

»Was machst du hier bei all den Schafen?«, fragte der alte Löwe.

»Das ist meine Familie«, sagte Leo stolz.

Als der alte Löwe das hörte, fing er an zu lachen. »Wer bist du denn, Kleiner?«

»Ich heiße Leo, und ich bin ein Schaf«, blökte Leo.

Der alte Löwe wurde plötzlich grimmig. »Komm mit!«, brüllte er.

Zuerst wollte Leo nicht mit dem alten Löwen mitgehen, aber dann dachte er, wenn er mitginge, könnte er vielleicht seine Schafsfamilie retten. Und so warf er einen letzten Blick auf die Herde und folgte dem alten Löwen hinauf in die Berge.

Sie gingen viele, viele Kilometer, bis sie endlich hoch oben im Gebirge an einen spiegelglatten, kristallklaren blauen Bergsee kamen. Der alte Löwe gab Leo einen Wink, ans Ufer des Sees zu treten. Leo war inzwischen erschöpft, nicht so sehr vom Klettern, das ihm erstaunlich leicht gefallen war, sondern durch die beständige Angst vor dem Augenblick, in dem der alte Löwe ihn auffressen würde. Mit einem letzten, widerstrebenden »Bäh« trottete er an den Rand des Wassers und schaute hinein, wie ihn der alte Löwe mit der Pranke anwies.

Zu seiner Verwunderung sah er kein Schaf, sondern das Spiegelbild eines starken jungen Löwen. Im selben Moment wusste er, wer er wirklich war, und gab ein mächtiges Gebrüll von sich, das die Berge bis hinab ins grüne Tal erschütterte.

Als der Schock, den die Entdeckung seiner wahren Identität ausgelöst hatte, abgeklungen war, wurde Leo bewusst, dass er hungrig war, wirklich hungrig. Und Gras genügte jetzt einfach nicht mehr. Zum Glück wusste Leo, wo es reichlich zu fressen gab.

Aber als er in das Tal zurückkam, wo seine alte Herde noch immer weidete, blieb er wie erstarrt stehen. Denn was er sah, war keine Schafherde, sondern ein Rudel Löwen, die alle dort grasten, blökten und sich in jeder Hinsicht wie Schafe verhielten. Seine Mutter erblickte ihn zuerst, und obwohl sie, wie Leo sah, eine schöne Löwin war, duckte sie sich furchtsam und blökte dann aus voller Kraft: »Löwe!«

»Mutter!«, brüllte er, aber bei seinem Gebrüll rannte das Schaf bzw. die Löwin nur noch schneller und mischte sich unter die zusehends verstörtere Herde.

Schließlich bemerkte Leo, dass seine Schwester ihn mit einem

Blick anstarrte, in dem eine Andeutung von Wiedererkennen lag, und da wusste er, was zu tun war. Er setzte sein grimmigstes Gesicht auf und brüllte sie an: »Komm mit!« Und obwohl sie Angst hatte, folgte sie ihm den langen Weg zum klaren blauen Bergsee hinauf …

Der selbstbewusste Aristokrat

Im 17. Jahrhundert erhielt William Penn, ein britischer Adeliger, vom englischen König Karl II., der damit Schulden bei Penns Familie begleichen wollte, ein riesiges Gebiet, das einmal der amerikanische Bundesstaat Pennsylvania werden sollte.

Penn wurde mit 22 Jahren Quäker und stand sofort vor einem grundlegenden Dilemma: Als Spross einer stolzen Adelsfamilie (und weil immer Gefahren lauerten) durfte er nicht ohne ein Schwert herumlaufen. Aber wenn er den Lehren und dem Geist des Quäkertums treu bleiben wollte, grenzte es an Blasphemie, ein Schwert zu tragen.

In dieser Verlegenheit wandte sich der junge William an den Vorsteher seiner Quäkergemeinde, der ihm den folgenden Rat gab:

> *Trage dein Schwert mit vollem Bewusstsein, solange du kannst. Wenn du es nicht mehr kannst, dann lege es ab.*

Der Gemeindevorsteher wusste, dass durch seinen Rat, der junge Adelige möge sich des Problems stets voll und ganz bewusst sein, es sich ganz von selbst auflösen würde.

Das Gleiche gilt für unser Leben. Sobald wir beschließen, »aufzuwachen« und bewusst zu leben, indem wir möglichst viel Aufmerksamkeit und Präsenz auf jeden einzelnen Augenblick konzentrieren, treten unsere täglichen Probleme in den Hintergrund, und dann bestimmt die ganze Herrlichkeit des Lebens das Bild. Wenn das Gefängnis sich als Bar entpuppt, in der es unsere emotionalen Lieblingscocktails gibt, wird das Leben leicht, mühelos und ein Vergnügen. Sobald wir einsehen, dass wir uns in das Gefängnis selbst eingewiesen haben, können wir uns meist auch wieder daraus befreien – einfach so.

Über Tischmanieren

Ein Dauerthema in meinen ersten Ehejahren war meine (angebliche) Angewohnheit, mit offenem Mund zu essen. Manchmal schien meine Frau diese Anomalie bei mir – der ich ansonsten ein sehr gesitteter Mensch bin, wie ich Ihnen versichere – geflissentlich zu übersehen, aber dann wieder trieb es sie fast in den Wahnsinn, wenn sie wie hypnotisiert das Auf und Ab meiner mahlenden Kiefer beobachtete und wie gebannt den Wechsel der Speisefarben und -texturen in meinem Mund verfolgte, und dann war sie richtig angewidert.

Was mich betrifft, so leugnete ich nicht nur, diese Angewohnheit überhaupt zu haben (schließlich würde ich es ja wohl merken, wenn ich mit offenem Mund äße), sondern wehrte mich auch ganz entschieden gegen eine Einmischung ihrerseits, sollte das Unwahrscheinliche eintreten, dass ich tatsächlich beim Essen einmal den Mund nicht richtig schlösse.

Selbst wenn ich mich bewusst darum bemühte, mit geschlossenem Mund zu kauen, und sei es auch nur um des lieben Friedens willen, war es um diesen guten Vorsatz schnell wieder geschehen, sobald mich etwas Anderes, Wichtigeres davon ablenkte.

Und dann eines Tages … saß ich beim Essen zufällig einer Frau gegenüber, die eigentlich der Inbegriff von Eleganz und Anmut war. Als der Salat aufgetragen wurde, beobachtete ich voller Entsetzen und wie hypnotisiert, unfähig, mich davon loszureißen, das Auf und Ab ihrer mahlenden Kiefer, verfolgte wie gebannt den Wechsel der Speisenfarben und -texturen in ihrem Mund und war, wie ich zugeben muss, zutiefst angewidert.

Seit jenem Tag bleibt mein Mund fest geschlossen, während er seinem Geschäft nachgeht, meine Nahrung zu schmecken und auf ihre Umwandlung in Energie und Schlacke vorzubereiten.

Zwei entscheidende Lektionen können wir aus dieser Parabel über Tischmanieren lernen, die beide von großer Bedeutung sind, wenn wir dauerhafte Veränderungen in unserem Leben vollziehen wollen:

1. Selbstbeobachtung

Beobachte alle Menschen – vor allem dich selbst.
Benjamin Franklin

Vieles von den individuellen und spirituellen Selbst-Entwicklungslehren ist Glaubenssache. Das heißt, wir glauben, dass jemand, der etwas schreibt oder sagt, mehr weiß als wir selbst (schließlich ist er ja Experte – oder nicht?), und versuchen ständig, das, was wir denken, sagen und tun, einigermaßen mit dem in Übereinstimmung zu bringen, was sie als »gut«, »richtig« oder »nützlich« darstellen.

Dieser auf Treu und Glauben beruhende Veränderungsprozess wird jedoch dadurch erschwert, dass er oft wenig mehr bewirkt als eine Verlängerung der Selbstbehauptungskämpfe, die wir auf unseren hohen Kinderstühlen bereits ausgetragen haben. Mami und Papi mögen es zwar besser wissen, aber wir sind nun mal wichtige kleine Egobolzen, und ohne Kampf (oder zumindest ein verflucht gutes Gejaule unsererseits) werden sie es nicht hinbekommen, dass alles so läuft, wie sie es wollen.

Wenn allerdings die Motivation zur Veränderung unseren eigenen Beobachtungen entspringt, ist ein Selbstbehauptungskampf weniger auszufechten. Dann sperren wir uns nicht mehr so sehr gegen eine Veränderung, einfach, weil sie sich auf Informationen gründet, statt auf Treu und Glauben. Sowie wir das Erwachsenenalter erreichen, spielen wir nicht mehr auf verkehrsreicher Straße, und zwar nicht etwa, weil Mami es uns verboten hat, sondern weil wir wissen, dass wir mit ziemlicher Sicherheit unters Auto kommen, wenn wir es tun.

Und das ist der Segen der Selbstbeobachtung: Wenn wir unser eigenes Denken, Reden und Handeln mit einem gewissen Maß an Objektivität beobachten können, fallen bestimmte Gedanken, Worte und Aktionen wie von selbst weg, einfach weil sie für uns keinen Sinn mehr haben.

Veränderung ist dann keine Anstrengung mehr, die von innen oder außen angestoßen werden muss, sondern eine natürliche Reaktion auf die zum jeweiligen Zeitpunkt beste Information.

2. Selbsterinnerung

Ich sehe durch die Augen, nicht mit ihnen.
William Blake

Meine erste Einführung in eine Form von alternativem Unterricht war eine eselsohrige Ausgabe des Buches *Stell dir vor. Kreativ visualisieren* von Shakti Gawain. Ich war so beeindruckt von den einfachen Techniken der kreativen Lebensgestaltung, dass ich mir damals schwor, täglich mindestens 15 Minuten lang meine Ziele zu visualisieren, wie in dem Buch empfohlen.

Leider merkte ich erst sechs Monate später, als mir das Buch erneut in die Hände fiel und ich mich an meinen Schwur erinnerte, dass ich mich nicht daran gehalten hatte. Dieses Muster – zu einer tiefen Einsicht zu gelangen, was erforderlich ist, um glücklich und erfolgreich zu sein, und es dann bis zu zwei Jahre vollkommen zu vergessen – blieb jahrelang erhalten, und entsprechend wuchs meine Frustration.

Bei P. D. Ouspensky stieß ich damals auf den Begriff »Selbsterinnerung« und war fasziniert von der Behauptung, Hauptgrund für unser Unvermögen, unsere Entschlüsse wahr zu machen oder bleibende Veränderungen in unserem Leben herbeizuführen, sei der, dass »wir« meistens gar nicht da seien.

Aufgrund seiner eigenen Selbstbeobachtung erkannte Ouspensky, dass er statt einer dauernden Präsenz in Wirklichkeit nur eine Ansammlung verschiedener »Ichs« mit jeweils eigener Agenda darstellte. Seine Entschlüsse, Veränderungen in seinem Leben vorzunehmen, wurden dauernd von diesen sich ständig wandelnden Ichs untergraben, und jeder neue Veränderungsentschluss unterlag den Launen eines »Ichs, das in dem betreffenden Augenblick gerade zuständig war«.

Je mehr ich über diese Auffassung nachdachte, umso deutlicher erkannte ich darin den Schlüssel zum Verständnis meiner eigenen Unfähigkeit, das auszuführen, wozu ich mich entschlossen hatte.

Schließlich ist es schwer, bei einer Absicht zu bleiben, wenn niemand da ist, der dabeibleiben könnte.

Probieren Sie einmal dieses Miniexperiment:
Machen Sie sich, während Sie dieses Buch lesen, die Tatsache bewusst, dass jemand da ist, der es liest – das heißt, dass jemand »durch« Ihre Augen hindurchschaut und die Informationen auf dieser Seite in sich aufnimmt. Derselbe Jemand scheint auch durch Ihre Ohren auf die Geräusche ringsumher zu lauschen, die Ihnen möglicherweise gar nicht bewusst waren, bis ich Sie jetzt daran erinnere.

Das ist der Schlüssel zur Selbsterinnerung – Ihre Aufmerksamkeit in jeder Situation gleichmäßig zwischen dem aufzuteilen, was Sie tun, und der bewussten Erinnerung daran, derjenige zu sein, der es tut –, also nicht nur in der jeweiligen Erfahrung präsent zu sein, sondern auch in dem, der erfährt.

Auf diese Weise erschaffen Sie allmählich ein beständiges »Ich« – einen echten, objektiven Beobachter –, und nur als dieses Ich (das Richard Moss »das Ich, das wir sind« nennt) können wir wirklich Veränderungen bewirken, spirituell wachsen und über die Grenzen unserer Persönlichkeit und Konditionierung hinausgehen.

Mit anderen Worten: Bevor »ich« mich verändern kann, muss überhaupt ein »Ich« da sein.

Von der Theorie zur Praxis ...

Die Stopp-Übung zum Start der Selbstbeobachtung

Was immer Sie gerade tun, *stopp*!

Tun Sie Ihr Möglichstes, um die Spannung in Ihrem Körper weder zu steigern noch abzubauen, bis Sie ihn von oben bis unten durchgeprüft oder »gescannt« haben, so als würden Sie ein Foto davon machen, wie Sie in dem Moment, in dem Sie innegehalten haben, gerade von ihm Gebrauch machen.

Wenn Sie mögen, können Sie anschließend anfangen, Ihre Muskeln zu lockern, Ihre Atmung zu vertiefen und das weiterzumachen, womit Sie gerade beschäftigt waren (falls das nach Ihren neuen Beobachtungen überhaupt noch einen Sinn hat).

Den inneren Wecker stellen

> *Sie sehen aus wie ein Mensch, der das akzeptiert,*
> *was er sieht, weil er aufzuwachen erwartet. Seltsam,*
> *aber das ist gar nicht so weit von der Wahrheit entfernt.*
> Aus dem Film Matrix

Kennen Sie das wunderbare Gefühl der Benommenheit, mit dem man am Morgen aufwacht und sich fragt, ob man aufstehen und den Tag beginnen oder auf den Alarmknopf seines Weckers hauen, sich auf die andere Seite drehen und weiterschlafen soll?

Nun, in jedem Augenblick unseres Lebens stehen wir vor ebensolchen Entscheidungen:

»Erwachen« wir, indem wir mehr Klarheit
und Bewusstheit in unser Leben bringen,
oder dämmern wir wie betäubt vor uns hin
und lassen unser Leben im Nebel verschwommener
Träume und eingebildeter Qualen an uns
vorüberrauschen?

Hier einige der häufigsten Arten, wie wir auf den Alarmknopf unseres Lebensweckers hauen. Es muss unbedingt
festgehalten werden, dass von diesen Dingen, wenn überhaupt, nur wenige an sich schlecht sind – aber wenn wir sie
benutzen, um uns zu betäuben, begründen sie genau jenes
Leben in stiller Verzweiflung, dem wir so verzweifelt entfliehen wollen, indem wir uns bis zur Bewusstlosigkeit betäuben:

- Alkohol
- Drogen
- Völlerei
- Klatsch und Tratsch
- Zu viel Schlaf
- Überarbeitung
- Perfektionismus
- Trödelei
- Sex
- Konsum
- Surfen im Internet

Es ist nicht nur eine erschreckende Vorstellung, eine oder all
diese Gewohnheiten abzulegen, es ist auch häufig überflüssig. Statt sich abzumühen, diese Verhaltensweisen aus Ihrem
Leben zu streichen, tun Sie besser daran, sich die natürliche
Lernfähigkeit Ihres Gehirns zunutze zu machen und eine

der folgenden drei Gewohnheiten bewussten Gewahrseins in Ihr Repertoire aufzunehmen.

Gewohnheit 1: alles voll und ganz tun

Karma-Yoga wird manchmal auch der »häusliche Pfad« genannt, weil es einer der wenigen Erleuchtungswege ist, die mitten im Alltagsleben beschritten werden können. Bei diesem Weg wird jede Handlung und jede Interaktion, wie alltäglich auch immer, so ausgeführt, als wäre sie das Allerwichtigste auf der Welt.

Wie würden Sie diese Seite lesen, wenn es wirklich darauf ankäme? Wie würden Sie Ihren Kaffee trinken? Wie viel Aufmerksamkeit würden Sie Ihrer nächsten Interaktion mit einem Mitmenschen schenken, wenn Sie wüssten, dass diesem wahrhaftig daran gelegen ist?

Sie wissen zwar nie, welche Ihrer Handlungen und Interaktionen wirklich und langfristig etwas in jemandes Leben bewirkt, aber Sie merken fast immer sofort, dass es für Sie auf Dauer tatsächlich einen Unterschied macht, wenn Sie in allem so handeln, als hinge Ihr Herz daran.

Gewohnheit 2: öfter mal feiern

Ich habe immer das Wort »Ferien« dem Wort »Urlaub« vorgezogen. Bei »Urlaub« muss ich an »Uhr« denken, das Wort »Ferien« hingegen erinnert mich an »Feiern«, und ein Feiertag ist ein Tag, den wir heiligen, an dem wir uns erholen, neue Kräfte schöpfen und uns wieder mit dem Höchsten und Besten in uns selbst und in unserer Umgebung verbinden.

Legen Sie zwecks Planung einer Feierstunde einen Zeitraum am heutigen Tag fest, in dem Sie sich mindestens fünf Minuten Zeit für die Sorge um Ihr eigenes spirituelles Wohl nehmen, eine Zeit, in der Sie für geistige Entfaltung sorgen, indem Sie sich wieder mit Ihrem heiligen Selbst verbinden. Sie könnten zum Beispiel in Ihrer Feierstunde ein Buch lesen, das eine besondere Bedeutung für Sie hat, sich Bilder von den Menschen und Dingen anschauen, die Sie lieben, oder einfach das Mysterium und Wunder kontemplieren, am Leben zu sein. Die Zeit, die Sie »fern von der Arbeit« verbringen, wird Ihnen vielfach vergolten durch mehr Energie, bessere Effektivität und gesteigerte Kreativität.

Gewohnheit 3: allem ins Auge sehen

Mit seinem Ausspruch »ein Leben ohne Selbstprüfung ist nicht lebenswert« wies Sokrates darauf hin, dass wir ebenso gut weiterschlafen können, wenn wir nicht das genau prüfen, was in uns selbst wirklich ist, und dem ins Auge sehen, was außerhalb unserer selbst wirklich ist. Es genügt nicht, uns unserer Gedanken, Worte und Taten bewusster zu werden. Wir müssen den Scheinwerfer unserer Aufmerksamkeit auch auf die Gefühle und Überzeugungen richten, die dahinterstehen.

Zum Glück ist das Rezept zugleich das Heilmittel: Wenn Sie sich mit dem, was in Ihnen und in Ihrem Leben vorgeht, unmittelbar auseinandersetzen, löst sich das Unwirkliche im Licht der Bewusstheit auf, und Sie sehen sich von Angesicht zu Angesicht mit Ihrem ursprünglichen Selbst konfrontiert.

Von der Theorie zur Praxis …

Die drei Gewohnheiten völlig präsenter Menschen

1. Wählen Sie eine Tätigkeit aus, die Sie normalerweise wie im Schlaf ausführen, und tun Sie heute einmal so, als wenn Ihr Leben daran hinge. Zum Beispiel:

   – *Tippen Sie jedes Wort einer E-Mail so, als wäre es von entscheidender Bedeutung.*
   – *Falten Sie ein Handtuch so, als wäre das die wichtigste Tätigkeit der Welt.*
   – *Grüßen Sie jemanden so, als hingen von der Kraft und Begeisterung, mit der Sie grüßen, Leben und Tod ab.*

2. Nehmen Sie sich in den nächsten 60 Minuten Zeit zum »Feiern«. Wenn Sie glauben, zu beschäftigt zu sein, halten Sie vor Ablauf des Tages mindestens noch zwei weitere solche Auszeiten ein. Hier eine einfache Anleitung dafür:
   Zählen Sie mit geschlossenen oder offenen Augen Ihre Atemzüge, wobei Sie jede vollständige Runde aus Einatmen und Ausatmen als einen Atemzug rechnen. Wenn Sie gestresst sind, werden Sie das Zählen vergessen haben, bevor Sie bei zehn angelangt sind (oder aufgeben, weil es nichts bringt, Sie viel zu tun haben, die Leute Sie anstarren, es einfach blödsinnig ist und Sie natürlich bis zehn kommen würden, wenn Sie es wirklich wollten … etwas in dieser Art). Je früher Sie das Zählen vergessen, umso angespannter und unbewusster sind Sie gerade und wahrscheinlich auch entsprechend uneffektiv.
   Um sich binnen weniger Minuten zu beruhigen, mehr zu zentrieren und bewusster und effektiver zu werden, fangen Sie wieder von vorn an und machen weiter, bis Sie bis zehn kommen. Jedes Mal, wenn Sie das Zählen vergessen haben, beginnen Sie von vorn.

3. Listen Sie zum einen auf, womit Sie am häufigsten Ihr Bewusstsein einschläfern, und zum andern Rituale oder Übungen, die Sie bereits durchführen und die Ihnen dabei helfen, aufzuwachen und wach zu bleiben.

Ein einfacher Test, ob Sie etwas tun, weil Sie es tun wollen, oder ob Sie sich damit nur ablenken, ist die folgende Frage:

Würde ich ein solches Verhalten begeistert den fünf Personen empfehlen, die mir auf dieser Welt am meisten am Herzen liegen?

Bisher hatten Sie viermal Gelegenheit, den symbolischen Alarm zu betätigen, um »aufzuwachen« und wieder zu sich zu kommen:

Was die restlichen Seiten dieses Buches angeht, so können Sie jetzt beim Auftauchen des Weckersymbols Ihren inneren Alarm auslösen, indem Sie jede der zusätzlichen Strategien anwenden, die Sie inzwischen gelernt haben. Denn jeder Augenblick, in dem Sie mit Ihrem gegenwärtigen Selbst in Berührung sind, ist eine Chance, mehr Freude, Freiheit und Inspiration als je zuvor in Ihr Leben zu bringen …

6

Ein inspiriertes Leben

Tun Sie das, wozu Sie hier sind?

Frag nicht danach, was die Welt braucht – frag danach, was dich aufleben lässt, und dann geh hin und tue es. Denn was die Welt braucht, sind Leute, die zum Leben erwacht sind.

Howard Thurman

Eine der ersten Fragen, die ich interessierten Leuten und neuen Klienten stelle, ist die folgende:

**Tun Sie das, was Sie zum Leben erwachen lässt –
was Sie lieben
und in Ihrem einen, einzigen Leben tun wollen?**

Die Antwort darauf fällt je nach Person immer anders aus, aber eine der folgenden Reaktionen ist gleichbleibend da:

Das strahlende Lächeln

Das strahlende Lächeln findet sich im Allgemeinen bei Leuten, die von der Frage begeistert sind und es gar nicht erwarten können, darauf zu antworten. Oft ist ihre Begeisterung ansteckend, und man nimmt an ihren Abenteuern Anteil, als wäre man selbst dabei gewesen. Eh man sich's versieht, sagt man dem strahlend Lächelnden schon seine Freundschaft, seinen Zuspruch und seine Unterstützung zu.

Der tiefe Seufzer

Dem tiefen Seufzer folgt meist ein sehnsuchtsvoller Blick in die Ferne, als schaue der oder die Betreffende ein letztes Mal auf etwas zurück, was hätte sein können. Tief Seufzende fühlen sich im Allgemeinen vom Leben gebeutelt. Sie strampeln sich vielleicht noch immer für die gute Sache ab, aber wenn alles so weiterläuft wie bisher, sind sie mit ziemlicher Sicherheit die Verlierer. Sie haben das vage, nagende Gefühl, dass sie eigentlich etwas anderes mit ihrem Leben anfangen könnten, etwas, das sie mehr erfüllen würde, aber sie wissen nicht, was es ist, wie sie es finden könnten und ob es überhaupt so etwas gibt.

Der stechende Blick

Der stechende Blick, der oft mit verkappter Wut einhergeht, die sich als Sarkasmus, Missbrauch oder sogar lodernder Zorn Bahn bricht, kann Angst erregen, wenn man nicht darauf vorbereitet ist. Leute, die einen bei Fragen nach ihrem Leben wütend anstarren, machen oft den Eindruck, als würden sie so verbissen schuften, um zurechtzukommen, dass allein der Gedanke, es könnte vielleicht auch anders gehen, wie eine Zumutung erscheint. Doch je wütender jemand auf die Frage reagiert, umso leuchtender ist nach meinen Erfahrungen der Traum noch, den er weiter in sich trägt.

Ein Taxifahrer namens Adolf

Alle Menschen träumen, aber nicht auf dieselbe Art.
Die, die in der Nacht träumen, in den düstersten
Schlupfwinkeln ihres Hirns, erwachen und sind überzeugt,
dass alles eitel war. Aber die, die am Tag träumen,
sind gefährlich, denn sie erträumen sich etwas mit
offenen Augen und verwirklichen es dann.

T. E. Lawrence (Lawrence von Arabien)

Vor ein paar Jahren war ich Teilnehmer bei einem Comedy-Fest in Chicago, bei dem Komiker aus allen Landesteilen zusammenkamen, um die Leute zum Lachen zu bringen, sich gegenseitig Witze zu klauen und ihren Spaß zu haben. Meine erste Show war »nicht gerade triumphal«, um es milde auszudrücken, und statt dazubleiben und es wie ein Mann zu tragen, drückte ich mich und rief mir ein Taxi, um einen Freund zu besuchen.

Zu meinem Entzücken fing es, kaum dass ich in den Wagen eingestiegen war, an zu schneien – ich *liebe* Schnee. Da ich in Neuengland aufgewachsen bin, verbinde ich mit Schnee Rodeln, Skifahren, Schneemann bauen und an besonders guten Tagen schulfrei haben. Als ich jedoch meine Freude dem Fahrer gegenüber äußerte, starrte er mich mit einer Geringschätzung an, die normalerweise Leuten vorbehalten ist, die man seit Urzeiten kennt.

Nach einer Pause, in der er zweifellos überlegte, ob es sich lohnen würde, mich aus dem Taxi zu werfen, damit ich den Schnee, den ich so liebte, hautnah genießen konnte, begann er zu reden.

Er hieß Adolf und stammte aus Ghana. Er war 1991 nach Amerika gekommen, um dort sein Glück zu machen und für seine Familie zu sorgen. 13 Jahre später fuhr er sieben Tage die Woche, 365 Tage im Jahr ein geliehenes Taxi. Von dem Geld, das er jeden Monat nach Hause schickte, konnte seine Familie gut leben. Seine Mutter besaß ein Eigenheim; sein Bruder und seine Schwester hatten einen Schulabschluss. Aber Adolf war nie wieder bei ihnen gewesen.

Einige Monate zuvor hatte ihn seine Mutter eingeladen, über Weihnachten nach Hause zu kommen. Er hatte ihr geantwortet, dass er das zu gerne täte, dann aber einige Monate lang kein Geld schicken könnte. Sie brachte das Thema nie wieder auf. Adolf ließ mich wissen, dass er Christ war, und er lebte mit abgrundtiefen Schamgefühlen, weil er den Weihnachtstag über draußen im Schnee auf der Suche nach Fahrgästen war, statt in der Kirche Dankgebete zu sprechen.

Trotzdem besaß er so viel Stolz und Würde, dass es mir ans Herz griff. Auf meine Frage, ob er denn das täte, was er wirklich in seinem Leben hatte tun wollen, dachte ich, er würde mich lynchen.

Er hatte auf einmal den Blick von Leuten, die im Geiste gerade ihren großen Traum in weiter Ferne vor sich sehen und sich dann schnell wieder fassen, ehe jemand ihr verstohlenes Lächeln sieht.

»Ich weiß nicht, was ich wirklich gern machen würde«, sagte er mit fester Stimme.

»Das glaube ich nicht«, sagte ich mit ebenso fester Stimme.

Der Schnee fiel inzwischen immer dichter, und Adolf fuhr an den Straßenrand. Jeder Gedanke an einen Besuch bei meinem Freund war längst aufgegeben. Ich saß aus einem bestimmten Grund hinten in dem Taxi. Teufel auch, ich hatte ja ziemlich klar bewiesen, dass ich nicht in Chicago weilte, um Leute zum Lachen zu bringen.

»Jeder hat Zugang zur Stimme der Inspiration«, fuhr ich fort, »zu dem, was die Quäker die ›leise innere Stimme‹ nennen. Wenn man auf diese Stimme hört, zeigt sie einem den Weg wie auf einem Plan, der alles verzeichnet, was man wissen muss, um aus seinem Leben etwas so Wunderbares zu machen, dass man das Gefühl hat, dazu geboren zu sein. Aber manchmal ist es so Furcht einflößend, der Stimme zu folgen, dass wir nicht eingestehen mögen, sie zu hören – nicht einmal uns selbst.«

Er betrachtete mich genauestens im Rückspiegel.

»Es fängt meist mit einer leisen Ahnung an – einem Gefühl, dass am Leben doch mehr sein müsste, als Tag für Tag aufzustehen und immer das Gleiche zu machen.«

Er nickte zustimmend, und ich sprach weiter.

»Wenn man schließlich auf die Stimme achtet, bemerkt man, dass man andere Dinge im Kopf hat als die meisten anderen, Dinge, die nur man selbst will; hartnäckige Tagträume und Impulse, die sich immer wieder einstellen, wie oft man sie auch verdrängen mag.«

Adolf sah mich ein bisschen argwöhnisch an, als hätte ich irgendwie in seinen Kopf geschaut und Gedanken darin gesehen, die er bisher gut unter Verschluss gehalten hatte. Er hörte aber trotzdem weiter zu.

»Tatsache ist, dass man auf einer gewissen Ebene schon weiß, was man gerne machen würde. Je ehrlicher man in diesem Punkt sich selbst gegenüber ist, umso deutlicher zeichnet sich der eigene einzigartige Plan für ein wunderbares Leben allmählich ab. Die Stimme der Inspiration wird lauter und klarer und das Leben immer leichter. Aber man muss zumindest offen dafür sein. Wie einmal jemand sagte: ›Niemand ist so blind wie die, die nicht sehen wollen.‹«

Wir schwiegen beide einige Zeit, dann fing Adolf an zu reden.

»Ich weiß, was ich gern machen würde«, sagte er. »Ich träume davon, Häuser bauen zu lernen, wie die Amerikaner Häuser bauen. Die Häuser in Ghana sind nicht stabil. Ich würde gern nach Ghana zurückkehren und Häuser für mein Dorf bauen. Dann wüsste ich, dass ich meinen Beitrag geleistet und etwas verändert habe. Und dann wäre alles andere, was ich aushalten musste, okay. Dann hätte es sich gelohnt.«

Wir hatten beide Tränen in den Augen, etwas, das – wie ich bemerkt habe – ganz normal ist, wenn jemand zum ersten Mal etwas ausspricht, was er bisher vor allen Menschen verborgen gehalten hat, sich selbst eingeschlossen. Und dann setzte er sich etwas aufrechter hin, und wir wussten beide, dass es Zeit war, weiterzufahren.

Was ist Inspiration?

Inspiration

Im Wörterbuch fand ich folgende Definition von »Inspiration«:

1. »Einhauchung« oder Einatmung; Einsaugen von Atemluft.

2. Ein erhebender oder stimulierender schöpferischer Impuls auf Geist und Gefühl; die belebende oder stimulierende Wirkung eines solchen Einflusses.

3. Eine übernatürliche Erkenntnis, Erleuchtung oder Eingebung, durch die Menschen eine göttliche Wahrheit empfangen oder verbreiten können; auch Einfall oder erhellende Idee.

Thomas Edison wurde einmal nach dem Geheimnis seiner unerschöpflichen Kreativität gefragt und antwortete: »Erfindung ist 1 Prozent Inspiration und 99 Prozent Perspiration (Schweiß).« Nun weiß ich zwar aus eigener Erfahrung, wie nötig Ausdauer ist, um erfolgreich zu sein, aber ich glaube, Edisons Antwort führt in die Irre. Sie unterstellt, dass Inspiration relativ unwichtig ist, dabei gibt es im Hinblick auf das wunderbare Leben, das man sich wünscht, vielleicht nichts, was wichtiger wäre!

Ein Beispiel: Vor Kurzem wollte ich in meinem örtlichen Eisenwarenladen orangerote Farbe kaufen. Der Mann hinter dem Ladentisch nahm eine große Dose reinweiße Farbe, fügte ein paar Tropfen gelben und ein paar Tropfen roten Farbstoff hinzu, und nach ein paar Minuten Mischen hatte ich eine ganze Dose voll Orangerot.

Hier der Clou: Weniger als ein Prozent des Doseninhalts war die Ursache für hundert Prozent der Farbe.

Inspiriert zu sein ist nach meiner Erfahrung so ähnlich, als würde man in ein Kanu steigen und eine Fahrt den Fluss hinunter machen. Uninspiriert vorwärtszukommen ist so, als müsste man das Kanu ein trockenes Flussbett hinauftragen.

Inspiration ohne Schweiß mag zwar nichts fruchten, doch Schweiß ohne Inspiration stinkt einfach nur!

Meine eigene Definition von Inspiration ist etwas prosaischer, aber auch etwas praktikabler, wie ich hoffe.

Inspiration ist Koffein für die Seele.

Den Kompass auf Freude ausrichten

Der einzige Tyrann, dem ich folge,
ist die leise innere Stimme.
Mahatma Gandhi

Die einzige Frage, die Sie brauchen, um die Stimme der Inspiration in Ihrem eigenen Leben lauter zu stellen, ist die folgende:

Was würde ich im Augenblick liebend gern tun?

Falls Ihnen diese Frage in Bezug auf etwas so Spirituelles wie Inspiration seltsam vorkommt, liegt es nur daran, dass sie Ihnen völlig fremd ist. Dabei hat es phänomenale, lebensverändernde Folgen, sich diese Frage immer wieder zu stellen und zu beantworten.

Und wie wäre es mit dieser Frage:

Wie wäre ich im Augenblick liebend gern?

Oder mit dieser:

Was würde ich heute liebend gern
aus meinem Leben machen?

Immer wenn Sie merken, dass Sie in Leid und Verzweiflung versinken, können Sie davon ausgehen, dass Sie mit sich selbst und den eigenen Interessen zerfallen sind und das tun, was Sie Ihrer Ansicht nach tun sollen oder müssen, statt das, was für Sie das einzig Richtige wäre. Wenn Sie sich hingegen jedes Mal die Zeit nehmen, Ihren inneren Kompass auf das einzustellen, was Sie froh macht, richten Sie Ihr Leben wieder auf die bleibende Erfahrung von Glück, Freude und Wohlsein aus.

Woher wissen Sie, dass Sie auf die Stimme der Inspiration hören und sich auf Freude ausrichten?

1. Sie tun das, was Sie liebend gern machen

Ich erinnere mich noch, dass ich einmal mit einem Geistlichen, der an einem meiner Trainingsseminare für Führungspersönlichkeiten teilnahm, um seinen Schäfchen besser helfen zu können, über meine Vorstellungen von einer Führung durch Inspiration sprach. Ich merkte ihm an, dass ihm dieser Gedanke Unbehagen bereitete, und so stellte ich ihm die einfache Frage: »Glauben Sie, Gott will, dass Sie unglücklich sind?«

Er sagte: »Nein, aber ich glaube, Gott will, dass ich einige meiner eigenen Wünsche aufgebe, wenn damit einem höheren Zweck gedient ist.«

Daraufhin fragte ich ihn: »Wenn Sie sich einige Annehmlichkeiten versagen müssten und damit der ganzen Menschheit etwas zugutetun könnten, würden Sie es dann tun?«

»Es wäre mir eine Ehre!«, erwiderte der Geistliche voller Enthusiasmus.

»Dann tun Sie ja genau das, was Sie in dem Augenblick liebend gern tun, nämlich Ihre eigenen Wünsche hintanstellen«, sagte ich.

2. Sie fühlen sich geleitet

Eine Möglichkeit, sich geleitet zu fühlen, ist die, auf Synchronizitäten und zufällige Koinzidenzen zu achten, die sich ergeben, sobald Sie Ihrem Verlangen und Ihrer Herzenslust folgen. Ich hatte ein höchst witziges Erlebnis dieser Art, als ich einmal durch einen Buchladen schlenderte in der Hoffnung, dort aufschlussreiche Lektüre über Probleme zu finden, die ich mit einem Klienten hatte. Auf dem Weg zur Ratgeber-Abteilung stieß ich im Vorübergehen an ein Regal, sodass mir – wirklich und wahrhaftig! – ein Buch auf den Kopf fiel. Als ich es vom Boden aufhob, las ich den Titel auf dem Umschlag: *Wenn Gott zwinkert – Wie die Kraft des Zufalls Dein Leben leitet.* Ich schlug das Buch an einer beliebigen Stelle auf, und da stand die Lösung für meine Probleme!

Nicht alle Koinzidenzen sind so spannend, aber die meisten Menschen kennen das Gefühl, hier und da im Leben geleitet worden zu sein, sowie sie auf das leise Flüstern hörten und auf wundersame Weise den nächsten Schritt deutlich vor sich sahen.

3. Alles scheint sich nach Plan zu entfalten

Es gibt eine alte Geschichte von einem Meister, der seine Anhänger lehrte, die Erleuchtung sei im Grunde nur ein »glücklicher Zufall«. Als ihn daraufhin einer seiner Schüler fragte, warum sie dann so angestrengt meditieren und üben müssten, erwidert der Meister: »Um dem Zufall eine Chance zu geben.«

Das Gleiche gilt für die Suche nach Glück und Erfolg. Je disziplinierter und bereitwilliger Sie das tun, was Sie liebend gern tun (statt sich etwas Ungeliebtem zu widmen), desto öfter werden Sie »glückliche Zufälle« erleben. Wenn Sie wirklich Ihrer Inspiration folgen und sich an der Freude orientieren, stellt sich der Erfolg nahezu mühelos ein. Dabei legen Sie nicht etwa die Hände in den Schoß; Sie mühen sich bloß nicht mehr so verbissen ab, unbedingt »etwas zu erreichen«.

Sollten Sie einmal nicht ganz sicher sein, ob Sie wirklich die leise innere Stimme der Inspiration oder nur »die bekannte Stimme im Kopf« hören, können Sie sich an die folgende einfache Richtlinie halten:

Die leise innere Stimme hält Sie nie für schlecht.

Wenn es so leicht ist, warum macht es dann nicht jeder so?

Wenn die Möglichkeit besteht, durchs Leben zu gehen, indem man sich fragt, was man am liebsten täte, und es dann tut, warum zum Kuckuck würde dann irgendjemand es anders machen?

Grund Nr. 1: die »Gefahren« der Freude

Der vernünftige Mensch passt sich der Welt an; der unvernünftige besteht auf dem Versuch, sich die Welt anzupassen. Deshalb hängt jeder Fortschritt vom unvernünftigen Menschen ab.
George Bernard Shaw

Viele Menschen haben Angst vor den Folgen, wenn sie tun, was sie gern tun möchten, weil sie irgendwo in ihrem Innern immer noch davon überzeugt sind, von Natur aus »schlecht« zu sein. Deshalb glauben sie, das, was sie gern tun möchten, sei unweigerlich schlecht für sie selbst und andere.

Aber stimmt das denn?

Wenn Sie zum Beispiel immer essen würden, was Sie gern mögen, würden Sie dann nicht dick, unansehnlich und krank werden, früh sterben und in einem Klavierkasten beerdigt werden müssen?

Wohl nicht, allerdings hat sich bis vor Kurzem kaum jemand getraut, es nachzuprüfen.

In den 1930er Jahren haben Wissenschaftler eine Studie durchgeführt, bei der sie Kinder 30 Tage lang selbst aussuchen ließen, was sie essen wollten. Dabei kam heraus, dass jedes Kind der Studie im Laufe der 30 Tage eine ausgewogene Kost zu sich nahm (obwohl zu vermuten ist, dass in den ersten Versuchstagen eine unverhältnismäßig große Menge von Schokoladencremeschnitten und Sahnetorte verzehrt wurde!).

Mit anderen Worten: Stand es den Kindern frei, zu essen, was sie wollten, probierten sie zuerst die »verbotenen Genüsse«. Aber sowie der Reiz der neu gewonnenen Freiheit etwas verflogen war und die Handschellen noch nicht wieder angelegt waren, besannen sie sich auf ihre eigene innere Weisheit und hielten sich daran.

Wir haben nur aus dem Grund kaum jemals überprüft, wie es ist, sich tatsächlich an Freude und Inspiration zu orientieren, weil wir uns nie lange genug durchzuhalten getrauten und folglich auch nie aus der Anfangsphase der »zügellosen Gier« herausgekommen sind, die sich unweigerlich nach einer langen Zeit der Unterdrückung, Zurückhaltung und (mentalen) Gefangenschaft einstellt.

Falls Sie sich also gewisse Sorgen machen, das, was Sie liebend gern täten, könnte mit einschließen, alte Damen zu berauben oder mit dem ganzen schwedischen Volleyball-team (männlich oder weiblich!) zu schlafen, denken Sie bitte daran, dass selbst der Stimme der Inspiration nicht blindlings Folge geleistet werden muss.

Sehen Sie in jeder kleinen, an Freude orientierten Wei-sung, die Sie erhalten, einen Wegweiser in eine Richtung, die Sie einschlagen können, statt eines festen Ziels, das es zu erreichen gilt. Über eins müssen Sie sich im Klaren sein: Zu erkennen, dass Norden »da« ist, bedeutet nicht, dass Sie dort am besten hinkommen, wenn Sie geradewegs darauf zurennen.

Ein Satz aus Philip Yanceys Buch *Gnade ist nicht nur ein Wort* ist mir über die Jahre bis heute im Gedächtnis geblie-ben. An einer Stelle schildert er sein persönliches Verständ-nis der christlichen Evangelien und fasst seine Auffassung von bedingungsloser Liebe wie folgt zusammen:

Gott lässt sich durch nichts, was du tust,
dazu bewegen, dich mehr zu lieben.
Und Gott lässt sich auch durch nichts, was du tust,
dazu bewegen, dich weniger zu lieben.

Schieben wir die Religion mal auf eine Seite (es bleibt Ihnen überlassen, auf welche), und denken wir darüber nach. Wenn wir daran glauben, dass es bedingungslose Liebe gibt, egal wo, wann, wie oder von wem, dann wird uns un-ser Verhalten, mögen wir uns auch noch so »gut« aufführen, keine Pluspunkte im Himmel eintragen, und selbst wenn wir uns noch so »schlecht« aufführen, wird nichts die be-dingungslose Liebe uns gegenüber mindern.

Wenn nun »gut« und »schlecht« nicht länger relevante Kriterien für unser Verhalten sind, erhebt sich die Frage, wie wir in diesem Fall entscheiden, was wir angesichts einer schwierigen Situation tun sollen?

Von der Theorie zur Praxis ...

Bedingungslose Liebe

Denken Sie an eine schwierige Entscheidung, vor der Sie stehen, und beantworten Sie dann die folgenden Fragen:

1. Was ist das »Gute«, das zu tun wäre? Was ist das »Schlechte« oder »Böse«?

2. Wenn Sie an den Himmel glaubten und wüssten, dass Sie sowieso hineinkommen, wofür würden Sie sich entscheiden?

3. Wenn Sie nicht an den Himmel glaubten und wüssten, dass Sie niemals unglücklich wegen der Folgen Ihrer Entscheidung sein müssten, was würden Sie dann wählen?

4. Was möchten Sie gern machen?

5. Was werden Sie machen?

Wäre es nicht interessant, zu wissen, dass Sie immer gleich geliebt werden, egal, wofür Sie sich entscheiden?

Grund Nr. 2: die vorauseilende Anpassung

Das Herz hat seine Gründe, die der Verstand nicht kennt.
Antoine de Saint-Exupéry

Da ich, wie gesagt, in einer Familie von Ingenieuren und Wissenschaftlern aufgewachsen bin, habe ich gelernt, wissenschaftlichen Versuchen einen hohen Stellenwert zu geben. Was das Labor des Lebens angeht, so habe ich gemerkt, dass die meisten Leute nicht gewillt sind, zu experimentieren, sondern lieber zuerst die »Spielregeln« austüfteln, um dann ihr Bestes zu tun, sie einzuhalten.

In der Realität habe ich immer wieder feststellen können, dass es einen deutlichen Unterschied gibt zwischen der vorauseilenden Anpassungsbereitschaft des Verstandes und der inspirierten Weisheit des Herzens. Wenn sich die Leute an eine »vernünftige« Vorgehensweise halten, erzielen sie beständig bescheidene Ergebnisse; und wenn sie den Mut aufbringen, das zu tun, was sie wirklich tun wollen, können sie entweder einen überwältigenden Erfolg verbuchen oder haben solche Freude an ihrem Misserfolg, dass er dadurch unbedeutend wird.

Sehr oft erscheint uns das, was wir *wirklich* wollen, durch und durch unvernünftig, gemessen an dem, wie wir immer gelebt haben. Dabei ist es nicht so, dass unsere Ziele im größeren Zusammenhang unseres Lebens keinen Sinn ergeben würden – sie müssen es bloß nicht unbedingt. Nützlich finde ich die folgende Faustregel:

**Die Zahl der Gründe, aus denen wir etwas tun,
steht in umgekehrt proportionalem Verhältnis dazu,
wie sehr wir es tatsächlich tun wollen.**

Das heißt, wenn zu viele Gründe dafür sprechen, etwas zu tun, besteht die Wahrscheinlichkeit, dass Sie es gar nicht wirklich wollen. Aber wenn Ihnen kein guter Grund einfällt, etwas zu tun, Sie es jedoch auf alle Fälle tun wollen, ist es mit ziemlicher Sicherheit ein echtes Herzensanliegen.

Abschied vom Drama des Lebens

Eine der ersten Fragen, die jeder Theaterneuling stellt, wenn er nach einem Stück mit den Schauspielern spricht, lautet: »Wie haben Sie das alles bloß auswendig lernen können?« Jeder Schauspieler hat diesbezüglich zwar seine eigenen Tricks, aber generell gilt für uns alle: wiederholen – denselben Satz immer wieder sprechen und hören, bis er uns so unauslöschbar ins Unterbewusstsein eingegangen ist, dass wir ihn im Schlaf aufsagen können. (Und zur Bestürzung der Ehefrau tut man das auch häufig. Oder bin ich das bloß?)

Unser inneres Drehbuch ist das Ergebnis einer ständigen Wiederholung von Textzeilen, die aus anderen Quellen stammen – dem, was unsere Eltern, Altersgenossen oder die Medien sagen – direkt oder indirekt. Wenn Sie sich selbst so etwas sagen hören wie:

»Ich weiß, ich sollte …« oder: »Ich weiß, dass ich eigentlich nicht …« oder gar: »Das ist schlicht und ergreifend falsch«, können Sie versichert sein, dass Ihr Drehbuch aus Ihnen spricht und Sie Ihren Text perfekt gelernt haben.

Hier eine kurze Liste von Vokabeln zur Früherkennung von Entscheidungen, die auf solchen Regieanweisungen beruhen:

Sollen/nicht sollen	Wird erwartet
Müssen/nicht müssen	Bin dazu verpflichtet
Können/nicht können	Müsste eigentlich
Natürlich …	Geht nicht anders
Weil …	Klingt vernünftig

Wenn Sie Ihre Entscheidungen oder Handlungsweisen vor sich selbst mit den obigen Begriffen rechtfertigen, hören Sie mit großer Wahrscheinlichkeit auf die Regieanweisungen.

Selbstverständlich ist nicht jedes Drehbuch schlecht, außerdem können mithilfe von ausreichender Therapie und Selbstanalyse Veränderungen im Drehbuch des Lebens vorgenommen werden. Aber dieses Buch hat nicht den Sinn, Ihr altes Drehbuch durch eine neue, verbesserte Auflage zu ersetzen; vielmehr soll es Ihnen helfen, aus Ihrer Lebensgeschichte herauszutreten, die leise innere Stimme lauter zu stellen und sich zum Leben Ihrer Träume führen zu lassen.

Und so geht das …

1. Sich Erlaubnis geben

Ich saß einmal mit einem Freund, den ich Jahre nicht gesehen hatte, in einem Café, und er erzählte mir, dass er vor Kurzem erfolgreich eine Lungenkrebsoperation überstanden hätte. Als ich ihn fragte, wie es ihm ginge, gestand er mir ein bisschen verlegen, wie wundervoll sein Leben sei, seit er krank wurde. Er hatte jetzt ein viel innigeres Verhältnis zu seiner Familie und sich selbst, ihm war bewusst geworden, wie sehr er Gartenarbeit liebte, und er arbeitete zwar noch halbtags, aber nicht aus dem Gefühl heraus: »Das ist meine Pflicht« oder: »Das muss ich machen«, sondern einfach, weil er »das gerne machte«.

Als wir noch ein wenig länger über seine Situation sprachen, erzählte ich ihm, dass ich viele Leute mit einer schweren oder unheilbaren Krankheit kannte, die eine ähnliche Erfahrung gemacht hätten wie er.

»Wie kommt es«, fragte er mich, »dass sich etwas, das ich meinem ärgsten Feind nicht wünschen würde, für mich als das Beste erwiesen hat, was mir je widerfahren ist?«

Nach meiner Überzeugung hat es nur etwas mit Erlauben zu tun. Krebs, HIV oder auch ein schlimmer Unfall machen uns nicht nur die Endlichkeit des Lebens bewusst, sie geben uns auch so etwas wie eine Erlaubnis, uns über kulturelle Normen hinwegzusetzen. Wir stellen fest, dass unser jetzt etwas ungewöhnliches Verhalten, zu dem uns echtes Verlangen treibt und nicht unsere Konditionierung, plötzlich verzeihlich ist. »Ich weiß, dass ich es eigentlich nicht dürfte«, erklären wir einem imaginären Publikum, »aber sei nachsichtig! Ich habe Krebs (bzw. eine andere Krankheit, Schwierigkeit im Leben usw.).«

Sich zu erlauben, etwas Bestimmtes zu tun, heißt natürlich nicht, dass sich diese Sache auch lohnt. Wer sich selbst und andere schlecht behandeln und üble Dinge tun zu dürfen glaubt, dessen Leben wird nicht unbedingt besser.

Aber ein solches Sicherlauben eröffnet uns wunderbare Möglichkeiten, etwas Neues mit unserem Leben anzufangen. Und wir brauchen nicht zu warten, bis wir krank sind, um sie auszuschöpfen.

Sobald Sie aufhören, das zu tun, was Sie tun »sollten« oder wozu Sie sich »verpflichtet« fühlen, bleibt Ihnen nichts anderes übrig, als sich an dem zu orientieren, was Sie gern tun möchten, und wenn Sie es nicht gewohnt sind, sich zu gestatten, das zu tun, was Sie tun möchten, ist die Aussicht darauf wahrscheinlich ziemlich angsterregend.

Hier eine einfache Übung, die Ihnen einen Vorgeschmack davon gibt, wie es ist, das tun zu können, was man wirklich tun möchte …

Von der Theorie zur Praxis ...

Sich Erlaubnis geben

1. Geben Sie sich für die nächsten 60 Sekunden die Erlaubnis, Ihrem Wünschen und Wissen zu folgen. Sie können *alles* tun, wozu Sie Lust haben. (Diese Zeitspanne ist so kurz, dass selbst die abgefeimtesten Bösewichter unter Ihnen nichts allzu Verrücktes schaffen werden!) Achten Sie darauf, ob es sich für Sie vertraut anfühlt oder fremd. Stellen Sie fest, ob Sie sich in irgendeiner Weise anders benehmen als für gewöhnlich.

2. Verlängern Sie diesen Zeitraum, sobald es Ihnen angenehm ist, sich zu erlauben, das zu wollen, was Sie gerade wollen, und das zu tun, was Sie gerade tun. Sie werden bald merken, wie Sie sich für Stunden oder sogar Tage von Ihrem Wollen, Wünschen und Wissen forttragen lassen!

2. Seien Sie schonungslos ehrlich mit sich selbst

Ein guter Grund dafür, warum viele Menschen kein Selbstvertrauen haben, ist der, dass sie nicht vollkommen ehrlich mit sich sind. Als ich Leute hierzu befragte, äußerten sie häufig Angst darüber, womöglich nicht zu mögen, was sie finden, wenn sie sich auf das besinnen, was sie *wirklich* denken und fühlen. Aber ohne die Bereitschaft, sich selbst gegenüber vollkommen ehrlich zu sein (ungeachtet dessen, was für ein Bild man vor anderen abgibt), werden (und dürfen) Sie sich nie ganz trauen und werden auch bei »bester Einschätzung« immer hinter den Erwartungen zurückbleiben.

Hier ein paar Tipps, wie Sie ehrlicher im Umgang mit sich selbst werden:

Stellen Sie sicher, dass niemand die Selbstgespräche in Ihrem Kopf mitanhört
Eines der besten Heilmittel gegen eine Schreibhemmung ist die, niemandem das Werk zu zeigen, bevor es fertig ist. Dann ist es in Ordnung, vollkommenen Schwachsinn zu schreiben, solange es nötig ist, bis das, was Ihnen wirklich im Sinn liegt, auf dem Papier Gestalt annimmt.

Einen Coach, Freund, Therapeuten oder Mentor zu finden, der hundertprozentig zu Ihnen steht und diskret ist, ist ein wunderbares (und seltenes) Geschenk, aber bis dahin können Sie getrost lauter unzensiertes Blabla von sich geben – lassen Sie nur Ihre innersten Gedanken nicht jemandem zu Ohren kommen, der sie gar nicht mitbekommen soll, solange sie noch nicht den letzten Schliff erhalten haben.

Ziehen Sie Ehrlichkeit gegenüber sich selbst einer »positiven Einstellung« vor
Einer meiner ersten Lehrer ermutigte uns immer dazu, die Frage »Wie geht es dir?« stets mit einem fröhlichen »Super!« zu beantworten. Die andern wären sehr angetan von Leuten mit einer solchen Lebenseinstellung, hieß es weiter, wenn wir also etwas werden wollten in der Welt, müssten wir die positivsten Menschen in unserer Umgebung sein.

Ich hatte mich so gut im Griff, dass man mich um zwei Uhr nachts anrufen konnte und ich mich trotzdem so hochgestimmt und putzmunter meldete, als hätte ich gerade auf meinem Hometrainer Comics gelesen. Doch je mehr ich vorgab, »hoch« gestimmt zu sein, umso »tiefer«

ging es abwärts mit meiner Gemütslage. Als ich schließlich meine »positive Einstellung« aufgab und mich so akzeptierte, wie ich war, kam ich endlich wieder mit mir
selbst in Einklang. Es kommt zwar vor, dass ich immer noch
aller Welt sage, dass es mir super geht, aber mir selbst gegenüber bin ich ehrlich, und damit fühle ich mich tausend-
mal besser. (Damit geht es mir tatsächlich super! Komisch,
was?)

**Machen Sie sich klar, dass Ihre Meinung nur eine
Meinung ist.**

Als mir meine Frau das erste Mal verkündete, schwanger zu
sein, war ich davon überzeugt, dass damit mein jetziges
Leben (und, was mir damals noch wichtiger war, meine
Karriere als Schauspieler) beendet sei. Das Einzige, was
mich davon abhielt, aufzugeben und davonzulaufen, war
mein Wissen, dass ich sehr häufig falsch lag, auch wenn ich
zutiefst davon überzeugt war, dass Kinder nur Armut, Elend
und Leid bedeuteten.

Neun Monate und fünf Minuten später, als ich meinen
ersten Sohn im Arm hielt, stellte ich mit Erleichterung
fest, dass meine Meinung wieder einmal völlig falsch gewesen war. Aber weil ich mir erlaubt hatte, mir selbst gegenüber ehrlich zu sein, was meine Gedanken betraf, ohne diesen eine übermäßige Bedeutung zu geben, konnte ich mit
mir selbst im Einklang und während der ganzen Schwan-
gerschaft »vertrauenswürdig« bleiben, obwohl das, was ich
dachte, nicht im Entferntesten politisch korrekt war.

3. Lernen Sie, welchen Ihrer Gefühle Sie trauen können

Ich schreibe nur, wenn mich die Inspiration überkommt.
Zum Glück überkommt sie mich jeden Morgen
um Punkt neun Uhr.
W. Somerset Maugham

Ein weiterer Unterschied, den ich für absolut entscheidend halte, wenn man lernen will, sich selbst zu vertrauen, ist der zwischen einem »guten« und einem »unguten Gefühl«, das etwas bei einem hervorruft. Diese Gefühle überschneiden sich zwar unvermeidlich, aber sie als Richtschnur zu nehmen führt in zwei grundlegend verschiedene Richtungen.

Machen wir nur das, bei dem wir in dem betreffenden Augenblick ein gutes Gefühl haben, kann unser Leben im Chaos versinken, denn dann gehen wir womöglich auf Kosten zukünftiger Zufriedenheit nur noch blindlings unserem unmittelbaren Vergnügen nach. Das heißt aber nicht, dass wir alles meiden sollten, was uns angenehme Gefühle verschafft. Wie Sie inzwischen sicher gemerkt haben, glaube ich genau das Gegenteil. Nur führt uns die Jagd nach angenehmen Gefühlen um ihrer selbst willen kaum den ganzen Weg zu Erfolg, Glück und Wohlsein.

Nehmen wir den inneren Kompass unserer Sinne als Führer, dann brauchen wir nur der Kompassnadel zu folgen, die unserem Gefühl der Richtigkeit entspricht – einem Wissen, dass das, was wir tun wollen, dass Beste ist, was wir im Moment tun können, egal, was jemand anders denkt, egal, wofür die »Tatsachen« sprechen, und egal, ob wir ein gutes oder schlechtes Gefühl dabei haben, ob es schwer- oder leichtfällt, ob es uns vertraut oder fremd ist.

Wie beraten Sie sich mit Ihrem inneren Experten?
1. Stellen Sie sich eine Frage.
2. Beantworten Sie sie!

Im Folgenden eine tiefer gehende Version dieses Prozesses, mit deren Hilfe Sie auf Ihre eigene Expertise für die wichtigsten Fragen Ihres Lebens zurückgreifen können. Sie gründet sich auf neueste neurophysiologische Forschungen und zeigt, dass Redensarten wie »seinem Herzen folgen« oder etwas »aus dem Bauch heraus entscheiden« eine solide wissenschaftliche Basis haben …

Von der Theorie zur Praxis …

Den Verstand gebrauchen, dem Herzen folgen, aus dem Bauch heraus handeln

1. *Gebrauchen Sie Ihren Verstand und stellen Sie sich eine richtig gute Frage*
   Denken Sie an einen Lebensbereich, in dem Sie gern einen Durchbruch erzielen würden. Wenn Sie einen weisen Freund um Rat bitten würden und dürften nur eine Frage stellen, welche Frage würden Sie ihm dann in diesem Augenblick stellen?

2. *Hören Sie auf Ihr Herz*
   Legen Sie die Hände aufs Herz, holen Sie tief Luft, halten Sie den Atem einen Augenblick an und lassen Sie ihn wieder ausströmen. Tun Sie das drei- bis viermal …
   Machen Sie sich jetzt angenehme Gedanken. Denken Sie an jemanden, den Sie lieben, an etwas, das Sie gernhaben, an jemanden oder etwas, bei dem Sie auf Gegenliebe stoßen, an etwas Warmes, Kuscheliges. Meine Tochter stellt sich gern

---

ein kleines Kaninchen in ihrem Herzen vor. Mein Sohn denkt lieber ans Spielen mit seinen Freunden. Ich selbst hole mir meist eine wirklich schöne Erinnerung ins Gedächtnis zurück. Denken Sie einfach an etwas, das für ein schönes, warmes, weiches Gefühl im Herzen sorgt.

Nach Forschungsergebnissen des amerikanischen Heart-Math-Instituts kann sich der Körper bei der oben beschriebenen Konzentration auf das Herz mit dem dominanten Rhythmus des Pulses in Einklang bringen. Ist diese Art von »Herzkohärenz« erreicht, sind Sie in einem idealen Zustand, um sich Fragen zu beantworten, die Ihr Leben betreffen.

Spielen Sie, während Sie die Frage formulieren, auch mit dem Gedanken, was sich Ihrem intuitiven Gefühl nach positiv in diesem Lebensbereich verändern würde. Benutzen Sie die folgenden Satzanfänge, bis Sie herausgefunden haben, wie Sie sich am besten ausdrücken können:

Ich habe das Gefühl…

Ich würde gern…

Ich habe so eine Ahnung…

Ich weiß…

Beispiel:

Wie schaffe ich es, den ganzen Tag über energiegeladen zu sein? Ich habe das Gefühl, dass acht Gläser Wasser am Tag zu viel für mich sind. Ich würde gern weniger Milchprodukte und Käse essen. Ich habe so eine Ahnung, als würden meine Hautunreinheiten abklingen, wenn ich mehr schliefe. Ich weiß, dass mein Leben immer besser läuft, je öfter ich mich auf meine Intuition verlasse. Ich weiß, dass ich trübsinnig bin, wenn ich nicht geschlafen habe. Ich weiß, dass ich mich am wohlsten fühle, wenn ich vier- oder fünfmal am Tag esse.

3. *Auf das Gefühl im Bauch vertrauen*

Nachdem Sie Ihren Verstand gebraucht und auf Ihr Herz gehört haben, vertrauen Sie jetzt unbedingt auf Ihr intuitives

Empfinden. Gehen Sie nicht einfach davon aus, dass etwas, wozu Ihr Kopf und Ihr Herz stehen, richtig für Sie ist. Spüren Sie einem Gefühl der »Richtigkeit« tief inmitten Ihres Bauches nach – nach einem im wahrsten Sinne des Wortes »irrationalen« Ja oder Nein!

Denken Sie daran, dass Sie der Experte in eigener Sache sind – und überprüfen Sie Ihre innere Weisheit dort, wo es nicht so schlimm ist, wenn Sie einen Fehler machen, bevor Sie in Situationen darauf zurückgreifen, in denen Ihre Einschätzung fatale Auswirkungen haben könnte!

Zeit für eine Veränderung

Lass ab von dem, was deine Seele kränkt, und dein Körper selbst wird ein herrliches Gedicht.
Walt Whitman

In den 1990er Jahren war ich häufig für Unternehmen tätig und konnte dabei einen interessanten Trend beobachten: In den ersten sechs Monaten meiner jeweiligen Tätigkeit kündigten fast 40 Prozent der Leute, mit denen ich gearbeitet hatte. Diese Tatsache habe ich in meinen Prospekten lieber unerwähnt gelassen, aber ich glaube, dass sie in mehr als einer Hinsicht von Bedeutung war.

Wenn Sie versuchen, sich selbst dazu zu bringen, etwas zu wollen, was Sie eigentlich nicht wollen, oder etwas zu tun, das für Ihr Gefühl falsch ist, ist das im Grunde so, als würden Sie eine Richtung einschlagen, in der Sie gehen wollen (oder sollen), und die Nadel des inneren Kompasses dabei mit der Hand auf Norden halten. Das mag zwar eine Weile gut gehen, aber sobald Sie Ihren Griff auch nur eine Sekunde lockern, korrigiert sich der Kompass wieder, und dann sehen Sie, dass Sie vom Kurs abgekommen sind und Ihre besten Möglichkeiten im Leben verfehlt haben, vielleicht sogar um 180 Grad.

Wenn Sie Ihre intuitiven Gefühle schon ein Leben lang ignoriert und stets das Beste aus einem schlechten Job oder einer schlechten Beziehung gemacht haben, werden Sie jetzt denken, es sei zu spät (oder zu angsterregend), noch etwas daran zu ändern.

Dabei sind die Veränderungen, die Sie vornehmen müssen, um sich wieder mit Ihrem inneren Wissen zu verbinden, wahrscheinlich keineswegs so dramatisch, wie Sie vermuten.

Unterlassen Sie es also auf jeden Fall, Ihre Familie zu verlassen, Ihre Stellung zu kündigen und Ihr Hab und Gut zu verkaufen, um zum Zirkus zu gehen, in ein Nonnenkloster oder auch ein Fortune-500-Unternehmen einzutreten. Denn selbst wenn drastische Veränderungen notwendig sind, brauchen Sie sie noch lange nicht auf drastische Weise zu vollziehen.

Matheübungen

In der Hoffnung, ihr Leben zu verbessern, ging eine Frau zu einem Erfolgstrainer.

»Wie kann ich Ihnen helfen?«, fragte der Trainer.

»Ich stecke fest«, sagte die Frau. »Ich tue meine Arbeit wie im

*Schlaf, was wörtlich zu nehmen ist, denn ich bin ständig müde.«
Sie seufzte. »Es heißt, das Leben sei entweder ein warnendes
Beispiel oder ein Vorbild – ich will, dass meins ein Vorbild
wird.«*

*»Kein Problem«, sagte der Trainer. »Wie viel von Ihrer Zeit
wenden Sie für etwas auf, das Sie gern tun?«*

*Die Frau hätte beinahe geschrien: »Überhaupt nichts!«, aber
dann fiel ihr ein, dass das nicht ganz stimmte. Sie las gerne Bio-
grafien und vertiefte sich manchmal stundenlang in das Leben
ihrer Idole.*

*»Ich schätze, dass ich etwa zehn Prozent meiner Zeit mit
etwas verbringe, das ich gern tue«, gestand sie dem Trainer.
»Mehr Zeit habe ich neben meiner Arbeit und anderen Verpflichtungen nicht dafür. Und sagen Sie mir nicht, dass ich meine Stelle kündigen soll – ich brauche das Geld.«*

*Der Trainer lächelte. »Machen Sie sich keine Sorgen darum,
dass Sie viel Zeit erübrigen oder drastische Maßnahmen ergreifen müssten. Wenn Sie wirklich mehr Erfolg, Begeisterung
und Erfüllung in Ihrem Leben finden wollen, brauchen Sie bloß
die folgende Verpflichtung einzugehen:*

*Subtrahieren Sie jeden Monat mindestens eine Sache von
Ihrem Leben, die Sie niederzieht, und addieren Sie dafür mindestens zwei Dinge zu Ihrem Leben, die Sie lieben.«*

*Das erschien der Frau zwar viel zu einfach, um wirklich
etwas zu bewirken, aber sie entschloss sich trotzdem dazu. Sie
hörte auf, selbst zur Arbeit zu fahren, was sie hasste, und
schloss sich einer Mitfahrgemeinschaft mit einem Kollegen an,
mit dem sie gern zusammen war. Außerdem meldete sie sich für
die Wochenenden zu einem Yogakurs an. Gleich darauf stieg
ihr Energiepegel an, und sie fühlte sich so wohl wie Jahre nicht
mehr.*

Im darauffolgenden Monat beschloss sie, ihre morgendliche

Suchtration Zucker wegzulassen, durch die sie sich mittags immer ausgepowert fühlte, täglich eine Flasche Wasser mehr zu trinken und einmal pro Woche ins Kino zu gehen. Als eine Kollegin bemerkte, sie wirke viel glücklicher, und fragte, ob sie vielleicht »jemanden« gefunden hätte, wurde ihr klar: ja, tatsächlich – mich selbst!

Jeden Monat subtrahierte sie etwas und addierte etwas, bis sie aufrichtig sagen konnte, dass sie sich des Lebens freute. Zwar mochte sie ihre Arbeit noch immer nicht, aber es gab so viele Dinge, auf die sie sich tagtäglich freuen konnte, dass das eigentlich keine Rolle mehr spielte.

»Das hat prima funktioniert«, berichtete sie ihrem Trainer. »Haben Sie noch etwas anderes, was ich ausprobieren könnte?«

»Selbstverständlich«, erwiderte der Trainer. »Nachdem Sie inzwischen das kleine Einmaleins geübt haben, können Sie sich jetzt an fünf große Sachen heranwagen. Welche fünf Dinge nehmen Ihnen am meisten von Ihrer Lebenslust? Und welches sind die fünf wunderbarsten Dinge, von denen Sie sich vorstellen könnten, dass Sie sie in Ihrem Leben verwirklichen?«

Manches von dem, was ihr einfiel, lag auf der Hand – ihre Tätigkeit fand sie noch immer niederdrückend. Und natürlich fand sie die Aussicht verlockend, einen liebevollen Partner zu finden, mit dem sie ihr Leben teilen konnte, und eine Arbeit, die ihren Idealen entsprach. Später, als sie nicht mehr so angestrengt nachdachte, kamen ihr andere Dinge in den Sinn – zum Beispiel, um wie viel leichter doch ihr Leben sein würde, wenn sie sich nicht länger bemühte, ihre Mutter zu beeindrucken oder allzeit perfekt zu sein, und wie wunderbar es wäre, tatsächlich einmal einem ihrer Idole zu begegnen und direkt von ihm zu lernen.

Sie entschied sich dafür, mit dem einfachsten der fünf »wunderbaren Dinge« anzufangen und sich am Tagesbeginn eine

*»Feierstunde« zum Lesen, Meditieren und Yogaüben zu neh-
men. Eines Tages las sie während dieser Feierstunde etwas, das
zum Auslöser für die schwerwiegendste Weglassung und Zufü-
gung ihres Lebens wurde – endlich ihren Job aufzugeben und
ein eigenes Unternehmen zu gründen, in dem sie einer Arbeit
nachgehen konnte, bei der sie nach ihren Idealen lebte.*

*Es war eine Stelle aus einem Buch von Joseph Campbell, ein
Rat, den er einem jungen Indianer zu seiner Initiation erteilt
hatte:*

> **Du wirst auf deinem Lebensweg an
> einen tiefen Abgrund kommen.
> Spring!
> Er ist nicht so breit, wie du glaubst.**

Ein paar letzte Gedanken darüber, wie man sich ein Leben schafft, das zum Staunen bringt: »Wow!«

Verlangen weist den Weg.
Mandy Evans

Einmal war ich unterwegs zu einem Supermarkt, um Milch
zu kaufen, und hörte eine Radiosendung über die Bedeutung von persönlichem Einsatz und Zielstrebigkeit. »Wenn
Sie sich nicht hundertprozentig für Ihre Ziele einsetzen«,
sagte der Moderator, »handelt es sich nicht um Ziele, sondern um Wünsche.«

Er sagte das in einem so bestimmten Ton, dass der Rebell

in meinem Innern aufbegehrte, aber dann ertappte ich mich dabei, wie ich überlegte, welche meiner Ziele ich, wenn überhaupt, wirklich hundertprozentig anstrebte (à la »ich schaffe das, und wenn ich dabei draufgehe«). Überrascht (und mit leichtem Verdruss) stellte ich fest, dass nicht eine der vielen Sachen, die ich erstrebenswert fand, wie Geld, schöne Dinge, Glück und spirituelle Erleuchtung, dem 100-Prozent-Einsatz-Test standhielt.

»Ich muss mich doch für irgendetwas hundertprozentig einsetzen«, dachte ich.

Wahrscheinlich war der zeitliche Rahmen das Problem. Die meisten meiner »Wow!«-Ziele brauchten ein ganzes Leben zu ihrer Verwirklichung. Vielleicht konnte ich mich hundertprozentig dafür einsetzen, ein bestimmtes Ziel innerhalb der nächsten fünf Jahre zu erreichen! Oder in drei Jahren? In einem Jahr?

Am Ende einigte ich mich mit mir selbst auf die nächsten fünf Minuten. Schließlich musste ich ja 100 Prozent Einsatz bringen, um zu dem Supermarkt zu gelangen, oder?

Bei genauerem Nachdenken wurde mir klar, dass ich, wenn ich einen plötzlichen inneren Drang verspüren würde, nach links statt nach rechts abzubiegen, diesem nachgeben würde. Falls sich jemand in einer Notlage befand und ich mich bewogen fühlte, ihm beizustehen, würde die Milch warten müssen.

Genau in dem Augenblick ging mir auf, was für mich wahres Engagement hieß: der Stimme der Inspiration zu folgen und dem inneren Drängen meines höchsten Selbst nachzugeben.

Die nächste Übung wird Ihnen mehr als alle anderen dabei helfen, Ihren Kompass neu auszurichten, um sich ein Leben voller Freude, Inspiration und Verlangen zu schaffen.

Ich nenne sie den »Lehnstuhl«, weil zum einen dazugehört, dass man auf einem bequemen Sessel Platz nimmt, und sie zum andern für manche Leute beim ersten Mal eine komische Art von Tortur darstellt …

Von der Theorie zur Praxis …

Der Lehnstuhl

1. Stellen Sie einen bequemen Lehnstuhl oder Sessel bereit und nehmen Sie sich ein paar Stunden Zeit, in denen Sie keine Verpflichtungen und Termine wahrnehmen. (Sie können die Übung auch in fünf Minuten durchziehen, aber bei längerer Dauer wirkt sie wahrscheinlich besser.)

2. Stellen Sie das Telefon ab, und setzen Sie sich in Ihren Sessel. Ihre Aufgabe besteht darin, so lange in dem Sessel sitzen zu bleiben, bis Sie im innersten Herzen ein aufrichtiges, sehnliches Verlangen nach etwas spüren: etwas, zu dem Sie sich wirklich inspiriert fühlen.

3. Fragen Sie sich jedes Mal, wenn Sie einem Impuls nachgeben und sich erheben wollen, ob dieser Impuls eher Ihrem Drehbuch oder eher Ihrem Verlangen entspringt: der Stimme des »Sollens« oder der Stimme der Inspiration.
   - Wenn Ihnen plötzlich irgendetwas einfällt, das Sie dringend tun müssen, sind das vermutlich bloß Ihre Emotionen, die ihre Autorität wiederherstellen wollen. Treten Sie sie in ihre vier Buchstaben, bis sie wieder Ruhe geben, und bleiben Sie noch etwas länger auf Ihren eigenen vier Buchstaben sitzen.
   - Wenn Sie eine Eingebung haben, dann stehen Sie auf und geben Sie ihr nach, und danach setzen Sie sich wieder in Ihren Sessel und warten auf den nächsten echten Impuls. (Wichtig ist, dass Sie nach jedem Aufstehen wieder in dem Sessel Platz nehmen.)

Hier die einzige Verpflichtung, die dieses Buch Ihnen abver-
langt:

**Ich, _____, verpflichte mich,
auf die Stimme der Inspiration zu hören
und mein Leben entsprechend auszurichten.**

Wenn Sie diese eine Verpflichtung eingehen (und einhalten), wird sich Ihr Leben für immer verändern. Mühelos
wird sich der Erfolg einstellen, die Dinge werden Ihnen
zufallen, und bisweilen wird es so aussehen, als habe das
ganze Universum nichts anderes im Sinn, als Ihnen etwas
Gutes zu tun.

Wohin wird Ihre Inspiration Sie führen? Ich habe keine
Ahnung. Aber sich jeden Tag aufs Neue darauf einzustimmen und es herauszufinden, wird pure Lebenslust sein.

Lassen Sie mich diesen Teil des Buches mit ein paar
Sätzen von W. H. Murray, Mitglied der schottischen Hima-
laya-Expedition und Autor vom *Buch vom Everest* abschließen:

*Solange man unentschlossen ist, kann man noch zögern
und besteht noch die Möglichkeit zum Rückzug, ist man
aber auch immer ineffektiv. Zu jeder Initiative, die ergriffen wird, und jedem schöpferischen Akt gehört eine
elementare Wahrheit, deren Nichtbeachtung schon un-
zählige Ideen und grandiose Pläne hat sterben lassen:
dass in dem Augenblick, in dem man sich einer Sache mit
Haut und Haar verpflichtet, die Vorsehung ins Spiel
kommt.*

*Alle möglichen Dinge ergeben sich und helfen weiter,
die sich sonst nie ergeben hätten. Eine Flut von Ereignis-*

sen folgt dem Entschluss und löst lauter unvorhergesehene Begebenheiten, Begegnungen und materielle Hilfeleistungen aller Art aus, die sich kein Mensch hätte träumen lassen.

Teil II:

Der Hindernislauf zum Erfolg

7
Was hindert Sie?

Freikommen

Wenn dein einziges Werkzeug ein Hammer ist,
behandelst du alles so, als wäre es ein Nagel.
Abraham Maslow

Haben Sie je als Kind Stöckchen gespielt, also einen kleinen
Ast oder ein Stöckchen in einen Bach oder Fluss fallen lassen und zugeschaut, wie er flussabwärts trieb, oft im Wett-
bewerb mit dem Stöckchen eines Freundes?

Immer wieder passiert es, dass Ihr Stöckchen an einem
Felsblock hängen bleibt oder in einem kleinen Strudel fest-
steckt. Um es wieder flottzumachen, müssen Sie sich über
das Wasser beugen und – meist mit einem längeren Stock –
stochern, bis es sich löst und seine Reise den Fluss hinab
fortsetzt.

Genau dasselbe macht ein Trainer oder Coach im Gegensatz zu traditionelleren therapeutischen Maßnahmen.
Mich als Coach und Katalysator interessiert nicht besonders, warum jemand festsitzt. Ich bemühe mich vor allem
darum, dass die Betroffenen so schnell wie möglich freikommen und sich wieder dem Strom ihres Lebens anver-
trauen.

Hier meine Antwort auf so ziemlich jede Frage nach der Psychologie des Menschen, die mit »warum?« beginnt:

Darum!

Sehen Sie sich ein Dutzend psychologische Ratgeber oder Selbsthilfebücher an, und Sie werden ein Dutzend Erklärungen dafür finden, warum Sie so sind, wie Sie sind. Welche davon trifft zu? Diejenige, die Ihnen nützt.

Wenn Sie nicht länger darauf aus sind, den »wahren« Grund herauszufinden, warum Ihr Leben so und nicht anders ist, können Sie getrost über die Suche nach Entschuldigungen hinaus zu Lösungskonzepten übergehen. Wenn Sie Ihr Leben auf Problemlösung ausrichten, gibt es normalerweise weniger Schwierigkeiten, dafür aber bessere Ergebnisse und ein stetig wachsendes Gefühl der Möglichkeiten, der Hoffnung und des Wohlbehagens.

Die meisten Menschen denken, wie folgt über das Leben:

Ursache → Wirkung

In der Regel betrachten wir andere Menschen oder äußere Ereignisse in unserem Leben als Ursache, hingegen Glück oder Unglück, Erfolg oder Misserfolg als Wirkung. Aber wenn wir den Wahrnehmungsvorgang verlangsamen, sehen wir, dass er noch mindestens ein weiteres Stadium hat – unsere Reaktion auf das, was uns widerfährt. Ein äußeres Ereignis findet in der Welt statt, und wir reagieren offenbar »automatisch« darauf, was letztlich erst die Wirkung hervorruft.

Das sieht dann so aus:

Ursache → Reaktion → Wirkung

Wie würden Sie zum Beispiel automatisch auf die folgenden Situationen reagieren? Welche Wirkung hätte Ihre Reaktion höchstwahrscheinlich?

- *Sie fahren mit dem Auto, und der Fahrer vor Ihnen tut etwas Blödsinniges, Gefährliches.*

- *Eine Autoritätsperson (der Chef, ein Elternteil usw.) kritisiert Sie vor Ihren Freunden.*

Darauf wissen zwar nur Sie eine Antwort, aber vermutlich geht es so ähnlich weiter wie hier:

(Ursache)   Der Fahrer vor Ihnen tut etwas Blödsinniges, Gefährliches.

(Reaktion)   Sie bekommen einen Wutanfall und drücken auf die Hupe.

(Wirkung)   Der andere Fahrer bekundet Ihnen durch eine obszöne Geste sein Missfallen.

Oder es läuft wie im folgenden Beispiel:

(Ursache)   Eine Autoritätsperson (der Chef, ein Elternteil usw.) kritisiert Sie vor Ihren Freunden.

(Reaktion)   Sie sind erst peinlich berührt/gedemütigt/beschämt, dann wütend/ängstlich/traurig. Am Ende verteidigen Sie sich, gehen zum Angriff über oder machen einen Witz, um die Situation zu entschärfen.

(Wirkung)   Sie werden gefeuert oder bekommen Stubenarrest, oder die Strafmaßnahmen werden auf später verschoben.

Was können wir denn tun, um die Wirkung zu verändern und mehr Einfluss auf die Folgen auszuüben, die etwas für unser Leben hat?

Nun, wir könnten versuchen, die Wirkung direkt zu beeinflussen, aber das ist so, als würde man einen Schatten wegschieben wollen, ohne den Gegenstand zu verschieben, der den Schatten wirft. Wir könnten auch versuchen, etwas an der Ursache zu ändern, aber im Allgemeinen haben wir kaum Einfluss auf das, was uns den Tag über widerfährt. Wir könnten sogar versuchen, nicht auf das zu reagieren, was geschieht, aber die meisten Leute müssen sich selbst nach jahrelanger Meditation oder Therapie eingestehen, dass dies im besten Fall schwierig und in den übrigen Fällen nahezu unmöglich ist.

Aber hier die gute Nachricht: Wir können unsere Reaktion in zwei Teile aufspalten – in die dem Anschein nach automatische *emotionale* Reaktion auf ein Ereignis und in die *Handlungen*, die durch diese emotionale Reaktion ausgelöst werden.

Jetzt sieht die Sache so aus:

Ursache → emotionale Reaktion → Entscheidung → entsprechendes Handeln → Wirkung

Oder noch etwas vereinfacht:

Ursache → Reaktion → Entscheidung → Handeln → Wirkung

Daran wird der Unterschied zwischen Therapie und Coaching deutlich.

Bei einer Therapie geht es in erster Linie um den ersten

Teil der Gleichung: die Verbindung zwischen Ursache und Reaktion. Beim Coaching geht es um den zweiten Teil: die Handlungsentscheidung und das bewusste »Verursachen« im Hinblick auf die Wirkungen, die man im Leben zu erzielen wünscht.

Wie können Sie den Augenblick der Entscheidung zwischen Ihrer emotionalen Reaktion und einem angemessenen Verhalten beeinflussen?

Durch absichtliche Unterbrechung, Beendigung und/oder Zurückhaltung der gewohnheitsmäßigen »automatischen« Reaktion.

Anders gesagt: Der Zeitpunkt, an dem Sie das Muster am ehesten durchbrechen können, ist nicht der vor dem Fühlen, sondern der vor dem Handeln. Am besten gelingt es Ihnen, indem Sie Ihr System »stilllegen«, das heißt weder denken noch sprechen, noch agieren. Und stattdessen tief Luft holen. Sich auf Ihr Herz konzentrieren. Auf die Lippen beißen. Wenn Sie mögen, bis zehn zählen. Dann können Sie sich im »Raum zwischen Ursache und Wirkung«, wie der Holocaust-Überlebende Viktor Frankl es nannte, eine einfache Frage stellen:

Will ich auf meiner Reaktion bestehen oder mich für ein angemessenes Verhalten entscheiden?

Der Selbstmordgedanke

*Sokrates behauptete, ein Leben ohne Selbstprüfung sei nicht
lebenswert. Aber ein Leben mit zu viel Selbstprüfung weckt in
einem den Wunsch, tot zu sein. Wenn ich die Wahl hätte,
würde ich lieber leben.*

Saul Bellow

Das wohl stärkste Erlebnis von der Kraft einer solchen Entscheidung in meinem eigenen Leben hatte ich als Jugend-
licher. Ab dem Alter von etwa 13 Jahren schoss mir jedes
Mal, wenn ich in eine Stresssituation geriet (was mir zwischen 17 und 21 täglich passierte ...), der Gedanke durch
den Kopf, dass das Leben erheblich leichter wäre, wenn ich
nicht mehr daran teilnähme. Schluss und aus.

Mit 19 hatte ich eine Erfahrung, bei der ich mich fühlte,
als würde mein Körper aus dem Fenster meines Wohnheims
gesogen. Voller Entsetzen rief ich die Selbstmord-Hotline
der »Samariter« an, aber die Leitung war besetzt. Das amü-
sierte mich nun doch, sogar damals, und dann vermochte
ich einen Freund anzurufen und ihn zu bitten, mich abzuholen und für die Nacht irgendwohin zu bringen, wo ich
sicher war.

Der Gedanke an Selbstmord kam mir zwar über mehrere Jahre hinweg immer wieder in den Sinn, aber in jener
Nacht verlor er seine Macht über mich. In Wahrheit wollte
ich mich gar nicht umbringen, wie mir auf die beschriebene
dramatische Art und Weise klar wurde. Ich wollte nicht einmal sterben. Ich wollte mich nur ein wenig von dem Stress
und Schmerz erholen, worunter ich gerade litt, und Selbstmord war der einzige Ausweg, den mein Unterbewusstsein
sich vorstellen konnte.

Das könnte man folgendermaßen darstellen:

Ursache (Stresssituation) → Reaktion (Selbstmordgedanke)

Von dem Tag an nahm ich den Selbstmordgedanken, statt ihn als therapeutisches Problem zu betrachten, als das wahr, was er war: als bloßen Gedanken, nicht bedeutender als »Fisch oder Fleisch«, »Karos oder Streifen« oder »Ich frage mich, was sie darunter trägt ...«. (nicht vergessen: Ich war 19!).

Dieses neue Verhalten können wir so schematisieren:

Ursache (Stresssituation) →
Reaktion (Selbstmordgedanke) →
Entscheidung (Erkenntnis, dass es sich nur um einen Gedanken handelt) →
Handeln (Auseinandersetzung mit dem Stress oder wieder Ausrichtung auf das gewünschte Endergebnis) →
Wirkung (ein Leben, das immer wunderbarer wird)

Nach ein paar Jahren verblasste der Selbstmordgedanke in meinem Lebensalltag immer mehr, und jetzt stellt er sich nur noch gelegentlich ein. Wenn er das tut, begrüße ich ihn wie einen alten Freund, erinnere mich daran, wie weit ich es gebracht habe, und denke, dass ich mich im Moment vielleicht ein bisschen mehr schonen sollte.

Die Geschichte von meinem Selbstmordgedanken habe ich nach ein paar gemeinsamen Jahren meiner Frau erzählt, und da sagte sie:

»Oh, den kenne ich auch – ich nenne ihn den ›Scheidungsgedanken‹!«

Offensichtlich hatte es in diesen ersten Ehejahren ein paar Gelegenheiten gegeben, wo unsere Beziehung nicht ganz vollkommen war, und in solchen Augenblicken war ihr der Gedanke durch den Kopf gegangen, dass es vielleicht besser für uns wäre, auseinanderzugehen. Gleichzeitig wurde ihr jedoch auch klar, dass sie sich im Grunde wünschte, wir würden zusammenbleiben – der Scheidungsgedanke stellte sich immer dann ein, wenn sie etwas von dem Schmerz oder Stress, den sie durchmachte, loswerden musste.

Von dem Augenblick an war der Scheidungsgedanke nichts weiter als das – ein Gedanke, nicht bedeutender als »Obst oder Gemüse«, »Karos oder Streifen« oder »Ich frage mich, ob mit unseren Kindern alles in Ordnung ist« (he, wir werden älter!).

Die naheliegende Lösung

Wenn du Hufschlag hörst, halt nach Pferden Ausschau, nicht nach Zebras.
Medizinermaxime

Einmal wurde ich engagiert, um einem Top-Troubleshooter in Silicon Valley bei der Entwicklung von Lösungsstrategien für Problemfälle zu helfen. Als ich den Mann fragte, wie er an ein extrem schwieriges Problem herangehen würde, gab er die überraschende Antwort: »Ich löse nie extrem schwierige Probleme. Wenn ich merke, dass ein Problem zu schwierig ist, weiß ich, dass ich es falsch definiert habe.«

Ich fand seine Antwort bewundernswert, aber sie erinnerte mich auch an eine meiner Lieblingsgeschichten aus der Welt der Psychotherapie.

Berichten zufolge wurde Jay Haley, einer der bekanntesten Erneuerer auf dem Gebiet der Psychotherapie, auf einer Konferenz, bei der er Vortragsredner war, gefragt, wie er einen mit Schizophrenie diagnostizierten Patienten behandeln würde.

Haley schwieg eine Weile und überlegte, ehe er antwortete.

Dann sinnierte er laut: »Schizophrenie – dafür haben wir doch noch keine Heilungsmöglichkeit gefunden, oder?«

Als ihm versichert wurde, dass es für diese erst neu kategorisierte Krankheit tatsächlich noch kein Heilungskonzept gab, sagte er:

»Dann würde ich auch nie bei einem meiner Patienten diese Diagnose stellen. Warum sollte ich bei einem Patienten eine Krankheit diagnostizieren, die ich nicht heilen kann?«

Probleme im Hinblick auf eine praktikable Lösung zu definieren (bzw. ihre Ursache im Hinblick auf diese Lösung zu »erklären«) funktioniert, weil die Art und Weise, wie wir uns die Ursache unserer Probleme erklären, die Lösungen vorausbestimmt, die wir dann auszuführen versuchen.

Nehmen wir einmal an, ich hätte größte Mühe, eine Partnerin zu finden. Wenn ich für mein Problem die Diagnose »zu geringes Selbstwertgefühl« stelle, welche naheliegende Lösung bietet sich dann an?

Vermutlich wird so gut wie alles mein Selbstwertgefühl anheben, von abschätzigen Vergleichen mit Leuten, denen

es schlechter geht als mir, bis hin zum Aufsagen von Affirmationen wie »Ich mag mich« vor einem Spiegel.

Wenn ich glaube, dass ich noch keine Liebesbeziehung
habe eingehen können, weil ich nicht weiß, woran ich merke, ob jemand an mir interessiert ist oder nicht, ist die naheliegende Lösung die, Bücher über Körpersprache zu lesen
oder einen Kurs im Flirten zu belegen.

Komme ich zu dem Schluss, dass ich mein Problem
einem Mangel an Attraktivität verdanke, durch den ich
wenig anziehend auf eine Frau wirke, wäre eine naheliegende Lösung ein neuer Haarschnitt, eine neue Garderobe oder
sogar ein neues Gesicht. (Ich lebe in Hollywood – das Letzt-
genannte ist tatsächlich das, was die Leute hier als Erstes
probieren!)

Kurz: Die Art und Weise, in der wir das Problem (oder
seine Ursache) diagnostizieren, definieren oder erklären, bestimmt, wo wir nach einer Lösung suchen. Darum müssen
wir, wenn wir bei einem Problem nicht weiterwissen oder
nicht in der Lage sind, es zu lösen, zu einer anderen Diagnose, Definition oder Erklärung kommen.

Von der Theorie zur Praxis …
Die nicht ganz so naheliegende Lösung suchen

Hier eine einfache Methode, die ich bei mir selbst und bei
Klienten anwende, wenn wir vor einem scheinbar unlösbaren
Problem stehen und nicht weiterkommen:

1. Welches Problem möchte ich gern lösen?
   Beispiel:
   *Ich will nicht immer so müde sein, sondern mehr Energie
   haben.*

2. Warum, glaube ich, habe ich dieses Problem? (Ich bitte um Nachsicht – aber hier erfüllt die »Warum?«-Frage ihren Zweck!)

Beispiel:
Ich bin ständig müde, weil mich mein Job anödet und mir davor graut, morgens zur Arbeit zu gehen.

3. Welche naheliegenden Lösungen bieten sich für dieses Problem an?

Beispiel:
Eine neue Arbeitsstelle suchen; an meiner derzeitigen Tätigkeit irgendetwas finden, was mich inspiriert; am Feierabend nach Anregungen für mein Leben suchen.

4. Welche anderen Erklärungen (mindestens drei!) haben Sie für dieses Problem, und welche naheliegenden Lösungen gibt es dafür?

Beispiele:

a) *Ich könnte so müde sein, weil ich nicht genug schlafe. Die naheliegende Lösung wäre die, länger und tiefer zu schlafen, indem ich abends eine Stunde früher ins Bett gehe, mir eine bequemere Matratze zulege und ein »Zubettgehritual« erfinde, auf das ich mich immer richtig freue.*

b) *Meine Müdigkeit kann auch die Folge einer körperlichen Erkrankung sein. Die naheliegende Lösung für dieses Problem wäre eine ärztliche Untersuchung und, falls nötig, eine entsprechende Behandlung oder ein Fitnessprogramm.*

c) *Ich könnte auch müde sein, weil ich mich nicht richtig ernähre. Die naheliegende Lösung hierfür wäre, einen Ernährungsratgeber zu lesen und eine gesündere, energiereichere« Kost zu mir zu nehmen. Ich könnte es auch mit Nahrungsergänzungsmitteln wie Vitaminpräparaten oder Mineralstoffen versuchen, die den Energiepegel anheben und das Wohlbefinden steigern.*

5. Setzen Sie mindestens eine Ihrer Lösungsalternativen in die Tat um. Wenn sie Wirkung zeigt, großartig! Wenn nicht, probieren Sie es mit einer anderen.

Das Hindernisanalysen-Raster©

Vor etwa 15 Jahren setzten ein Freund und ich uns zusammen und stellten eine Liste all dessen auf, was uns möglicherweise davon abhielt, das im Leben zu sein, zu tun oder zu haben, was wir uns ersehnten – und dazu gehörte alles von unzureichendem Talent bis hin zum Ausbruch des dritten Weltkrieges. Am Ende strichen wir unsere Liste auf neun Kategorien von Hindernissen zusammen, die sich zwischen uns und das Leben unserer Träume schieben konnten.

Im Lauf der nächsten Jahre testete und verfeinerte ich das Modell mithilfe der Erfahrungen Hunderter von Klienten und Kursteilnehmern, um es schließlich durchgängig als formale Grundlage zur Hindernisanalyse bei der Zielsetzung zu verwenden und zu lehren.

Das Hindernisanalysen-Raster© bietet die Möglichkeit, schnell die neun Hauptkategorien von Lebenshindernissen herauszufiltern und entsprechende Interventionswege und Verhaltensweisen zu wählen. Für die meisten Menschen haben zwar alle Kategorien eine gewisse Relevanz, aber im Allgemeinen sind es ein oder zwei Hindernisbereiche des Rasters, denen die Haupthürden im Leben zuzuordnen sind.

Viele Leute haben mir berichtet, dass sie das Modell zur Überwindung aller möglichen Probleme anwenden, ob im Umgang mit schwierigen Kollegen oder bei Platzangst, in einer chaotischen Scheidungssituation oder zu Beginn einer neuen Berufslaufbahn mit über fünfzig.

Das Raster sieht so aus:

Information	Können	Überzeugung
Wohlbefinden	Mitmenschen	Motivation
Zeit	Geld	Angst

Als Nächstes folgt eine Tabelle zum schnellen Zuordnen der Hindernisse. Mehr darüber (z.B. wie man über sie hinweg, unter ihnen entlang-, um sie herum, mitten durch sie hindurch oder über sie hinauskommt) erfahren Sie in dem jeweiligen Kapitel, das sich mit dem betreffenden Hindernisbereich befasst. Ich habe den zweiten Teil dieses Buches so angelegt, dass Sie ihn entweder von Anfang bis Ende lesen können oder sich immer das Kapitel vornehmen, das für Ihr Leben im Augenblick gerade relevant ist.

Irgendwann werden Sie alles lesen wollen, denn viele der Strategien aus einem Bereich lassen sich auch auf andere Bereiche übertragen.

Hindernisbereich	Indikatoren
Information	»Ich weiß nicht, was ich tun soll oder wo ich entsprechende Informationen herbekomme.«
Können	»Ich habe noch nicht das nötige Können, um mich auf diesem Gebiet zu behaupten.«
Überzeugung	»Es ist ausgeschlossen, bestenfalls höchst unwahrscheinlich, dass dies je geschieht/funktioniert.« »Andere können das vielleicht, aber ich wohl kaum.«
Wohlbefinden	»Ich bin viel zu gestresst/müde/elend, um mich damit zu befassen.«
Mitmenschen	»Mein Chef/Partner/Kind/Freund/ usw. macht mir die Sache sehr schwer.« »Es liegt ja nicht an mir.«
Motivation	»Mir liegt einfach nicht so viel daran.« »Ich komme irgendwie nicht in Gang.« »Mir fehlt der nötige Schwung, ich kann mich nicht dazu aufraffen.«
Zeit	»Der Tag ist immer viel zu kurz.«
Geld	»Das würde mir natürlich gefallen, aber ich fürchte, ich kann es mir nicht leisten.«
Angst	»Mir wird ganz übel bei dem Gedanken, mich dazu zu zwingen.«

Falls Sie noch immer unsicher sind, welcher Bereich auf Ihre Situation zutrifft, tippen Sie einfach mal. Denken Sie daran: Es geht nicht darum, richtig zu erkennen oder überhaupt zu »verstehen«, warum Sie sich festgefahren haben. Es geht darum, dass Sie wieder freikommen und zu Ihrem Lebensstrom zurückfinden, wodurch auch immer.

Von der Theorie zur Praxis …

Was hindert Sie?

1. Bewerten Sie sich in jedem der neun Bereiche mit Punkten von 1 bis 10, wobei 1 bedeutet, dass es sich um einen Bereich größter Schwächen bei Ihnen handelt, und 10, dass dort Ihre absoluten Stärken liegen.

2. Denken Sie an ein bestimmtes Problem, vor dem Sie stehen, oder eine Herausforderung, und stellen Sie fest, welcher der neun Hindernisbereiche infrage kommt. Die folgenden neun Fragen können eine Richtlinie für Sie sein.

   Sind Sie mit einem Problem konfrontiert, weil …

   - Sie nicht wissen, was Sie tun sollen? (*Information*)
   - Sie wissen, was zu tun ist, sich aber nicht dazu imstande fühlen, es zu tun? (*Können*)
   - Sie nicht glauben, dass es zu machen ist? (*Überzeugung*)
   - Sie die Energie nicht aufbringen oder zu erschöpft sind dafür? (*Wohlbefinden*)
   - Andere Ihnen im Weg sind? (*Mitmenschen*)
   - Ihnen einfach nicht viel daran liegt? (*Motivation*)
   - Sie keine Zeit dafür haben? (*Zeit*)
   - Ihnen die Mittel dafür fehlen? (*Geld*)
   - Sie sich davor fürchten? (*Angst*)

3. Schlagen Sie, wenn Sie die für Sie geltenden Schlüssel-
   bereiche gefunden haben, das betreffende Kapitel auf und
   informieren Sie sich dort, was Sie tun können, um freizu-
   kommen von Ihrem Problem.

Sollten Sie nicht sicher sein, wo Sie anfangen könnten, wissen Sie vielleicht noch nicht genug – in diesem Fall ist das
nächste Kapitel ideal für einen Start ...

8
Information

Information	Können	Überzeugung
Wohlbefinden	Mitmenschen	Motivation
Zeit	Geld	Angst

Alles über das schwarze Nashorn

Bildung ist der Schlüssel zum goldenen Tor der Freiheit.
George Washington Carver

In unserem Eifer, uns an fast allem, was in unserem Leben schiefläuft, selbst die Schuld zu geben, sind wir schnell bereit, die Tatsache, dass wir ein Projekt nicht vollenden oder gar nicht erst beginnen, mit einem Charakterfehler wie Faulheit, Trägheit oder Dummheit zu begründen.

Dabei ist es oft viel einfacher – uns fehlt bloß ein Stück Information darüber, wie das, was wir tun wollen, getan werden muss.

Ein Beispiel: Als mein Sohn Oliver sechs war, kam er einmal tränenüberströmt in mein Arbeitszimmer und beharrte darauf, dass die Hausarbeit, die er für die Schule hatte machen sollen und die er bis zur letzten Minute hinausgeschoben hatte, »blöd, langweilig und zu schwer« sei (Begriffe, die die Manager und Führungskräfte unter Ihnen sicher auch schon mal von Kollegen oder Untergebenen gehört haben!).

Auf meine Frage, welchen Teil der Aufgabe er denn zu schwer fände, sagte er: »Alles.« Nach weiteren Fragen bekam ich heraus, dass das, was ihn daran hinderte, seine Arbeit zu machen, weder ein Charakterfehler (wie Faulheit) noch ein physisches Problem (wie Legasthenie) war, sondern einfach nur Informationsmangel – er hatte noch nie eine Hausaufgabe gesehen und wusste wirklich nicht, wie man darangeht.

Am nächsten Tag gingen wir zusammen zu seiner Schule und baten darum, uns ein paar »Modell-Hausarbeiten« anschauen zu dürfen, Beispiele dafür, was nach Auffassung seines Lehrers besonders gelungene Arbeiten waren. Später am Abend reichte Oliver mir stolz seine erste Hausarbeit: *Alles über das schwarze Nashorn.*

Informationsmangel ist in der Geschäftswelt weit verbreitet, und er wird verschlimmert durch die Angst, zugeben zu müssen, dass man nicht weiß, was man nicht weiß, weil das peinlich ist und womöglich eine Zurückstufung oder etwas noch Übleres nach sich zieht.

Darum halte ich den folgenden für einen der stärksten Sätze auf dieser Welt:

Ich weiß es nicht – finden wir es heraus.

Hier einige meiner Lieblingsmethoden, etwas »herauszu-finden«:

Lernen, erfolgreich zu sein

Der einzige nachhaltige Wettbewerbsvorteil ist die Fähigkeit,
schneller zu lernen als die Konkurrenz.
Arie de Geus

Wenn Lernen eine der wichtigsten Schlüsselfunktionen zur Erhaltung eines Wettbewerbsvorteils ist, dann wird sich für Sie durch schnelleres Lernen der Weg zu persönlichem und beruflichem Erfolg verkürzen. Zwei Grundprinzipien sind zu beachten, wenn man lernen will, schneller zu lernen:

1. Alles Lernen ist zustandsabhängig

Es gibt keine dummen Menschen, nur dumme Zustände.
Anthony Robbins

Jeder weiß, dass sich glückliche Menschen anders verhalten als unglückliche. Weniger bekannt dürfte Ihnen jedoch die Tatsache sein, dass Ihre emotionale Verfassung einen starken Einfluss auf Ihre Fähigkeit hat, sich an das zu erinnern, was Sie bereits wissen, und Gebrauch davon zu machen.

Denken Sie an etwas, bei dem Sie sich sofort blöd, inkompetent und alles andere als einfallsreich vorkommen. Achten Sie jetzt auf Ihre Gefühle. Glauben Sie, dass Sie mehr oder weniger erfolgreich sein werden, wenn Sie die betreffende Sache in Ihrer jetzigen Stimmung angehen?

Ihr Gemütszustand bestimmt nämlich mit, über welche Teile Ihres Gehirns Sie verfügen können (und infolgedessen, wie »clever« Sie zum jeweiligen Zeitpunkt sind), daher ist es für effektives Lernen absolut entscheidend, die eigene geistige Verfassung beeinflussen zu können.

Um Ihre Lernfähigkeit sofort zu steigern, brauchen Sie sich nur zu entschließen, von jetzt ab die jeweilige Sache immer erst dann in Angriff zu nehmen, wenn Sie geistig frisch (glücklich, selbstsicher, liebevoll, ausgelassen, zum Lachen aufgelegt usw.) sind.

2. Scheitern ist eine Vorbedingung für den Erfolg

Wenn die Leute Gehen und Sprechen auf die gleiche Weise lernen würden, wie man ihnen Lesen und Schreiben beibringt, würden sie alle humpeln und stottern.

Mark Twain

Es ist wichtig, sich klarzumachen, dass »Scheitern« eine Vorbedingung des Lernprozesses ist und nicht sein Ende. Eigentlich scheitern gar nicht die Leute, sondern es sind die Strategien, Taktiken und Pläne, die scheitern. Was machen Sie, wenn Ihre Strategie, Ihre Taktik oder Ihr Plan nicht das gewünschte Resultat erzielt? Sie ändern Ihre Strategie, Ihre Taktik oder Ihren Plan, bis Sie eine Vorgehensweise gefunden haben, die zum Erfolg führt!

Sobald Sie eingesehen haben, dass ein »Scheitern« nichts anderes ist als ein – gelegentlich frustrierender – Trittstein auf dem Weg zum Erfolg, verliert die Vorstellung vom »Misserfolg« ihren negativen Beigeschmack und nimmt wieder ihren rechtmäßigen Platz als wichtiger Reisegefährte an Ihrer Seite ein.

Von der Theorie zur Praxis ...

Die Angst vor dem Scheitern überwinden

1. Wählen Sie ein Ziel, ein Projekt oder einen Bereich aus, wo Sie Ihrem Empfinden nach festsitzen.

2. »Scheitern« Sie in der kommenden Woche mindestens zehnmal freiwillig. Ihren Misserfolg müssen Sie selbst definieren:
   - Wenn Sie im Handel oder Verkauf tätig sind, könnte das heißen, dass Sie zehn Absagen hinnehmen müssen.
   - Wenn Sie gerade Fahrradfahren lernen, müssen Sie mindestens zehnmal vom Sattel fallen.
   - Wenn Sie Schriftsteller sind, sollten Sie jetzt mindestens zehn schreckliche Seiten schreiben.

Sie werden merken, dass Ihre Angst schon verflogen und der Energiefluss wiederhergestellt ist, noch ehe Sie diese Übung beendet haben.

Das Lernen: ein Vergnügen

Wenn du einen Apfel hast und ich einen Apfel habe und wir unsere Äpfel tauschen, haben wir weiterhin jeder einen Apfel. Aber wenn du eine Idee hast und ich eine Idee habe und wir diese Ideen austauschen, hat jeder von uns zwei Ideen.

George Bernard Shaw

Meine Mutter (die in organischer Chemie promoviert hat) gestand mir einmal, sie hätte, als sie für ihre Prüfungen lernte, ihr jeweiliges Fachbuch unters Kopfkissen gelegt in der Hoffnung, dass ihr Gehirn dann im Schlaf alle Informationen in sich aufnehmen würde.

Sie können es getrost mit diesem System einmal versuchen, aber die folgenden Methoden, Studieren zu einem Vergnügen zu machen, dürften etwas effektiver sein. Mögen sie Ihnen von Nutzen sein, sodass Sie Wissen erlangen, Weisheit entwickeln und die Freuden des Lernens erfahren!

1. Ein Dialog zwischen Denkern

An der Universität haben meine Freunde und ich eine wunderbare Methode entwickelt, um möglichst viel aus dem Stoff herauszuholen, den wir lesen mussten. Wir nahmen das jeweilige Buch zur Hand, lasen den Klappen- und Rückseitentext und schrieben unsere eigenen Gedanken auf, die uns zu dem angegebenen Thema in den Sinn kamen. Wenn wir das Buch dann endlich aufschlugen und zu lesen begannen, lief unser Denken bereits auf Hochtouren. Statt uns die Meinung des Autors als des »Experten« auf dem betreffenden Gebiet zu eigen zu machen, gingen wir beim Lesen eine Art Dialog von Denker zu Denker mit ihm ein, in den jeder seine eigenen Ideen einbrachte.

Selbst jetzt lese oder höre ich fast nie etwas ohne Stift in der Hand, in meinen Büchern und Notizheften häufen sich Unterstreichungen, Randbemerkungen und Kommentare, und ab und zu (falls ich vollkommen anderer Meinung bin als der Autor) findet sich sogar ein Schimpfwort. Ich zeichne kleine Bildchen zu dem, wovon der Autor redet, entweder in Form von *Mind-Maps* (»Gedankenkarten«, mehr darüber im nächsten Abschnitt) oder als Mini-Cartoons, in denen Strichmännchen die Hauptthesen des Autors verkörpern. Kurz: Ich setze mich nach Möglichkeit aktiv und intuitiv mit dem Material auseinander.

Sie können diese Technik ebenfalls anwenden, um einem Studienobjekt Ihrer Wahl mehr abzugewinnen, sei es bei einer beruflichen Fortbildung, bei Vorträgen und Vorlesungen, mit Audiokassetten zur persönlichen Entwicklung oder auch beim Lesen dieses Buches.

Alles, was Sie kennen müssen, ist der Titel des Buches bzw. des Vortrags, womit Sie sich befassen wollen, und, sofern verfügbar, ein paar einführende Sätze zum Thema. Lassen Sie sich etwas Zeit, und beginnen Sie dann mit dem Brainstorming Ihrer eigenen Ideen zum jeweiligen Thema. Egal, ob Ihre Einfälle sinnvoll sind oder ob Sie glauben, überhaupt nichts darüber zu wissen, Sie werden auf jeden Fall staunen, womit Sie schließlich aufwarten können, wenn Sie Ihren Gedanken einfach freien Lauf lassen. Erst wenn Sie sich vom anvisierten Gegenstand ein Bild gemacht haben, schlagen Sie das Buch auf, legen die Kassette ein oder gehen in den Vortrag, um den es geht, und lassen den »Dialog zwischen Denkern« beginnen!

2. Der schlechteste Gitarrenspieler

Der legendäre Rockgitarrist Jimi Hendrix soll einmal einen ganzen Abend lang in einem New Yorker Nachtklub einen Gitarrenspieler angehört haben, den Jimis Manager warnend als den »schlechtesten Gitarristen der Weltgeschichte« bezeichnet hatte. Als ihn der Manager fragte, warum er sich das antue, sich so lange solchem Lärm auszusetzen, erwiderte Hendrix: »Der Typ ist so schlecht, dass er vielleicht etwas spielt, was nie zuvor gespielt worden ist – und wenn er das tut, möchte ich da sein und daraus lernen.«

In der Einleitung ihres Bibelkommentars *Five Cities of Refuge* (»Fünf Städte der Zuflucht«) werfen die Autoren David Mamet und Rabbi Lawrence Kushner ein Schlaglicht auf das Geheimnis des Lernens, indem sie darauf hinweisen, dass man bei einem Buch mit so vielen scheinbaren Widersprüchen wie dem Alten Testament vor der Wahl steht: entweder davon auszugehen, dass man selbst gescheiter ist als das Buch, oder davon, dass das Buch gescheiter ist als man selbst. Nimmt man an, dass das Buch gescheiter ist, dann ist alles, was auf den ersten Blick keinen Sinn ergibt, kein Fehler im Buch, sondern ein blinder Fleck im eigenen Verständnis.

Indem Sie bereitwillig beiden Anschauungen gleich viel Zeit widmen, können Sie an den merkwürdigsten Stellen auf tiefe Weisheit stoßen. (Ja, ich gebe nur ungern zu, dass ich auch schon das eine oder andere aus der Regenbogenpresse gelernt habe …)

3. Durch Lehren lernen

Der Spruch »Durch Lehren lernt man, was man selbst am dringendsten lernen muss« enthält oft eine versteckte Abwertung und deutet an, dass jemand, der sich als Lehrer ausgibt, damit irgendwelche eigenen Unzulänglichkeiten kaschiert. Doch ich kenne bis heute keine bessere Methode, um etwas zu lernen, als es andere zu lehren.

Das liegt daran, dass nichts schneller ans Tageslicht bringt, wo noch Lücken sind, als der Versuch, die betreffenden Kenntnisse an andere weiterzugeben.

Dadurch, dass ich selbst systematisch über das geschrieben und das unterrichtet habe, was ich unbedingt lernen wollte und musste, bin ich nicht nur klüger und effektiver geworden, sondern hatte auch Gelegenheit, mit Zehntausenden von Leuten und deren Leben in Berührung zu kommen.

Selbst wenn Sie nicht mit dem Luxus einer Klasse voll wissbegieriger Schüler oder einer Praxis mit Patienten oder Klienten gesegnet sind, können Sie sich selbst das Geschenk machen, sich über das, was Sie unbedingt lernen wollen, mit einem Freund oder Kollegen auszutauschen. Während Sie sich darauf vorbereiten und das Material für Ihren jeweiligen Gesprächsbeitrag sammeln, merken Sie beide, wie viel Sie bereits wissen und – was vielleicht noch wichtiger ist – was Sie nicht ganz verstanden haben und darauf wartet, gelernt und gemeistert zu werden.

Von der Theorie zur Praxis ...

Wie Studieren Spaß macht

1. Wenn Sie eine Abhandlung zum Thema »Das Lernen: ein Vergnügen« schreiben wollten, was wären Ihre Hauptpunkte? Nehmen Sie sich ein bisschen Zeit, um sich Ihre Antworten kurz zu notieren, und dann lesen Sie diesen Abschnitt des Kapitels noch einmal. Achten Sie darauf, wie Sie beim zweiten Durchgang schon anders damit umgehen.

2. Besorgen Sie sich eines der folgenden Bücher zum Thema »Selbstentfaltung« und beschließen Sie, es im kommenden Monat zu lesen (bzw. sich anzuhören). Machen Sie sich, bevor Sie zu lesen beginnen, Notizen, was Sie selbst für ein Buch mit diesem Titel schreiben würden.

- *Selbstvertrauen gewinnen. Die Angst vor der Angst verlieren* von Susan Jeffers
- *Grenzenlose Energie – Das Powerprinzip* von Anthony Robbins
- *Spirituelle Antworten auf alle Probleme* von Wayne Dyer
- *Ein neues Leben in sieben Tagen* von Paul McKenna

3. Suchen Sie sich einen Autor, mit dem Sie bisher wenig anfangen konnten, der aber trotzdem begeisterte Leser gefunden hat. Gehen Sie einfach mal davon aus, dass diese Leute keine totale Macke haben, und lesen Sie sich eine Zeit lang in den Stoff des Autors ein, als seien Sie derjenige mit einer Wissenslücke, nicht die anderen. Halten Sie durch, bis Sie auf mindestens drei großartige Einfälle gestoßen sind, die Ihnen völlig neu sind.

4. Greifen Sie einen Gedanken aus diesem Buch (oder einer anderen Lektüre, mit der Sie sich gerade beschäftigen) auf und entschließen Sie sich, ihn vor Ablauf der Woche mindestens einer Person zu erläutern. Sie werden bei Ihrer Vorbereitung allerlei Facetten des Gedankens entdecken und noch erheblich mehr, wenn Sie vor anderen darüber reden.

Wenn Sie wirklich schneller lernen wollen, müssen Sie darauf dringen, dass die Betreffenden Ihnen eine Unmenge Fragen stellen. Ich glaube, dass ich bei Frage-und-Antwort-Sitzungen, in denen ich derjenige bin, der antworten soll, viel mehr lerne als bei den meisten anderen Lerngelegenheiten.

Der Marx-Brothers-Ratgeber zur Steigerung der Intelligenz

Die linke Gehirnhälfte steuert die rechte Körperseite und die rechte Gehirnhälfte die linke – darum sind Linkshänder die Einzigen, die recht bei Verstand sind.

Groucho Marx, wenn er Gehirnforschung betrieben hätte

Bei den Forschungen von Dr. Roger Sperry über die unterschiedlichen Aufgaben der linken und rechten Gehirnhälfte – sie trugen ihm den Nobelpreis ein – haben sich die folgenden Funktionsunterschiede zwischen den Hirnhemisphären ergeben:

Linke Seite
Verbales, Analytisches, Prosaisches, Worte, Sätze, Logik, Zahlen

Rechte Seite
Nonverbales, Rhythmus, Metaphern, Bewegung, Gesamtsicht, Farbe, Imagination

Ursprünglich hatte Sperry bei Patienten das *Corpus callosum* (den verbindenden »Balken« zwischen der linken und rechten Gehirnhälfte) durchtrennt, um die negativen Auswirkungen von epileptischen Anfällen zu unterbinden. Seine Untersuchungen bildeten die Grundlage für die Arbeit seines Kollegen Joseph Bogen und sorgten für eine Renaissance in der wissenschaftlichen Erforschung der Kreativität.

Jüngere Forschungen (hochinteressant sind die neuroanatomischen Studien von Marian C. Diamond, die Einsteins Gehirn untersucht hat) über die Physiologie des Gehirns und die Intelligenz haben ergeben, dass eine Korrelation zwischen messbarem Genie und Gehirnphysiologie nicht primär in der rechten oder linken Hirnhemisphäre begründet liegt, sondern im Vernetzungsgrad der Synapsen zwischen den beiden Gehirnhälften. Dieser Vernetzungsgrad kann durch häufigen Gebrauch des Gehirns gesteigert werden.

Mit anderen Worten: Intelligenz und geistige Fähigkeiten lassen sich am besten voll und ganz ausschöpfen, wenn man lernt, linke und rechte Gehirnhälfte simultan zu benutzen.

Bei dem Versuch, die oben erwähnten Forschungsergebnisse bezüglich integrativer heterolateraler Gehirnfunktionen meinem inzwischen elfjährigen Sohn zu erklären (ächz!), habe ich den folgenden Vergleich gewählt, der die Sache jedem gewöhnlichen Sterblichen klarmachen müsste, der je einen Film der Marx-Brothers gesehen hat, der aber für alle anderen genauso verwirrend sein dürfte wie Buchstabennudeln in einem Teller Geflügelbrühe …

Chico Marx verkörpert die linke Gehirnhälfte: klug, witzig und sehr wortgewandt, aber ohne besondere visuelle Fähigkeiten oder großen Einfallsreichtum.

Harpo Marx verkörpert die rechte Gehirnhälfte: fantasiebegabt, körperbetont und kreativ, aber ohne besondere logische Fähigkeiten oder Sprachbegabung.

Groucho Marx stellt eine ideale Synergie beider Hirnhemisphären dar, die nach ihrer Aktivierung mit höchster Effektivität zusammenarbeiten.

Im Anschluss einige meiner bevorzugten intelligenzfördern-
den und kreativitätssteigernden Techniken, frei nach dem
geheimen Erfolgsrezept der Marx-Brothers, sowohl die
Rechts- als auch die Linkshirnfähigkeiten so weit zu entwickeln, dass eine Synergie der Synapsen entsteht, die das
Corpus callosum überbrücken!

1. Mind-Mapping (Gedankenkarten aufzeichnen)

Ich habe es immer komisch gefunden, dass eine *Mind-Map*
oder Gedankenkarte »der äußere Ausdruck der natürlichen
Funktionsweise des Gehirns« sein soll, um die Worte ihres
Schöpfers Tony Buzan zu gebrauchen. Ich habe wirklich
noch nie bemerkt, dass mein Gehirn in zahllosen verschie-
denfarbigen Linien denkt, die von einem inneren Kern aus
Worten und Bildern ausgehen, aber Mind-Maps sind schön
und außerdem oft recht nützlich.

Um vom Mind-Mapping (einer visuellen Form des Noti-
zenmachens) zu profitieren, führen Sie am besten die
folgende leichte Übung aus:
1. Schreiben Sie ein Schlüsselwort oder einen Schlüsselsatz (*Chico*) auf, der das darstellt, was Ihrer Überzeugung nach den Kern dessen bildet, was Sie gerade lernen.
2. Zeichnen Sie ein Bild (*Harpo*), das dieses Schlüsselwort
   oder diesen Schlüsselsatz wiedergibt.
3. Wiederholen Sie den vorigen Schritt so lange, bis Sie
   eine bildliche Darstellung aller wichtigen Gedanken
   dessen haben, was Sie gerade studieren (*Groucho*).

Wie Sie merken werden, können Sie sich nicht nur besser
an den Stoff erinnern als vorher, Sie werden auch jedes Mal,

wenn Sie nach Ihrer Karte vorgehen, noch feiner differen-
zieren (und entsprechende neue Verbindungen im Gehirn
herstellen).

2. Life-Mapping

Eine andere Variante des Mind-Mapping, wobei die Schritt-
folge umgekehrt verläuft, ist das *Life-Mapping*, wie ich es
nenne. Bitte passen Sie die unten aufgeführten Beispiele
Ihren individuellen Bedürfnissen an:

1. Zeichnen Sie ein Bild, das Ihre derzeitige Berufslauf-
   bahn/Ihre Beziehungen/Ihr Leben darstellt, wie es gerade
   ist (*Harpo*).
2. Zeichnen Sie noch ein Bild, das wiedergibt, wie Sie sich
   Ihre ideale Berufslaufbahn/ideale Beziehungen/ein idea-
   les Leben vorstellen (*Harpo*).
3. Beschreiben Sie mündlich oder schriftlich, was die Bilder für Sie bedeuten und was Sie beim Zeichnen gelernt
   haben (*Chico*).
4. Benutzen Sie das Gelernte, um verbal oder zeichnerisch
   einen Plan zu entwerfen, wie Sie von da, wo Sie sind,
   dorthin kommen, wo Sie hinwollen (*Groucho*).

Image-Streaming (Bilderströmen)

Dr. Win Wenger ist der Pate der Intelligenzsteigerung, und
das *Image-Streaming* ist die zentrale Technik dabei. Ich wende sie seit Jahren in meinen Workshops und Seminaren zur
Verbesserung der Visualisationsfähigkeit an – des bildlichen
Vorstellungsvermögens. Und das Gute daran? Sie ist meines
Wissens die einzige Visualisationstechnik, bei der wissenschaftlich nachgewiesen wurde, dass sie eine langfristige,

messbare Steigerung des Intelligenzquotienten (um etwa $^2/_3$ eines Punktes pro Übungsstunde) bewirkt.

Warum probieren Sie es nicht selbst einmal aus?

Von der Theorie zur Praxis ...
Image-Streaming

1. Schließen Sie die Augen und werden Sie sich des Stroms scheinbar zufälliger Bilder bewusst, der unablässig durch Ihr Gehirn rauscht (*Harpo*).

2. Beschreiben Sie laut, was Sie sehen, wie verschwommen es auch sein mag (*Chico*). Ein kleiner Tipp: Erzählen Sie einfach, was Sie sehen!

   Beispiel:
   Ich sehe ein graues Gebilde, es wird immer größer, jetzt färbt es sich blau usw.

3. Lassen Sie sich von jemandem Fragen nach Ihrem Bilderstrom stellen – lassen Sie zu, dass die Fragen Ihre Vorstellungsbilder beeinflussen, und beschreiben Sie, was Sie sehen. Wenn Sie die Übung allein machen, können Sie die erste Beschreibung Ihres Bilderstroms auf Kassette aufnehmen und sie später abspielen, um davon Ihre neue Bilderfolge beeinflussen zu lassen (*Groucho*).

Eine eigene Technik erfinden

Warum erfinden Sie nicht mithilfe der Marx-Brothers eine eigene intelligenzsteigernde Methode? Zum Beispiel so: Nehmen Sie einen Begriff aus der Chico-Liste und einen

aus der Harpo-Liste und stellen Sie eine Verbindung à la
Groucho her!

Beispiel Chico: Linkshirn-Aktivitäten	Beispiel Harpo: Rechtshirn-Aktivitäten	Beispiel Groucho: integrative heterolaterale Aktivitäten
Beschreiben	Zeichnen	Zu poetischen Texten tanzen
Schreiben	Tagträumen	Zahlen farbig ausmalen
Laut sprechen	Mit Farben malen	Metaphern analysieren
Auf Details konzentrieren	Musik hören	Image-Streaming
Nach Logik suchen	Tanzen	Life-Mapping
Analysieren	Träumen	Mind-Mapping
Erklären	Metaphern erfinden	Ziele intuitiv erfassen
Rechnen	Kritzeln	Kriechen
Rechte Körperseite bewegen	Linke Körperseite bewegen	???????????????

Vielleicht haben Sie Lust, ein paar eigene Techniken zu erfinden. Und wenn Sie diese auch beherrschen wollen, gibt es nichts Besseres, als sie anderen beizubringen!

Hier eine letzte Technik, die Sie benutzen können, um

das Lernen als festen Bestandteil in Ihren Weg zum glücklichen Erfolg zu integrieren.

Der Erfolgskreislauf

Die drei entscheidenden Elemente jedes erfolgreichen Vorhabens sind Vorbereiten, Handeln und Lernen. Indem Sie jedes dieser Stadien bewusst erforschen und durchlaufen, können Sie leichter in Schwung kommen mit Ihren Projekten, Zielen und Träumen und sich Ihren Elan auch erhalten.

a) Vorbereiten

Wenn du versäumst, dich vorzubereiten, sei darauf vorbereitet, dass du scheiterst.
Trainer John Wooden

Die folgenden einfachen vier Schritte können Ihnen bei der Vorbereitung auf alles Mögliche helfen:

1. Planen Sie Ihre Strategie
Nehmen Sie sich genügend Zeit, um auszuarbeiten, wie Sie vorgehen wollen, um Ihr Ziel zu erreichen.

2. Prägen Sie sich Ihren Plan ein

In Frankreich nehmen Schauspieler, die ein Stück einstudieren, an einer sogenannten *Répétition* (»Wiederholung«) teil. Sie können es ebenso machen und immer wieder die verschiedenen Stufen Ihres Plans mit Blick auf die Realität im Kopf durchgehen, sodass Sie entspannt abwarten und auf Ihren Körper vertrauen können, wenn die Zeit zum Handeln kommt.

3. Werden Sie sich über Ihre Absichten klar

Stellen Sie eine kurze Liste all der Dinge auf, die Sie bei dem bevorstehenden Ereignis oder Projekt tun wollen. Dabei können Sie sich sowohl am Ergebnis orientieren (z. B. ich will den Job haben, mich amüsieren, eine Menge lernen usw.) als auch an den einzelnen Schritten (z. B. ich will mich entspannen, meine Gemütslage selbst bestimmen, Verbindung zu jedem Menschen im Zimmer aufnehmen usw.).

4. Spielen Sie mit den Möglichkeiten

Da Sie jetzt wissen, was Sie machen wollen und wie die Dinge laufen sollen, nehmen Sie sich die nötige Zeit, um sich Alternativen zu überlegen. Was könnte schiefgehen? Was könnte besser laufen, als Sie erwartet haben? Wie sonst könnten Sie das erreichen, was Sie wollen? Wie können Sie dabei mehr Freude und weniger Arbeit haben und doch weiterkommen?

b) Handeln

Wenn Sie gut vorbereitet sind, können Sie zur Tat schreiten. Hier drei schnelle Stufen zum Erfolg …

1. Fassen Sie das bei der Vorbereitung erklärte Ziel oder die erklärte Absicht fest ins Auge

Wie schon im ersten Teil des Buches besprochen, ist es leichter, das zu erreichen, was man wirklich will, als das, was man für erreichbar hält. Setzen Sie dieses Prinzip in die Tat um, indem Sie sicherstellen, dass Sie auch die Richtung einschlagen, in die Sie unbedingt gehen wollen.

2. Bringen Sie sich in die geeignete Verfassung

Wie sähe Ihr idealer Gemütszustand bei diesem Projekt, Treffen oder Ereignis aus? Rufen Sie sich Ihre Lieblingserinnerungen an einen solchen Zustand ins Gedächtnis, bis Sie die entsprechenden Empfindungen körperlich fühlen können.

3. Machen Sie den ersten Schritt

Die Leute sind oft geradezu versessen darauf, sieben Schritte im Voraus zu planen, als sei das Leben ein Schachspiel und wir alle darauf aus, Großmeister zu werden. Vorausplanung ist sicher nützlich, aber das Leben macht manchmal komische Sachen, die sich nicht vorhersagen lassen. Ken Roberts schreibt in seinem Buch *A Rich Man's Secret*:

Tu den ersten Schritt – keinen mehr, keinen weniger –, und der nächste wird sich zeigen.

c) Lernen

Erfahrung macht zwar weise, aber Erfahrung allein genügt
nicht. Das Voraussehen von Erfahrungen und der Rückgriff
auf Erfahrungen sind die wahre Weisheitsquelle.
John Grinder

Ganz gleich, wie Sie handeln, Ihre Fähigkeit, aus allem, was
Ihnen widerfährt, zu lernen, ist der einzige Wettbewerbsvorteil, den Sie wirklich brauchen. Hier eine einfache Möglichkeit, mit Sicherheit das zu lernen, was Ihnen am meisten
auf Ihrem weiteren Weg nützt:

1. Schauen Sie auf das zurück, was geschehen ist
Nehmen Sie sich einen Augenblick Zeit, um die Höhen und
Tiefen Ihrer Aktionen und das, was Sie damit erreicht ha-
ben, zu überdenken.

2. Werten Sie es anhand von bestimmten Kriterien aus
Wenn Sie sich noch keine bestimmten Kriterien überlegt
haben, an denen Sie Ihr Handeln messen können, werden
Sie am Ende danach urteilen, wie Sie das, was geschehen ist,
»empfinden«, und das ist ein schlechter Maßstab. Erinnern
Sie sich noch an die Liste Ihrer Absichten, die Sie bei der
Vorbereitung aufgestellt haben? Das können jetzt die Krite-
rien sein, an denen Sie Ihr Handeln überprüfen!

3. Räumen Sie Fehler ein
Lassen Sie mich raten – ist nicht alles nach Plan gegangen?
Das soll es ja auch gar nicht, zumindest so lange nicht, wie
Sie mit etwas so Unberechenbarem wie lebendigen Ge-
schöpfen umgehen. Es ist so, wie mein Physiklehrer immer

sagte: »Beim Tritt gegen einen Fußball kannst du exakt voraussagen, wo er landen wird, wenn du Masse, Windgeschwindigkeit, Flugtempo, Reibung und eine Reihe anderer Variablen berechnest. Wenn du hingegen einen Hund trittst, kann niemand sagen, was er tun wird.« (Er war nicht besonders nett zu Hunden, aber was er sagte, hat Hand und – vor allem – Fuß!)

4. Verstärken Sie Ihre Bemühungen bei dem, was Sie gut gemacht haben

Als Vince Lombardi Coach bei den Green Bay Packers wurde, bestand er darauf, dass von den Filmmitschnitten nur die Highlights gezeigt wurden, nämlich nur die erfolgreichen Spielszenen, die richtig gut gelaufen waren. Die Spieler sollten sich verstärkt auf das konzentrieren, was funktioniert hatte, indem sie sich Spiel für Spiel die eigenen Erfolge anschauten. Und was kam dabei heraus? Zwei Super-Bowl-Meisterschaften, eine amerikanische Football-Dynastie und eine Coach-Legende.

5. Nächstes Mal

»Rückblickend« klingt immer so, als wäre es etwas Schlechtes. Aber was würden Sie denn mit dem Wissen, das Sie jetzt haben, und den Erkenntnissen, die Sie durchs Lernen gewonnen haben, nächstes Mal anders machen?

Fassen wir mal alles in einer einfachen Übung zusammen …

Von der Theorie zur Praxis ...

Der Erfolgskreislauf in Aktion

1. Wählen Sie ein Treffen, einen Anruf oder ein Projekt aus, mit dem Sie sich morgen beschäftigen wollen. Dabei kann es um einen telefonischen Verkaufsabschluss in größerem Umfang gehen oder darum, mit Ihrer dreijährigen Tochter darüber zu verhandeln, wie viel Gemüse sie essen muss, um den Nachtisch zu bekommen, oder auch etwas ganz anderes.

2. Nehmen Sie sich jeweils mindestens eine Minute Zeit für jeden Vorbereitungsschritt. Planen Sie, prägen Sie sich Ihren Plan ein, werden Sie sich über Ihre Absichten klar und spielen Sie mit Alternativen!

3. Fassen Sie, wenn die Zeit zum Handeln gekommen ist, das Ziel fest ins Auge, bringen Sie sich in die geeignete Verfassung und tun Sie den ersten Schritt.

4. Achten Sie auf die Folgen Ihres Handelns. Notieren Sie sich im Geiste oder auf Papier, was geschehen ist und wie Sie sich dabei gefühlt haben.

5. Schauen Sie zurück und bewerten Sie das Geschehene anhand der Kriterien, die Sie bei der Vorbereitung aufgestellt haben. Sehen Sie Ihre Fehler ein, verstärken Sie Ihre Bemühungen bei allem, was gut funktioniert hat, und stellen Sie sicher, dass Ihnen das, was Sie als Nächstes in Angriff nehmen wollen, noch besser gelingen wird.

Natürlich sind erfolgreiches Lernen und gelernte Erfolge etwas, das gemeistert werden will, und nicht etwa Begabungen, die manche Menschen haben und andere nicht. Im nächsten Kapitel mache ich Sie mit einigen sehr nützlichen Strategien bekannt, mit deren Hilfe Sie noch schneller jede gewünschte Fähigkeit erwerben können ...

9
Können

Information	**Können**	Überzeugung
Wohlbefinden	Mitmenschen	Motivation
Zeit	Geld	Angst

Die eigene Realität erschaffen

Du erschaffst deinen nächsten Augenblick selbst.
Das ist die Wirklichkeit.
Sarah Paddison

Seit Langem führen spirituelle Philosophen, religiöse Fundamentalisten und traditionelle Psychologen erregte Debatten darüber, in welchem Maße sich Menschen ihre eigene Realität selbst erschaffen.

Auf der einen Seite in diesem Meinungsstreit stehen diejenigen, die glauben, dass wir 100 Prozent unserer Wirklichkeit selbst erschaffen, vom Grauen des 11. September bis hin zum Jubel über einen Lottogewinn sowie alles, was dazwischen liegt. Da wir nach ihrer Ansicht unsere Wirklichkeit mit unseren Gedanken, Worten und Taten selbst erschaffen, ist es für uns von größter Bedeutung, Acht zu geben, was wir denken, sagen und tun.

Auf der anderen Seite stehen die Menschen, die an ein unausweichliches Karma, Los oder Schicksal glauben. Da alles vorherbestimmt und festgelegt ist, hat es auch keinen Sinn, irgendetwas ändern zu wollen (und wenn man es doch schafft, etwas zu ändern, ist auch das vorherbestimmt gewesen). Die Vertreter dieser Richtung sind der Ansicht, dass es keine große Rolle spielt, was wir denken, sagen oder tun. Wir haben einzig und allein die Aufgabe, einfach die zu sein, die wir sind, das zu tun, was wir tun, und uns unseres Lebens zu freuen.

Da ich mich in den letzten 18 Jahren mit spiritueller Philosophie befasst und gleichzeitig angewandte Psychologie praktiziert und gelehrt habe, bin ich irgendwo auf der Mitte zwischen den beiden Extremen zu einem Kompromiss gekommen.

Wir sind zu 100 Prozent, Augenblick für Augenblick für Augenblick, die Schöpfer dessen, was wir als unsere Wirklichkeit erfahren.

Mit anderen Worten: Ob wir selbst die Schöpfer unserer Wirklichkeit sind oder nicht, auf jeden Fall liegt die Erfahrung dieser Wirklichkeit in unserer Eigenverantwortung. Egal, was wir im Augenblick gerade erleben, wir können die Qualität unserer Erfahrung (und damit die Qualität unseres Lebens) verbessern, indem wir uns im gegenwärtigen Moment anders entscheiden.

Wenn Sie irgendeinen Bereich Ihres Lebens als leicht, freudvoll, sinnreich und produktiv erfahren, liegt es daran, dass Sie in dem betreffenden Augenblick gerade etwas Leichtes, Freudvolles, Sinnreiches und Produktives aus ihm »machen«.

Wenn Sie irgendeinen Bereich Ihres Lebens als schwer, problematisch und leidvoll erfahren, liegt es daran, dass Sie in dem betreffenden Moment gerade etwas Schweres, Problematisches und Leidvolles aus ihm »machen«.

Wie »machen« wir ein Problem, einen Zustand oder eine Situation?

Nun, lesen Sie mal, wie ich diese Frage als Coach mit einer meiner NLP-Klientinnen angehe:

Klientin *(steht mit gesenktem Kopf vor mir, spricht leise):* »Ich bin im Augenblick wirklich deprimiert.«

Ich: »Wie machen Sie das denn?«

Klientin: »Wie bitte?«

Ich: »Sagen wir mal, ich würde Ihre Probleme einen Tag lang übernehmen. Schließlich braucht jeder ab und zu mal einen freien Tag, finden Sie nicht?«

Klientin: »Hm … na schön.«

Ich: »Ich bin Schauspieler, ich werde mir also die Haare anders frisieren und mich entsprechend schminken und kleiden, sodass ich genauso aussehe wie Sie. Und ich werde auch Ihre Stimme und Ihren Gang einüben, damit niemand merkt, dass Sie sich einen Tag freigenommen haben.«

Klientin: »Ich bin aber eine Frau.«

Ich: »Kein Problem. Ich war drei Jahre auf der Schauspielschule.«

Klientin: »Ach so! Okay, Sie sind also einen Tag lang ich.«

Ich: »Richtig. Was mache ich denn nun, um so ›deprimiert‹ zu wirken wie Sie?«

Klientin: »Keine Ahnung. Es kommt einfach über mich.«

Ich: »So sieht es aus, ich weiß, aber könnte es auch ›einfach über mich kommen‹, wenn ich mich auf die Zehenspitzen stelle und wie ein Hund bellen würde?« *(Ich stelle mich auf die Zehenspitzen und belle wie ein Hund. Wirklich.)*

Klientin *(lachend)*: »Nein. Sie müssen sich wahrscheinlich so hinstellen.« (Sie macht es mir vor, indem sie ihre eigene Haltung übertreibt: die Schultern hängen lässt, den Kopf senkt, die Augen niederschlägt und den Blick zur Seite wendet. Sie seufzt schwer.)

Ich: »Alles klar, das kann ich.« *(Ich nehme die vorgeführte Haltung ein.)* »Woher weiß ich denn, wann ich das machen muss? Springe ich aus dem Bett und lasse mich gleich hängen?« *(Dabei kopiere ich ihre Haltung und übertreibe stark, bis ich im Zimmer herumstolpere wie Quasimodo im* Glöckner von Notre Dame.)

Klientin: »Nei-iin!« *(Sie lacht und redet mit mir, als wäre ich ein Idiot, der ich in diesem Augenblick ja auch gut sein könnte.)* »Sie liegen im Bett, schlagen die Augen auf und denken an all das, was Sie heute tun müssen, und wie schwer das wird.«

Ich *(probiere es innerlich aus)*: »Läuft das wie ein Film ab oder in einzelnen Bildern wie eine Diashow?«

Klientin: »Eindeutig wie ein Film, und ich sitze in der ersten Reihe und schaue zur Leinwand hoch. Und die Tonspur ist die Stimme meiner Mutter vom Endlostape, und sie sagt mir, wie nichtsnutzig ich bin und dass ich es nie zu etwas bringen werde.«

Ich (probiere es weiterhin innerlich aus): »Oh – es funktioniert wirklich – ich fühle mich schrecklich!«

Klientin *(lacht):* »Im Ernst?«

Ich: »Machen Sie es morgen früh wieder so?«

Klientin: »Hmmm …« *(Sie denkt tatsächlich nach.)* »Nein, ich glaube, ich versuche lieber, den Tag mit Gedanken an die Leute zu beginnen, mit denen ich gern zusammen bin, und meine Lieblingsmusik zu spielen. Vielleicht probiere ich es auch mal damit, den Tag über etwas gerader zu sitzen als sonst und den Kopf hochzuhalten, buchstäblich und im übertragenen Sinne.«

Ich: »Erzählen Sie mir, wie's läuft!«

Anders gesagt: Was immer man tut, darin ist man auch geschickt, und obschon alle Menschen verschieden sind, kenne ich niemanden, der nicht selbst das Entsprechende in und aus seinem Leben »macht«. Da uns meist nicht bewusst ist, wie wir etwas tun, haben wir oft das Gefühl, dass es einfach über uns hereinbricht. Aber wenn wir den Vorgang verlangsamen und ihn beobachten, ohne zu werten, können wir etwas völlig anderes aus unserem Leben »machen«, andere Entscheidungen treffen und unsere Lebendigkeit ganz anders erfahren.

Von der Theorie zur Praxis …

Die eigene Realität erschaffen

1. Denken Sie an eine Situation in Ihrem Leben, in der Sie das Empfinden hatten, es sei einfach etwas über Sie hereingebrochen – Sie hatten plötzlich ein Problem, ein Gefühl oder ein Leiden.

2. Stellen Sie sich vor, ich wäre bei Ihnen. Wenn Sie mich jetzt lehren müssten, Ihnen das Problem, Gefühl oder Leiden genauestens nachzuempfinden, was müsste ich dazu wissen? Überlegen Sie sich Folgendes:
   - *Wann mache ich es so? Wann mache ich nichts dergleichen? Woher weiß ich, wann es Zeit ist, damit anzufangen oder aufzuhören?*
   - *Wie benutze ich dazu meinen Körper? Spielt es eine Rolle, wie ich stehe oder sitze? Welches Tempo lege ich vor? Wie schnell oder tief atme ich?*
   - *Welche bildlichen Vorstellungen muss ich mir machen? Welche Art von Sachen muss ich mir sagen? Welche mentalen Filme spule ich ab? Was verwende ich als Tonspur?*

3. Fragen Sie sich, sobald Sie tatsächlich spüren, dass Sie selbst die Situation »machen«, ob Sie damit fortfahren wollen oder ob Sie bereit sind, aufzuhören.

4. Was würden Sie stattdessen lieber tun?
   Sagen Sie zu sich selbst: *Bisher habe ich _____ gemacht; jetzt werde ich versuchsweise einmal _____ machen.*

Der Freudezyklus

Bei meinen Kursen zur Entfaltung der eigenen Fähigkeiten gehört der »Freudezyklus«, wie ich ihn nenne, zu den wesentlichsten Modellen. Hier eine einfache Möglichkeit, wie man sich in diesen Zyklus hineindenken kann:

Wenn man etwas immer wieder macht, wird man dann besser oder schlechter darin?

Die meisten Menschen merken irgendwann, dass sie immer besser werden, je öfter sie etwas machen. Deshalb anschließend eine weitere Frage:

Wenn man immer besser in etwas wird, erhält man dann bessere oder schlechtere Ergebnisse?

Das ist nun wirklich kein großes Rätsel. Eine höhere Meisterschaft führt fast immer zu besseren Ergebnissen. Hier die nächste Frage:

Wenn man immer bessere Ergebnisse erzielt, hat man dann mehr Freude an etwas oder weniger?

Für die Mehrzahl von uns lautet die Antwort auf diese Frage: Je besser die Ergebnisse sind, die man erzielt, umso mehr Freude hat man auch an dem, was man dafür tut. Jetzt noch eine letzte Frage:

Wenn die Ausführung von etwas Freude macht, tut man dann eher mehr oder eher weniger dafür?

Wenn man nicht gerade auf Konfrontationskurs ist, lautet die Antwort, dass wir uns unweigerlich mehr ins Zeug legen, wenn uns die Sache Freude macht, und weniger, wenn sie es nicht tut.

Zusammenfassend können wir also sagen, dass sich der Freudezyklus ungefähr so darstellt:

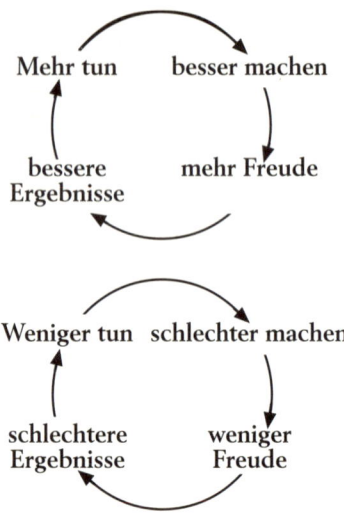

Wenn wir jedoch an jedem Punkt in diesen Zyklus einsteigen können, worauf können wir dann am leichtesten und effektivsten unsere Aufmerksamkeit richten? Wie können wir am besten unsere Fähigkeiten entwickeln?

Schauen wir einmal, welche Möglichkeiten es gibt ...

1. Mehr tun

Ich habe früher immer geglaubt, das Geheimnis, sich Fähigkeiten zu erwerben, sei einfach dies: Tag für Tag das zu tun, was man lernen will. Es jeden Tag, jeden Tag, jeden Tag zu tun. Aber – und das ist das Problem – wie oft haben Sie schon ein neues Trainingsprogramm begonnen und dann aufgegeben, lange bevor Sie merkliche Fortschritte erzielt hatten? Tatsächlich geben die meisten Leute, die eine neue Fertigkeit erlernen wollen, ziemlich zu Anfang bereits auf, noch ehe sie durch sichtbare Verbesserungen zum Weitermachen motiviert werden.

2. Es besser machen

Es mag zwar seltsam klingen, aber dieser Rat ist oft als Motivation zu hören. Doch so wohlmeinend es sein mag, jemanden dazu zu ermutigen, »es nächstes Mal besser zu machen«, fällt dieser Rat doch in die gleiche Sparte wie »streng dich einfach mehr an« und ist entsprechend schwer zu befolgen, und noch schwerer dürfte es sein, auf diesem Wege messbare Fortschritte zu erzielen.

3. Bessere Ergebnisse

Sind auch Sie, als Sie noch zur Schule gingen, dazu angehalten worden, »bessere Zensuren« mit nach Hause zu bringen? Wenn ja, haben Sie sich wahrscheinlich noch mehr angestrengt, um den wunderbar hohen Erwartungen, die in Sie gesetzt wurden, gerecht zu werden. Leider besteht die Tendenz, dass Sie aufgeben, wenn Sie damit nicht gleich Erfolg haben. »Was soll das eigentlich«, sagen wir in diesem Fall gern, »ich werde ja doch nicht besser.«

4. Mehr Freude am Tun

Ist es möglich, ständig voller Freude mehr zu lernen, Augenblick für Augenblick? Schauen wir mal …

Bewerten Sie auf einer Skala von 1 bis 10, wie viel Freude es Ihnen macht, dieses Kapitel zu lesen, wobei 1 bedeutet:

»O je ... ich habe mich in meinem ganzen Leben noch nie so ge-langweilt« und 10: *»Wow! Das ist ja erheblich besser als Sex!«*

Wie könnten Sie es schaffen, sich in Ihrer Bewertung um einen Punkt zu verbessern?

Wenn Sie sich zum Beispiel die 4 gegeben haben, könnten Sie Ihre Lust wahrscheinlich auf 5 steigern, indem Sie sich anders hinsetzen, hübsch tief Luft holen und an etwas Schönes denken. Sie könnten auf 7 oder 8 kommen, wenn Sie mal an eine Zeit zurückdenken würden, in der Sie vollkommen entspannt waren, etwa irgendwo am Strand oder einfach im Kreis Ihrer Freunde. Sie könnten es vielleicht sogar bis zur 10 schaffen, wenn Sie einfach lächelten und fänden, dass es Ihnen Spaß macht, mit diesen Ideen herumzuspielen, statt alles bierernst zu nehmen.

Die Sache ist nämlich die, dass Sie fast immer eine Möglichkeit finden, eine Sache, an der Sie Ihre Freude haben, mit noch mehr Freude zu tun. Je mehr Freude sie Ihnen bereitet, umso eher werden Sie sie weitermachen. Je mehr Sie tun, umso besser werden Sie. Je mehr Sie sich verbessern, umso bessere Ergebnisse erzielen Sie. Und je besser die Ergebnisse ausfallen, umso mehr Freude macht es Ihnen, die Fähigkeiten praktisch unter Beweis zu stellen, die dazu geführt haben.

Von der Theorie zur Praxis ...

Seine Freude haben und jede Menge lernen

1. Suchen Sie sich einen Bereich, in dem Sie Ihre Fähigkeiten verbessern wollen.

2. Bewerten Sie auf einer Skala von 1 bis 10, wie viel Freude Ihnen die Anwendung dieser Fähigkeiten zurzeit macht.

3. Wenn Sie wüssten, dass Sie umso schneller und besser lernen, je mehr Lust Sie zu dem haben, was Sie tun (d.h. je mehr Freude es Ihnen macht), was würden Sie dann anders machen als jetzt?

Beispiel: Singen lernen
Gegenwärtig etwa bei 5. Wenn ich wüsste, dass ich besser und schneller lernen würde, je mehr Freude ich am Singenlernen hätte, würde ich vielleicht:
– *mir eine Sammlung der Lieder zulegen, die ich gerne singe.*
– *»Expertenmeinungen« ignorieren und mindestens genauso oft zur Übung Lieder singen, wie ich Tonleitern geübt habe.*
– *mir ein Karaoke-Gerät anschaffen und eine Party geben.*

Die fünf Stufen zur Meisterschaft

Irgendwann in Ihrer Ausbildungszeit sind Sie vielleicht auf ein Lernmodell gestoßen, bei dem der Erwerb einer bestimmten Fähigkeit in vier Stufen eingeteilt ist:

Unbewusste Inkompetenz
↓
Bewusste Inkompetenz
↓
Bewusste Kompetenz
↓
Unterbewusste Kompetenz

Veranschaulichen wir dieses Modell einmal am Beispiel des Autofahrenlernens. Im Stadium der *unbewussten Inkompetenz* haben wir zwar schon andere Leute fahren sehen, aber noch keine rechte Vorstellung davon, wie schwer oder komplex das Fahren tatsächlich ist.

Während wir anfangen, Auto fahren zu lernen, werden wir uns der eigenen *Inkompetenz bewusst* und sind überwältigt von der plötzlichen Erkenntnis, wie viel wir noch lernen müssen.

Die nächste Stufe ist das Stadium bewusster Kompetenz, in dem wir Begriffe wie »Rückspiegel, Ampel, Überholmanöver« vor uns hinflüstern, während wir Gänge schalten und uns durch den Stadtverkehr lavieren.

Am Ende kommt der Tag, an dem wir plötzlich am Lenkrad »aufwachen« und uns bewusst werden, dass wir mit hundert Sachen die Autobahn entlangsausen, ohne es überhaupt zu merken. Jetzt haben wir *unterbewusste Kompetenz* erlangt, das heißt, wir brauchen unserer Aufgabe keine bewusste Aufmerksamkeit mehr zu schenken, um effektiv zu sein.

Ist unterbewusste Kompetenz das höchste Ziel beim Lernen und Erwerb von Fähigkeiten?

Es gibt zahllose Schauspieler, Sportler, bildende Künstler, Musiker und Handwerker, die seltsamerweise stolz darauf sind, »nicht zu wissen, wie sie das machen, was sie machen«, und die dem auch lieber nicht auf den Grund gehen, um »die Magie« nicht zu zerstören.

Dabei gibt es noch eine fünfte Stufe beim Erwerb von Fähigkeiten – ein Stadium, in dem wir sowohl handeln können, ohne darüber nachzudenken, als auch analysieren, verstehen, erklären und verbessern können, was wir tun. Nur in diesem fünften Stadium, das ich *bewusste unterbewusste*

Kompetenz nenne, kommt unsere Meisterschaft zum Ausdruck.

Von der Theorie zur Praxis ...

Meisterschaft

1. Suchen Sie sich eine Fertigkeit, in der Sie es zur Meisterschaft bringen wollen.

2. Bewerten Sie mit einer Punktzahl zwischen 1 und 5, wo im Lernzyklus Sie sich gerade befinden (1 = unbewusste Inkompetenz; 5 = bewusste unterbewusste Kompetenz).

3. Wenn Sie bestimmt haben, wo Sie stehen, gehen Sie wie folgt vor, um das nächste Stadium zu erreichen.

Auf Stufe 1:
Üben Sie sich am kommenden Wochenende mindestens eine Stunde lang in der gewählten Fertigkeit, egal, wie erschreckend die Ergebnisse sind. Wenn Sie gerne malen wollen, es aber noch nie getan haben, nehmen Sie jetzt einen Pinsel zur Hand und probieren es einfach mal. Sie hielten sich immer schon für einen verhinderten Romanschriftsteller? Schreiben Sie das erste Kapitel! Haben Sie sich je gefragt, wie es wohl wäre, einen Rennwagen zu fahren? Gehen Sie auf Nummer sicher, indem Sie ein entsprechendes Profitraining durchlaufen, und sehen Sie, wie weit Sie schon sind.

Auf Stufe 2:
Viele Leute empfinden die bewusste Inkompetenz als so deprimierend für ihr Selbstgefühl und als so frustrierend, dass sie lieber aufgeben, statt durchzuhalten. Dagegen habe ich ein einfaches Rezept: Spaß an der Freud! Richten Sie Ihr Augenmerk nicht auf etwaige Ergebnisse, sondern konzentrieren Sie sich

auf die Lust am Tun und lassen Sie sich von Ihrer natürlichen »Genusssucht« über diese notwendige Stufe zur Meisterschaft tragen!

Auf Stufe 3:
Übung macht den Meister; die Übung gelingt Ihnen allerdings besser, wenn Sie sie in der körperlichen Verfassung eines Meisters ausführen. Das heißt, Sie üben einfach jetzt schon mit all der Lässigkeit, Ungezwungenheit und konzentrierten Entspanntheit, mit der Sie an Ihre Tätigkeit herangehen werden, wenn Sie sie erst einmal gemeistert haben.

Auf Stufe 4:
Jetzt wird es Zeit, dass Sie das, was Sie gelernt haben, anderen beibringen, um Ihr eigenes Verständnis zu vertiefen. Sorgen Sie dafür, dass Ihr Schüler Ihnen haufenweise »Was«-, »Warum«- und »Wie«-Fragen stellt. Machen Sie es sich nicht zu einfach mit dem Satz »Du bekommst schon noch ein Gespür dafür«. (Lesen Sie den nächsten Abschnitt »Den Nachfolger einarbeiten«, um mehr darüber zu erfahren.)

Auf Stufe 5:
Feiern Sie!

Den Nachfolger einarbeiten

Als ich Geld verdienen wollte, um in London zur Schauspielschule zu gehen, nahm ich einen Job in der Versandabteilung einer Maschinenfabrik an. In meinen Verantwortungsbereich fiel der Bau von überdimensionierten Holzkisten für die merkwürdig geformten Maschinenteile, die wir versandten, die Inventarisierung und Verpackung der Ware, ihre Verladung auf Lastkraftwagen für die Auslieferung sowie das Auspacken und Lagern aller ankommenden neuen Güter. Meine Kollegen waren überwiegend Veteranen aus dem Zweiten Weltkrieg kurz vor dem Ruhestand, die mir mit Wonne erzählten, wie es war, als sie vor vierzig Jahren zum ersten Mal in London waren (und die mich neckten, weil ich Victor Hugo statt des Sportteils der Zeitung las).

Die einzige Zeit, in der ich meine Arbeit wirklich genoss, war die Frist zwischen meiner Kündigung und meinem Ausscheiden aus der Firma: zwei Wochen, in denen meine Pflicht hauptsächlich darin bestand, den einzuarbeiten, der mich ersetzen sollte. Rick *wollte* gern dort arbeiten, was mich zuerst schockierte, während es im Grunde, wie mir heute klar ist, ausschlaggebend dafür war, dass er die Arbeit viel besser bewältigte als ich.

In dieser Zeit begleitete ich Rick durch einen typischen Arbeitstag, beantwortete seine unablässigen Fragen, was genau ich da täte, warum ich es täte und wie es richtig gemacht werden müsste. Das Witzige war, dass mir durch das Erklären, »was, wie und warum« getan werden musste, all die Handgriffe aufs Neue bewusst wurden, die längst ein Automatismus geworden waren, sodass sie auf einmal wieder Spaß machten; zudem merkte ich, dass es weit mehr effiziente Möglichkeiten gab, den Job zu erledigen, als ich je gedacht hatte.

Inzwischen ist mir aufgegangen, dass ein solches »Einarbeiten eines Nachfolgers« eine großartige Möglichkeit ist, sich in etwas Beliebigem zu vervollkommnen. Noch besser daran ist, dass es auf jeden Fall funktioniert, ob man nun wirklich oder nur in seiner Fantasie jemanden anleitet …

Von der Theorie zur Praxis …

Der imaginäre Mitarbeiter

1. Suchen Sie sich eine Tätigkeit, mit der Sie experimentieren können. Nach meiner Erfahrung ist es normalerweise am besten, mit etwas Extremem anzufangen – also entweder etwas absolut Einfachem (Geschirr spülen, Essen zubereiten, Fernsehen usw.) oder etwas wirklich Schwierigem (ein Instrument spielen, einen Verkauf abschließen, einen Klienten coachen usw.).

2. Wenn Sie sich das nächste Mal dieser Tätigkeit widmen, beginnen Sie, einen imaginären Mitarbeiter in dem anzuleiten, was Sie tun. Sie können Ihre Ausführungen entweder im Stillen oder laut machen. Schildern Sie dem Betreffenden auf jeden Fall, was Sie tun, warum Sie es tun und wie es richtig gemacht werden sollte. Sie können ins Detail gehen, wenn Sie mögen. Gehen Sie davon aus, dass der andere keine Ahnung hat, wie man das macht, was Sie machen.

Hier ein Beispiel dafür, wie ich selbst einen imaginären Mitarbeiter dazu anleiten würde, eine abgeschlossene Tür zu öffnen: *Nehmen Sie den Schlüssel zwischen Daumen und Zeigefinger. Schauen Sie sich die Form des Schlüssellochs an, damit Sie eine Vorstellung davon bekommen, wie Sie den Schlüssel halten müssen. Wenn Sie so weit sind, stecken Sie den Schlüssel fest ins Schloss. Wenn er mühelos hineingleitet, hören oder spüren Sie, dass er passt. Tut er das nicht, ziehen Sie ihn wieder ab, drehen ihn andersherum und probieren es noch einmal. Beschreiben Sie mit dem Schlüssel eine halbe Drehung, bis Sie ein lautes Klicken hören und/oder sich der Knauf oder die Klinke bewegen lässt. Jetzt ist die Tür aufgeschlossen.*

Im Folgenden eine letzte Technik, die Ihnen beim Erwerb Ihrer neuen Fähigkeiten viel Zeit einsparen wird …

Vortrefflichkeit übernehmen

Die Menschen mit ihrer einzigartigen Fähigkeit,
von den Erfahrungen anderer zu lernen,
sind auch bekannt für ihre Abneigung, das zu tun.
Douglas Adams

Um so ziemlich alles zu erreichen, was wir uns vom Leben wünschen, müssen wir mindestens viererlei haben:

1. Ein *Ziel* oder mehrere Ziele (Richtung).
2. Klare *Anhaltspunkte*, die uns erkennen lassen, wann wir auf dem Weg zum Ziel sind und wann nicht.
3. *Handlungsvorgaben* zum Erreichen des Ziels.
4. Ein *Neuorientierungskonzept* für den Fall, dass wir vom Weg abgekommen sind.

Durch diese vier Elemente, aus denen sich das Z.A.H.N.-Modell zum Umschalten, wie ich es nenne, zusammensetzt, können wir schnell von den Fähigkeiten anderer profitieren und den Unterschied erkennen zwischen dem, was wir selbst tun, um etwas zu erreichen, und was jemand anders in diesem Fall tut.

Außerdem können wir dadurch von uns selbst lernen: zum Beispiel, was wir in den Bereichen unseres Lebens, in denen wir extrem effektiv sind, anders machen als in solchen, in denen wir im Allgemeinen ziemlich ineffektiv sind.

Ich habe mich beispielsweise immer gefragt, warum ich als Coach immer viel erfolgreicher war als bei der Vermarktung meines Coachingangebots. Daher führte ich eine kurze Analyse anhand der obigen vier Punkte durch, was ich in den beiden Fällen anders machte. Hier das Ergebnis meiner Analyse:

Effektivität als Coach

- **Ziele:**
  - *Menschen dabei helfen, Veränderungen vorzunehmen und zu erreichen, was sie sich wünschen*
  - *die besten Informationen weitergeben, über die ich verfüge*
  - *die Menschen bedingungslos lieben*
  - *an ihre Fähigkeit glauben, in jedem Augenblick neue Entscheidungen treffen zu können*

- **Anhaltspunkte:**
  - *verbales Feedback (Erfolgsstorys usw.)*
  - *nichtverbales Feedback (zustimmendes Nicken, Lächeln usw.)*
  - *es »klickt« bei mir (ein inneres Gefühl sagt mir, dass ich richtigliege)*

- **Handlungsvorgaben:**
  - *Geschichten erzählen*
  - *Witze machen*
  - *Übungen erfinden und leiten*
  - *Informationen geben*
  - *Fragen stellen und beantworten*
  - *Verständnis und Beherrschung des Stoffs überprüfen*

- **Neuorientierung:**
  - *durchhalten, durchhalten, durchhalten*
  - *individuelle Lösungen finden*
  - *mit jedem einzeln arbeiten*
  - *Arbeit delegieren*
  - *etwas völlig anderes machen, meist auf körperlicher Ebene, um den Zustand des »Festsitzens« zu überwinden*

– *den schwierigsten Fall im Raum auswählen und damit arbeiten (wenn das funktioniert, werden alle anderen folgen)*

Man beachte bitte die feinen Unterschiede zwischen dieser und der folgenden Strategie:

Ineffektivität bei der Vermarktung

* **Ziele:**
  – *den Saal füllen*

* **Anhaltspunkte:**
  – *die Leute kommen zu mir und bezahlen dafür*

* **Handlungsvorgaben:**
  – *Broschüren drucken lassen und versenden*
  – *Fragen beantworten, persönlich und telefonisch Auskunft geben*

* **Neuorientierung:**
  – *freie Plätze gratis vergeben*
  – *den Kurs absagen*

Natürlich geschah, nachdem ich den Unterschied erkannt hatte, nichts wie durch Zauberhand, sondern dadurch, dass ich einen bewussten Transfer vornahm – nämlich das, was ich im effektiven Fall anders machte, auf den ineffektiven Fall übertrug.

Zum Beispiel habe ich sofort meine Marketingziele so verändert, dass die großzügige Verbreitung von Informationen dazugehörte. Ich beschloss außerdem, die Leute, um die ich warb, zu lieben. (Vorher hatten sie erst bezahlen müssen, ehe ich sie liebte – aber das ist ein völlig anderes Gewerbe, wie mir irgendwann aufging!)

Was die Anhaltspunkte betrifft, achtete ich fortan darauf, wie die Leute nichtverbal auf mein Angebot reagierten, und horchte nach innen, um festzustellen, ob ich im Einklang mit dem Marketingstrom dahintrieb oder mich am Ufer entlangkämpfte.

Ich verlegte mich auf neue Aktionen und fing an, im Rahmen der Werbemaßnahmen Witze und Geschichten zu erzählen sowie Fragen zu stellen und zu beantworten.

Und wenn nicht alles nach Plan lief, suchte ich nach individuellen Lösungen, griff auf radikale Neuorientierungskonzepte zurück oder stellte mich freiwillig der allerschwierigsten Herausforderung, »durchzuhalten, durchzuhalten, durchzuhalten«.

Wo lag der Unterschied, der alles veränderte?

Für mich offensichtlich darin, dass ich mich erinnerte, die Menschen lieben zu wollen, ob sie mich nun bezahlten oder nicht, und meine Ziele weiterzuverfolgen, auch wenn es so aussah, als würde ich sie nicht erreichen können.

Mein nächster Coachingkurs war ausgebucht, und nicht nur das: Mir machte es allmählich ebenso viel Spaß, mein Programm zu vermarkten, wie mir das Unterrichten gefiel, etwas, das ich vor diesem Transferprozess nicht im Traum für möglich gehalten hätte.

Von der Theorie zur Praxis ...

Einen Z.A.H.N. zulegen

1. Suchen Sie sich einen Bereich Ihres Lebens, in dem Sie effektiver sein möchten.
   Beispiele:
   beim Geldverdienen, im Umgang mit Angehörigen oder Mitarbeitern, bei Präsentationen usw.

2. Denken Sie jetzt an einen Lebensbereich, in dem Sie bereits brillieren, an etwas, das Sie hervorragend können und/oder sehr effektiv tun.
   Beispiele:
   Ihr Berufsleben, Ihre Hobbys, Beziehungen zu Freunden pflegen, Witze erzählen usw.

3. Erstellen Sie für jeden Bereich eine Z.A.H.N.-Diagnose.

   Ziele
   Welche Ziele haben Sie in diesem Bereich? Was wollen Sie erreichen? Welche Ergebnisse wollen Sie erzielen?

   Anhaltspunkte
   Woran erkennen Sie, dass Sie Ihre Ziele erreicht haben? Woher wissen Sie, dass Sie auf dem Weg zum Ziel oder davon abgekommen sind? Was sehen, hören und fühlen Sie unterwegs?

   Handlungsvorgaben
   Was tun Sie, um Ihre Ziele zu erreichen? Welche Maßnahmen ergreifen Sie?

   Neuorientierung
   Was machen Sie, wenn Sie merken, dass Sie auf dem Holzweg sind oder nicht die gewünschten Ergebnisse erzielen? Wie reagieren Sie innerlich und äußerlich auf die Situation?

4. Machen Sie abschließend den bewussten Transfer: Übernehmen Sie möglichst viel von dem, was Sie machen, wenn Sie effektiv sind, in den Bereich, in dem es bisher an Effektivität haperte. Bisweilen wird es notwendig sein, die gesamte alte Strategie zu ersetzen, aber meist genügt es, sie zu erweitern und zu ergänzen.

5. Wiederholen Sie die Schritte 1 bis 4, indem Sie sich in dem verbesserungswürdigen Bereich am Leitbild der Vortrefflichkeit orientieren. Kreieren Sie Ihre eigene Strategie zum Transferieren und stellen Sie anderen dann die oben genannten Fragen, um deren Strategie kennenzulernen. Sie werden überrascht und begeistert sein, wie viel Sie auf diese Weise lernen können!

Wenn Sie bereit sind, mit dem Transferprozess zu arbeiten und »einen Z.A.H.N. zuzulegen«, können Sie schneller, als Sie je für möglich halten würden, dort ankommen, wo Sie ankommen möchten. Was uns zum nächsten Hindernis führt …

10
Überzeugung

Information	Können	**Überzeugung**
Wohlbefinden	Mitmenschen	Motivation
Zeit	Geld	Angst

Eine Geschichte über Nonnen

*Das Wort »Überzeugung« ist für die meisten Menschen ein
ziemlich vager Begriff, auch wenn sie bereitwillig hingehen
und dafür töten.*
Richard Bandler

Unsere Überzeugungen sind unsere Geschichten und Erklärungen dafür, warum sich unser Leben so und nicht an-

ders entfaltet. Eine Änderung der Überzeugung kann sich langsam und schrittweise vollziehen oder blitzartig durch eine plötzliche Erkenntnis eintreten. Ein solcher Überzeugungswandel bestimmt mitunter, ob man weiter festsitzt oder ob man sich von einschränkenden Ideen und Perspektiven löst.

Ich selbst habe die eindrucksvollste Lektion über die einschränkende Macht der Überzeugung als Lehrer eines NLP-Basisseminars für eine Gruppe von Erziehern in Bristol gelernt. Nach vier Tagen intensiver Übung in der Beherrschung der emotionalen Verfassung gab es eine Abschlussprüfung, bei der jeder Teilnehmer nach vorn kommen und vor der ganzen Gruppe voller Selbstvertrauen locker einen Witz erzählen sollte.

In den Ohren von jemandem, der an der Universität ein Examen abgelegt hat, klingt das nach einer ziemlich leichten Abschlussprüfung, aber Sie würden sich wundern, wie die Nerven von Leuten flattern, die vor einer größeren Zuhörerschar stehen und versuchen sollen, witzig zu sein. (Falls Sie das nicht glauben wollen, dann stehen Sie doch jetzt mal eben auf und erzählen Sie allen, die gerade bei Ihnen sind, einen Witz. Wenn Sie das geschafft haben, dürfen Sie weiterlesen …)

Eine Seminarteilnehmerin wollte absolut nicht, und sie blieb eisenhart. Sie sagte: »Ich gehe nicht da oben aufs Podium. Ich gehe da nicht rauf, unter gar keinen Umständen.«

Merkwürdig fand ich, dass sie keine Angst zu haben schien – sie weigerte sich einfach, nach vorn zu kommen und einen Witz zu erzählen. Also redete ich mit ihr darüber und fragte sie, warum sie nicht nach vorn kommen wollte. Darauf antwortete sie mir: »Weil die Nonnen gewonnen haben, wenn ich nach vorn gehe und einen Witz erzähle.«

Ich muss zugeben, dass mich diese Antwort sehr verblüffte, und ich bat die Frau, mir das zu erklären. Wie sich herausstellte, hatte sie als Mädchen eine katholische Schule besucht und dort auf Anordnung der Nonnen vieles tun müssen, was sie gefühlsmäßig eigentlich gar nicht tun wollte. Am Morgen vor der Abschlussprüfung hatte sie schließlich allen Mut zusammengenommen und war gegangen, um nie wieder zurückzukehren. Sie sagte, der Entschluss zu gehen sei ein entscheidender Moment in ihrem Leben gewesen. Damals hätte sie endgültig mit den Nonnen gebrochen und ihre Unabhängigkeit als Frau behauptet.

Um zu verstehen, wie eine dem Anschein nach positive Erfahrung (sich unabhängig zu machen) zum Gitterstab eines mentalen Gefängnisses werden kann, wollen wir uns kurz anschauen, wie es eigentlich zu einer festen Überzeugung kommt ...

Die sich selbst erfüllende Prophezeiung

Eine Landkarte ist nicht das Gebiet, das sie abbildet, aber wenn sie stimmt, gleicht sie in ihrer Struktur dem Gebiet und erweist sich damit als nützlich.
Alfred Korzybski

Leonard Orr, der Begründer der amerikanischen Rebirthing-Bewegung, sagt, dass in jedem von uns zwei Menschen stecken – ein Denker und ein Beweisführer.

Der Denker, der in etwa dem bewussten Verstand entspricht, ist der Teil von uns, der auf Ideen kommt und Möglichkeiten sieht.

Der Beweisführer, der in etwa dem Unterbewusstsein entspricht, hat die Aufgabe, genau die Fakten zu sammeln, die das untermauern, was der Denker denkt.

»Orrs Gesetz«, wie es der Autor Robert Anton Wilson zusammenfasst, lautet:

Was immer der Denker denkt,
wird der Beweisführer beweisen.

Das heißt: Obwohl wir wissen, dass die Landkarte nicht das Land ist (und die Speisekarte nicht die Speise), versuchen wir fast immer, die Wirklichkeit der Kartenrealität anzupassen, statt uns zu bemühen, die Karte mit der Weltrealität in Übereinstimmung zu bringen. Dazu konzentrieren wir uns vornehmlich auf das, was uns in unseren vorgefassten Gedanken und Urteilen über das Wirken der Welt bestärkt, und filtern alles heraus, was dem zu widersprechen scheint.

Sobald ein Gedanke unsere Aufmerksamkeit fesselt oder eine plötzliche Idee unsere Fantasie beflügelt, beginnt ein anderer Teil unserer selbst sofort nach irgendwelchen Beweisen zu suchen, die diese Idee stützen, und verwirft alle Gegenbeweise. Da wir unsere Erfahrungen ständig so interpretieren, dass sie unserer mentalen Landkarte entsprechen, wird aus der Karte mit der Zeit *tatsächlich* das Land.

Solange wir die Ideen, die uns beschäftigen, nicht sorgfältig überprüfen, neigen wir dazu, die Ereignisse in unserem Leben auf sehr befremdliche Art zu filtern. Und je stärker die emotionale Aufladung ist, umso mehr tendieren wir dazu, deren Interpretation zu verallgemeinern und eine neue Überzeugung oder »Lebensregel« daraus zu machen.

Das geschah mit der ehemaligen Schülerin der katholischen Schule. Nach dem hochemotionalen Erlebnis des »Befreiungsschlages« schaltete sich ihr Beweisführer ein: Sie fing unterbewusst an, Beweise für die Verallgemeinerung zusammenzutragen, dass sie sich quasi mit der ungerechten Autorität einverstanden erklären würde, wenn sie eine Herausforderung annahm und eine Aufgabe zu Ende führte.

Und tatsächlich, als ich sie nach ihrer Lebensgeschichte fragte, kam heraus, dass sie ihre letzte Stelle aufgegeben hatte, als ihre Beförderung anstand, und dass sie ihre wichtigste Beziehung einen knappen Monat vor der Hochzeit abgebrochen hatte. Statt sie dazu zu bewegen, sich zu ändern oder zumindest ihre Überzeugung infrage zu stellen, waren die Enttäuschungen weitere Glieder in der Beweiskette und begründeten, dass sie ihre Unabhängigkeit nur behaupten könnte, wenn sie allem den Rücken kehrte, was eine Anfechtung oder Bedrohung für diese Unabhängigkeit darstellte.

Am Ende vermochte sie dank einiger Techniken, mit denen ich auch Sie in diesem Kapitel bekannt mache, über ihre einschränkende Überzeugung hinauszugehen und zu erkennen, dass es viele Arten des Freiseins gibt, ohne dass man vor den unvermeidlichen Herausforderungen des Lebens davonlaufen müsste. Danach trat sie vorne aufs Podium und erzählte den folgenden Witz, den ich nach wie vor toll finde (wenn er auch nicht ganz stubenrein ist ...):

Eine Nonne nahm gerade nach einem langen, schweren Tag im Konvent ein warmes, wohltuendes Entspannungsbad, als es an der Badezimmertür klopfte.

»Wer ist da?«, fragte die Nonne.

»John the blind man«, erklang eine bärbeißige männliche Stimme.*

Zu wohlig ermattet, um ihr Bad abzukürzen, kam die Nonne zu dem Schluss, einen Blinden getrost einlassen zu können.

»Die Tür ist offen«, rief sie, schloss die Augen und hing wieder ihren Träumen nach.

Der Mann trat ein.

»Tolle Titten, Schwester«, sagte er. »Und wohin soll ich die Blenden stellen?«

Von der Theorie zur Praxis …

Denker und Beweisführer für sich arbeiten lassen

1. Wählen Sie ein bestimmtes Ergebnis, eine Absicht oder ein Ziel aus, worauf Sie sich konzentrieren wollen.

   Beispiel:
   Ich will leidenschaftlich leben und es mir gut gehen lassen, egal, wie wenig Schlaf ich dabei nachts bekomme.

2. Beginnen Sie damit, sich zu »beweisen«, dass Sie erreichen können, was Sie wollen. Vervollständigen Sie dazu die nachstehenden Sätze, sooft Sie wollen, aber immer mit Bezug auf Ihr Ziel:

   Ich weiß, dass ich das in meinem Leben schaffen kann, weil …; zum Beispiel …

---

* Das englische Wort »blind« heißt nicht nur blind, sondern auch »Blende« im Sinne von »Fensterladen«; der Mann sagt also »John der Blenden-Mann«. (Anm. d. Übers.)

Beispiel:
Ich habe die Absicht, voller Energie und Elan zu leben, egal, wie wenig Schlaf ich dabei nachts bekomme.

— *Ich weiß, dass ich das in meinem Leben schaffen kann, weil ich sehe, dass andere mit weit weniger als den »empfohlenen« acht Stunden Schlaf pro Nacht auskommen, zum Beispiel amerikanische Präsidenten, Erfolgssüchtige wie Donald Trump oder Menschen in Pflegeberufen wie Mutter Teresa usw.*

— *Ich weiß, dass ich das in meinem Leben schaffen kann, weil ich bereit bin, Änderungen in meinem Terminplan vorzunehmen, um Pausen für ein Nickerchen und andere kurze Zeiten der Erholung einzuhalten und auch sonst (Ernährung, Bewegung usw.) wirklich etwas für mein Wohlbefinden zu tun. Beispielsweise hatte ich für heute einen 20-minütigen Mittagsschlaf eingeplant und habe ihn auch gehalten; vorher habe ich eine leichte Mahlzeit zu mir genommen, und außerdem trinke ich jetzt täglich acht Gläser Wasser usw.*

— *Ich weiß, dass ich das in meinem Leben schaffen kann, weil ich meinen Energiepegel einfach dadurch verändern kann, dass ich beschließe, voller Schwung zu sein. Als ich zum Beispiel heute Morgen aufgewacht bin, fühlte ich mich ausgeschlafen, bis ich sah, dass es erst 5.30 Uhr war, da wurde ich gleich wieder müde. Doch als ich mir die Augen rieb und noch einmal auf den Wecker blickte, erkannte ich, dass es 6.30 Uhr war, und da war ich gleich wieder hellwach. Ich weiß, dass es nicht an meinem Wecker liegt, ob ich müde oder wach bin, sondern an mir selbst.*

Bitte beachten Sie, dass Sie nicht unbedingt an das glauben müssen, was Sie in Schritt 2 schreiben. Es geht darum, »sich selbst etwas einzureden«, und das wird über kurz oder lang dazu führen, dass Sie zu neuen Überzeugungen kommen, was Ihre Möglichkeiten betrifft.

Wie Hilflosigkeit Schule macht

Das Erfolgsgeheimnis:
Siebenmal hinfallen, achtmal wieder aufstehen.
Chinesisches Sprichwort

Von allen Überzeugungen und Geschichten, die wir darüber im Kopf haben, wie die Welt angeblich »wirklich« funktioniert, schränken uns diejenigen am meisten ein, in denen wir aus einzelnen Misserfolgen verallgemeinernd den Schluss ziehen, dass wir immer und in allen Lebenslagen scheitern werden. Dieses Phänomen wird in der Psychologie »erlernte Hilflosigkeit« genannt – die sich selbst erfüllende Überzeugung, dass wir niemals durch eigenes Tun Qualität und Umstände unseres Lebens verändern können.

Nach meiner Erfahrung sind es im Wesentlichen drei Arten, auf die man »lernt«, dass man absolut nichts machen kann und dass es keinen Zweck hat, es überhaupt zu versuchen. Ich bezeichne sie gern als Elefantenschule, Piranhaschule und Schule des Allgemeinwissens.

1. Die Elefantenschule

»Wie kommt es«, fragte ich als Kind, wenn ich mir ein Zirkus-Bilderbuch ansah, »dass der große, dicke Elefant an einen kleinen Holzpfahl gebunden ist und trotzdem nicht wegläuft?« Die Antwort lautete: durch sorgfältige Schulung. Von dem Augenblick an, in dem der Elefant stehen kann, ist er angebunden an einen Pfahl, der zu dem betreffenden Zeitpunkt für ihn ausreicht. Er lernt von klein auf, dass es sich nicht lohnt, mit aller Kraft daran zu zerren und zu ziehen, und das merkt er sich fürs ganze Leben. Auch später, wenn er sich befreien könnte, ohne ins Schwitzen zu kommen, macht er gar nicht erst den Versuch.

Als Junge dachte ich, mein Vater wüsste immer genau, wie man etwas repariert. Egal, was in oder an unserem Haus kaputtging, es wurde stets schnell und scheinbar mühelos von ihm in Ordnung gebracht. Im ersten eigenen Haus, das meine Frau und ich kauften – ich war in meinen Zwanzigern –, war ich nicht einmal in der Lage, eine Glühbirne auszuwechseln, geschweige denn eine undichte Stelle im Dach zu flicken. Ich beschloss, dass es zwecklos war, überhaupt den Versuch zu machen, etwas zu reparieren – das Do-it-yourself-Gen hatte offensichtlich eine Generation übersprungen. Jetzt, zwanzig Jahre, mehrere Häuser und Hunderte von Reparaturen später, weiß ich, dass die Fertigkeiten meines Vaters Fähigkeiten waren, die nicht angeboren sind, sondern erworben werden können, und wahrscheinlich bin ich in den Augen meines Sohnes ein ebenso genialer Bastler wie mein Vater früher für mich.

Tatsache ist, dass wir als junge Menschen physisch, mental und emotional wirklich nicht dazu in der Lage sind, die gleichen Aufgaben auszuführen, wie sie die »Erwachsenen« ganz selbstverständlich bewältigen. Ohne Erklärung und ohne Kenntnis der Zusammenhänge lernen wir in der Elefantenschule, daran zu glauben, dass die Beschränkungen unserer Kindheit und Jugend ein fester Bestandteil unserer Identität sind und nicht etwa vorübergehende Herausforderungen, die mit der Zeit durch entsprechendes Training und mit zunehmender Erfahrung überwunden und gemeistert werden können.

2. Die Piranhaschule

Es kommt selten vor, dass Tierschutzaktivisten gegen die Behandlung von Piranhas protestieren (sie sind wohl nicht kuschelig genug ...), aber es gab ein interessantes Experiment mit ihnen. Dabei wurden diese possierlichen Fischchen (die wirklich nur selten ihre eigene Brut fressen) in ein großes Bassin gesetzt und durch eine durchsichtige Glasscheibe von ihrem »Futter« getrennt. Nachdem sie sich einige Tage ihre niedlichen Köpfe an der Scheibe gestoßen hatten, gaben sie auf. Danach wurde die Trennscheibe entfernt, aber die Piranhas verhungerten, obwohl sie eigentlich völlig frei in ihrer »Welt« voller Nahrung herumschwimmen konnten.

In der Piranhaschule lernen wir vor allem, dass wir nach einem, zwei oder drei vergeblichen Versuchen am besten aufgeben. »Schließlich ist es im Grunde verrückt, wenn man immer das Gleiche tut, aber stets ein anderes Ergebnis erwartet«, sagen wir uns.

Der Fehler bei dieser Art des Denkens liegt darin, nicht zu erkennen, dass das Wesen des Universums Veränderung ist und dass ein Unterfangen, das sich beim ersten Mal so anfühlte, als würden wir uns dabei den Kopf an einer Backsteinmauer (bzw. Glaswand) stoßen, beim nächsten Mal eine sofortige wunderbare Belohnung verheißen könnte.

3. Die Schule des Allgemeinwissens

In der Schule des Allgemeinwissens steht unsere kulturelle Mythologie auf dem Lehrplan. Nun denken die meisten Leute bei »Mythologie« an uralte Geschichten von längst vergessenen Göttern. Doch nach lexikalischer Definition ist ein Mythos »eine Sage oder ein Volksglaube«, der sich um eine Gestalt oder einen Gegenstand rankt, zumal, wenn dieser in einer »verschwommenen, irrationalen Art die Ideale und Institutionen einer Gesellschaft verkörpert«.

Wenn ich also von kultureller Mythologie spreche, meine ich keine geflügelten Pferde, grünen Ritter oder Hammer werfenden Götter. Ich rede von den direkten und indirekten Überzeugungen, Idealen und Verhaltensregeln, die in jeder Kultur existieren.

Die kulturelle Mythologie verbreitet sich primär auf zweierlei Art:

a) Direkt – durch die ausdrücklichen, oft widersprüchlichen Belehrungen unserer Eltern, Lehrer und Altersgenossen

*Sex zwischen Mann und Frau kann etwas absolut
Wunderbares sein – vorausgesetzt, man kriecht zwischen dem
richtigen Mann und der richtigen Frau in die Federn.*
Woody Allen

Sex, Drogen und Geld sind entweder gut oder schlecht, je nachdem, ob man auf seine Eltern oder auf seine Freunde hört (und je nachdem, welcher Version des Sex-, Drogen- und Geldmythos diese anhängen). Entscheidend ist nicht, auf welche Seite man sich schlägt, sondern in welchem Maße man verallgemeinert.

Machen wir uns nichts vor – Missbrauch, ob bei Sex, Drogen oder Geld, hat immer üble Folgen. Richtiges, umsichtiges Verhalten in diesen Bereichen hingegen kann Gutes bewirken. Wo wäre die Welt ohne Fortpflanzung, Penizillin und das Geld zur ständigen Förderung von Forschung und

Lehre! Und wie stände es um Ihr Leben ohne Sex, Geld für Nahrungsmittel und ein Aspirin dann und wann?

b) Indirekt durch die Helden und Antihelden unserer Kultur und durch Kulturgüter wie Literatur, Musik und Kunst

> *You can't always get what you want.*
> Rolling Stones

Ebenso wie Evangelisten, die Armut und Bescheidenheit predigen, während sie selbst wie Rockstars leben, sind mir Rockbands und ihre Stars suspekt, die seit vierzig Jahren auf Teufel komm raus genau das machen, was sie immer machen wollten, um dann Millionen von bewundernden Fans vorzuhalten, sie »könnten nicht immer bekommen, was sie wollten«. Aber wie meist bei kulturellen Mythen neigen wir dazu, das fraglos hinzunehmen, es sei denn, wir untersuchen einmal bewusst die Botschaften, mit denen uns Werbung, Musik, Film und Fernsehen ständig bombardieren.

Das ist nämlich die wirkliche Gefahr indirekter Mythen. Da sie nie jemand in Worte gefasst oder uns begreiflich gemacht hat, haben wir auch nie eine Chance gehabt, sie anzuzweifeln. Sie sind uns einfach direkt und ungefiltert ins Unterbewusstsein gedrungen; wir nehmen sie unbewusst auf, während wir ein Buch lesen oder uns einen Film anschauen, der die abstrusen Fantasien von irgendjemandem widerspiegelt. (Und ich weiß, wie abstrus solche Fantasien bisweilen sein können, denn ich lebe und arbeite in Hollywood!)

Während sowohl auf der Elefanten- als auch auf der Piranhaschule Hilflosigkeit durch Erfahrung antrainiert wird, ist die Schule des Allgemeinwissens gestopft voll mit Lehrern, die nur die Grenzen ihrer eigenen Kenntnisse und Erfahrungen an die nichts ahnenden Schüler weitergeben.

Typische Behauptung: *Das geht nicht (ist unmöglich usw.).*

Umsetzung: *Ich kann das nicht (wenn ich es überhaupt jemals versuchen würde).*

Ergebnis: *Eine neue Generation von Menschen, die nie einen Versuch wagen und damit den Mythos zementieren, dass es nicht möglich ist.*

Obwohl es zwar durchaus von Nutzen sein kann, von den Erfahrungen anderer zu lernen, lehrt uns doch jeder noch so gut gemeinte Misserfolg kaum etwas über die Voraussetzungen des Erfolgs.

Hier eine Geschichte (ich halte sie gern für wahr …) darüber, wie leicht die erlernte Hilflosigkeit überwunden werden kann, ganz gleich, auf welcher Schule man sie gelernt hat …

Der Saal der tausend Dämonen

Alle hundert Jahre versammeln sich die Mönche eines alten Ordens an einem geheimen Ort hoch oben im Himalaja zu einem heiligen Ritual. Einen Tag lang erhält jeder Mönch Gelegenheit, sofort die Erleuchtung zu erlangen. Einzige Bedingung: Er muss durch einen Saal gehen, der »Saal der tausend Dämonen« genannt wird – und lebend wieder herauskommen!

Es geht das Gerücht, dass der Saal der tausend Dämonen

pechschwarz und, wie man sich denken kann, angefüllt ist mit tausend der übelsten Dämonen aus den Unterwelten der Hölle. Die Dämonen erscheinen in Gestalt all dessen, wovor man die größte, entsetzlichste Angst hat – Riesenspinnen, Giftschlangen, tiefe Abgründe und alles andere, was einem im tiefsten Herzen Grauen einflößt.

Es gibt nur zwei Regeln bei dieser Aufgabe: Erstens darf niemand zur Rettung herbeieilen, und zweitens kann man nicht zur gleichen Tür wieder hinaus, durch die man hineingekommen ist. Den wenigen mutigen Seelen, die es wagen, sich ihren Ängsten zu stellen, um Glück, Erfolg und Erleuchtung zu erlangen, werden außerdem zwei Ratschläge mit auf den Weg gegeben:

1. Vergiss nicht, dass alles, von dem du glaubst, dass es um dich herum geschieht, bloß eine Projektion deines eigenen Denkens ist.
2. Geh weiter, egal, was du zu sehen, hören, denken oder fühlen glaubst. Wenn du in Bewegung bleibst, wirst du irgendwann auf der anderen Seite herauskommen.

Wie man eine einschränkende Überzeugung erkennt

Denken Sie an etwas, das Sie unbedingt wollen. Glauben Sie, dass Sie es jetzt schon haben können? Wenn nicht, sind die Gründe für diese Auffassung genau die Überzeugungen, die Sie daran hindern, die betreffende Sache auch wirklich zielstrebig zu verfolgen.

Von der Theorie zur Praxis ...

Warum Sie nicht erreichen, was Sie wollen

1. Suchen Sie sich etwas aus, das Sie absolut gerne erreichen würden, aber nicht erreichen zu können glauben, weil es »unmöglich« ist oder Ihrem Empfinden nach unerreichbar ist.

2. Fragen Sie sich: »Warum kann ich das nicht erreichen?«
   Schreiben Sie mindestens einen Satz, um zu erklären, warum Sie glauben, das noch nicht erreicht zu haben, was Sie für Ihr Leben gern erreichen würden.
   Sie können sich auch fragen:
   * *Warum soll ich das nicht erreichen können?*
   * *Warum habe ich es noch nicht erreicht?*
   * *Was hält mich davon ab, es zu erreichen?*

3. Lesen Sie das, was Sie geschrieben haben, und markieren Sie alle Überzeugungen, Annahmen und Behauptungen, die Ihre derzeitige Erfolglosigkeit »begründen« könnten.
   Beispiel:
   Was will ich?
   Einen Bestseller schreiben und veröffentlichen.
   Warum geht das nicht?
   Ich habe noch nie ein Buch geschrieben. Das erste Buch ist immer ganz schlecht zu verkaufen. Es gibt schon so viele Bücher auf dem Markt. Habe ich wirklich etwas Wichtiges zu sagen? Ich setze mich nicht genug ein. Ich will es vielleicht nicht genug. Ich verstehe nichts vom Verlagswesen. Wenn etwas nicht so glatt geht, wie ich dachte, gebe ich lieber auf.

4. Stellen Sie fest, ob Ihre Behauptungen einer der drei Schulen für erlernte Hilflosigkeit entsprechen, der Elefantenschule, der Piranhaschule oder der Schule des Allgemeinwissens.

Beispiele:
- *Das erste Buch ist immer ganz schlecht zu verkaufen – Allgemeinwissen.*
- *Habe ich wirklich etwas Wichtiges zu sagen? – Elefant.*
- *Wenn etwas nicht so glattgeht, wie ich dachte, gebe ich lieber auf – Piranha.*

5. Führen Sie zum Schluss bei jeder Behauptung einen plausiblen Grund für eine gegenteilige Annahme an.

Beispiele:
Einschränkende Annahme – *Das erste Buch ist immer ganz schlecht zu verkaufen.*

Gegenteilige Annahme – *Das erste Buch ist ganz leicht zu verkaufen.*

Beweisführung – jeder, der schon einmal etwas veröffentlicht hat, hat sein »erstes Buch« auch verkauft, selbst wenn es vielleicht nicht das erste war, das er geschrieben hat. Wenn man noch keinen »Namen« hat, kann man sich jetzt das einzige Mal in seiner Karriere die Freiheit nehmen, seinen eigenen sprachlichen Ausdruck und Stil zu finden. Einige Autoren haben von ihrem ersten Werk eine Million Exemplare verkauft, obwohl sie bis dahin noch unbekannt waren.

Sobald Sie die Überzeugungen und Annahmen kennen, die Ihnen besonders hinderlich sind, können Sie das nächste Mittel benutzen, um auf Ihrem Weg der »Wow!«-Ziele und hochfliegenden Träume noch weiter voranzukommen …

Die bohrende Frage

*Eine Frage tut ihre Wirkung, weil sie im Gegensatz
zu einer Behauptung, die uns Gehorsam abnötigt,
Denken erforderlich macht. Der Geist scheint Denken
dem Gehorchen vorzuziehen.*

Nancy Kline

In ihrem ausgezeichneten Buch mit dem Titel *Time to Think* macht uns die Unternehmensberaterin Nancy Kline mit einem Mittel bekannt, das sie die »bohrende Frage« nennt.

Statt eine Annahme oder Überzeugung frontal anzugehen, macht die bohrende Frage die Annahme vorübergehend irrelevant und ermöglicht es Ihnen, Ihre alte Denkungsart hinter sich zu lassen und in eine Welt voller neuer Möglichkeiten einzutreten.

Sie können die bohrende Frage einsetzen, um die mentalen und emotionalen Ressourcen anzuzapfen, zu denen Ihnen der Glaube, nicht erreichen zu können, was Sie wollen, den Zugang versperrt. Während Sie auskundschaften, wie das Leben jenseits der Grenzen Ihrer einschränkenden Annahmen sein könnte, fallen Ihnen plötzlich massenhaft inspirierende Ideen ein, die Sie verwirklichen, und Initiativen, die Sie ergreifen können.

Von der Theorie zur Praxis …

Die bohrende Frage

1. Denken Sie an etwas, das Sie wollen, bei dem Sie jedoch Schwierigkeiten haben, es zu erreichen.

Beispiel:
Eine fantastische neue Beziehung.

2. Welche Annahme Ihrerseits könnte Sie daran hindern, das zu erreichen?

Beispiele:
Ich bin nicht gut genug; ich bin zu alt; niemand will mich usw.

3. Suchen Sie die Annahme, die Sie für die »felsenfesteste« halten – bei der Sie spüren, dass sie den Kern des Problems bildet. Was wäre für Sie eine positive Gegenannahme dazu?

Beispiele:
Einschränkende Annahme – Ich bin zu alt.
Mögliche positive Gegenannahme – *Ich habe das perfekte Alter; das Alter spielt keine Rolle, auf Erfahrung kommt es an.*
Einschränkende Annahme – *ich bin nicht gut genug.*
Mögliche positive Gegenannahme – *Ich bin genau das, wonach mein perfekter Partner Ausschau hält; ich bin es wert, eine wunderbare Beziehung einzugehen.*

4. Formulieren Sie eine bohrende Frage, indem Sie die nachstehenden Vorschläge zu Hilfe nehmen:
»Wenn ich mit absoluter Sicherheit davon ausgehen könnte, dass _____ (hier die positive Gegenannahme zu Ihrer einschränkenden Annahme einsetzen), *was würde mir dann wohl zu* _____ (hier ein Ziel, eine Situation oder Herausforderung einsetzen) *einfallen?*

Beispiel:
Wenn ich mit absoluter Sicherheit davon ausgehen könnte, dass das Alter keine Rolle spielt, sondern dass es auf Erfahrung ankommt, was würde mir dann zum Stichwort »fantastische Beziehung« einfallen?

Oder:

Wenn ich mit absoluter Sicherheit davon ausgehen könnte, dass
_____ (hier positive Gegenannahme zur einschränkenden Annahme einsetzen), *was würde ich dann tun, um* _____ (hier ein Ziel, eine Situation oder eine Herausforderung einsetzen) *zu erreichen oder zu meistern?*

Beispiel:

Wenn ich mit absoluter Sicherheit davon ausgehen könnte, dass ich genau das bin, wonach mein perfekter Partner Ausschau hält, was würde ich dann tun, damit es eine fantastische Beziehung wird?

Die »richtige« Frage ist die, die Ihrem Gefühl nach richtig ist. Spielen Sie mit verschiedenen positiven Gegenannahmen, bis Sie eine gefunden haben, die genau passt, die Sie inspiriert und beflügelt.

5. Verfolgen Sie die genialsten Ihrer Ideen und Aktionen bis zum Ziel.

Selbst mit der Überzeugung, erreichen zu können, was Sie wollen, werden Sie nicht weit kommen, wenn Sie sich die meiste Zeit über verzweifelt abmühen, mit der Anspannung und dem Stress Ihres Lebensalltags klarzukommen. Darum ist die Überwindung des nächsten Hindernisses entscheidend dafür, dass Sie in Bewegung bleiben und das Ziel fest im Auge behalten …

11
Wohlbefinden

Information	Können	Überzeugung
Wohlbefinden	Mitmenschen	Motivation
Zeit	Geld	Angst

Stressabbau für geschäftige Menschen

Viele Männer gehen ihr Leben lang fischen und merken gar nicht, dass es nicht der Fisch ist, auf den sie aus sind.
Henry David Thoreau

Wenn der japanische Kaiser Saga auf Reisen ging, war jeder Tag auf die Minute verplant. Eines Tages sollte ihn eine Delegation Mönche genau zehn Minuten lang auf einem Rundgang durch den örtlichen buddhistischen Tempel begleiten. Der Kaiser und sein Gefolge betraten den Tempel pünktlich, aber er war leer, und die Mönche waren nirgends zu sehen.

Der persönliche Berater des Kaisers, der für die Terminplanung verantwortlich war, suchte in seiner Verzweiflung abwechselnd nach der abwesenden Delegation oder stammelte in seiner Panik Entschuldigungen für deren Abwesenheit. Der Kaiser jedoch blieb einfach still mitten in der Halle stehen und schwieg. Exakt zehn Minuten später kündigte er an, dass es jetzt Zeit zu gehen sei. Beim Verlassen des Tempels wandte er sich an seinen Berater und sagte: »Dieser Termin hat mir sehr gut gefallen – bitte setze ihn für morgen wieder auf den Plan.«

Was mich selbst betrifft, so werde ich manchmal dermaßen von der Betriebsamkeit meines Lebens absorbiert, dass ich das Gefühl habe, in einem Laufrad gefangen zu sein, das sich immer schneller dreht.

Zum Glück habe ich inzwischen etliche Methoden gelernt, wie ich aus der Tretmühle herauskomme und mit dem Rennen aufhöre, zumindest lange genug, um wieder zu mir zu kommen. Sobald ich in meinen Körper und den gegenwärtigen Augenblick zurückgekehrt bin, kann ich mich erneut auf das einstellen, was mir wirklich wichtig ist, und mich wieder auf das Beste, was ich bereits weiß, besinnen.

1. Sich einen Tag frei nehmen

Sich einen Tag frei zu nehmen, um sich über Richtung, Sinn und Zweck des Lebens klar zu werden, ist das Produktivste, was man machen kann und was selbst überzeugte Workaholics wie wir für vertretbar halten.

Um möglichst umfassend davon zu profitieren und nicht durch allerlei Signale abgelenkt zu werden, entfernen Sie sich am besten von Ihrer häuslichen und beruflichen Umgebung. Machen wir uns nichts vor: Es ist viel leichter, eine E-Mail unbeantwortet zu lassen und keine Telefonanrufe entgegenzunehmen, wenn man keinen Computer und kein Telefon in der Nähe hat!

2. Kürzertreten und am Käse schnuppern

Als meine Tochter Clara zwei Jahre alt war, liebte sie ein Lied mit dem Titel »Slow down and smell the cheese!« (»Tritt kürzer und schnuppere am Käse!«) In dem Lied geht es um einen hektischen Mäuserich namens Tutter, der ununterbrochen herumrennt und seinen Käse im Mauseloch herumrollt, bis er schließlich erschöpft ausruft: »*So wenig Zeit, und so viel Käse herumzurollen!*«

Verbringen Sie – nur heute – einmal Zeit auf der Kriechspur, im wörtlichen wie im übertragenen Sinne. Nehmen Sie sich am Morgen etwas mehr Zeit und fahren Sie langsam zur Arbeit. Wenn Sie mit Bus oder Bahn fahren, dann treffen Sie mit sich selbst ein Abkommen, dass Sie nicht rennen werden, um den Bus oder Zug noch zu erwischen, ganz gleich, was passiert.

Der Freund der Maus, ein Bär mit dem passenden Namen »Bär«, singt irgendwann: »*Life is so much better when you smell the feta!*« (»Das Leben ist so viel besser, wenn man den Feta riecht!«)

Wenn Sie sich Zeit geben, um alles langsamer zu machen und wieder zu sich zu kommen, liegt es wunderbarerweise ganz und gar bei Ihnen, was für ein Tag das heute wird!

3. Situationsbedingte Erschöpfung erkennen

Der amerikanische Psychiater Milton Erickson erzählte in den Fünfzigerjahren gern die Geschichte einer Hausfrau, die an einer mysteriösen, medizinisch nicht zu diagnostizierenden Lähmung der unteren Körperhälfte litt. Nachdem er einige Zeit mit ihr gearbeitet hatte, schien sie vollständig wiederhergestellt zu sein. Doch wenige Stunden nach ihrer Rückkehr nach Hause wurde sie wieder ins Krankenhaus eingeliefert.

Als ihr Mann gefragt wurde, was denn passiert sei, sagte er: »Ich weiß es nicht. Ich habe sie eben begrüßt und ihr gesagt, wie glücklich ich bin, dass sie sich jetzt endlich wieder um das Kochen und Putzen kümmern und für die Kinder sorgen kann, da fällt sie auch schon um!«

Auch meine Frau hat mich einmal eines ähnlichen Verhaltens beschuldigt und darauf hingewiesen, dass ich mysteriöserweise immer, wenn unliebsame Aufgaben bevorstanden, bei denen meine Mitwirkung gefragt war, krank wurde. Jedes Mal, wenn eine Arbeit anstand, die ich nicht tun wollte, war ich plötzlich total erschöpft, bekam Kopfschmerzen oder Schlimmeres, und einmal, bei einem beginnenden Frühjahrshausputz, stieß ich mich so, dass ich beinahe ohnmächtig wurde!

Zuerst wies ich den Gedanken weit von mir (schließlich bin ich ja vollkommen!), aber bei einer kurzen Reise durch meine Erinnerungen musste ich zu meinem Entsetzen feststellen, dass sie Recht hatte. Das Problem war, dass ich es nicht vorsätzlich tat – es war, als würde mein Körper »die Schotten dichtmachen«, um mich vor etwas zu bewahren, wozu ich meiner Veranlagung nach nicht den Mut fand, »nein« zu sagen.

Während ich diesem Phänomen noch bei mir selbst nachging, stieß ich fortlaufend auf ähnliche Fälle bei anderen. Eine Frau aus meinem Bekanntenkreis bekommt vor jedem Familientreffen eine unerträgliche Migräne und sagt ihren Besuch dann in letzter Minute ab, was schon ein Familienwitz geworden ist. Eine Klientin mit chronischem Erschöpfungssyndrom (auch abschätzig »Yuppie-Grippe« genannt) fand heraus, dass ihr Energiepegel immer abhängig davon stieg oder fiel, wie oft sie sich gestattete, nur die beruflichen Dinge zu tun, die sie gern machte. Und fast alle, mit denen ich sprach, kannten die Erfahrung, auf einen Berg unerledigten Papierkrams (zum Beispiel die Steuererklärung!) zu blicken und plötzlich total erschöpft zu sein, und das unabhängig von der Tageszeit oder davon, wie lange sie in der Nacht geschlafen hatten.

Im Folgenden meine drei Lieblingstheorien darüber, warum die »situationsbedingte Erschöpfung«, wie ich sie nenne, einsetzt …

a) Das »Versagerhumpeln«

Achten Sie das nächste Mal, wenn Sie sich einen sportlichen Wettkampf anschauen, auf ein Phänomen, das bei Sportlern, Trainern und Sportpsychologen das »Versagerhumpeln« genannt wird. Wenn ein Spieler einen unkomplizierten Ball nicht fängt oder einen Fehler macht, der den Gegner in die Lage versetzt, zu punkten, werden Sie bemerken, dass er plötzlich »humpelt« und eine Verletzung an Armen, Beinen oder Kopf andeutet, von der bis dahin nichts zu sehen war, die jedoch eindeutig erklärt, wie er einen so schlimmen Fehler begehen konnte.

Dem Versagerhumpeln liegt die Theorie zugrunde, dass in unserer Gesellschaft Versagen stets von Schuldgefühlen begleitet sein muss. Um nicht als Schuldiger dazustehen, zaubern wir (meist unterbewusst) eine Krankheit oder Verletzung herbei, die unser Versagen entschuldigt. Je wohler wir uns in unserer Haut und bei dem Gedanken fühlen, dass immer »etwas passieren kann«, egal, wie gut wir vorbereitet sind, umso weniger haben wir das Bedürfnis, uns Vorwürfe zu machen, wenn etwas schiefgeht.

b) Testosteron

Testosteron ist ein energiesteigerndes Hormon, das im Körper von Männern, aber auch Frauen natürlich produziert wird. Ein hoher Testosteronspiegel wird mit Aggressivität, Kraft, starkem Geschlechtstrieb und Euphorie in Verbindung gebracht, ein niedriger Testosteronspiegel mit Depressivität, Impotenz und Erschöpfung. Interessant ist, dass der Testosteronpegel nicht immer gleich bleibt, sondern sich von Tag zu Tag, Stunde zu Stunde und Situation zu Situation ändert.

Studien, in denen die Testosteronwerte von Sportlern vor und nach einem Wettkampf gemessen wurden, ergaben, dass die siegreichen Sportler fast immer vorher und nachher bedeutend höhere Werte aufwiesen als die Verlierer, und zwar in einem Maße, dass man im Nachhinein, auch wenn man nichts von dem sportlichen Ereignis und den beteiligten Spielern wusste, durch einen Vergleich der Testosteronwerte genau feststellen konnte, wer die Sieger waren.

Eine Theorie erklärt dies an einem Beispiel aus dem Tierreich. Bei traditionellen »Rudeltieren« kämpft das Alphamännchen um die Führerschaft im Rudel. Nach verlorenem Kampf nimmt der abgesunkene Testosteronpegel dem besiegten Tier buchstäblich jeden »Kampfwillen«, bewahrt es vor weiteren Niederlagen und sorgt für Zeit, damit die

Wunden heilen können. Und umgekehrt gibt der erhöhte Testosteronspiegel dem Sieger wieder ein Gefühl von Kraft, Selbstvertrauen und neuem Schwung, um sich weiteren Herausforderungen zu stellen.

Im Arbeitsleben hat fast jeder schon einmal den »Kick« der Siegesfreude (etwa nach einem guten Verkaufsabschluss, einem beruflichem Aufstieg oder einer gelungenen geschäftlichen Transaktion) und die »Qual« einer Niederlage (z. B. bei Verlust eines Klienten oder bei einem Vertragsbruch) erlebt. Wenn Sie einmal überlegen, wie es bei einem »Sieg« oder einer »Niederlage« im Beruf jeweils um Ihren eigenen Energiepegel bestellt war, werden Sie vielleicht erkennen, wie diese Kräfte auch in Ihnen wirken.

c) Sich durchsetzen und Grenzen abstecken

Milton Erickson nahm nach deren plötzlichem »Rückfall« die Behandlung der gelähmten Hausfrau auf und trainierte sie darin, persönliche Grenzen abzustecken und ihr Recht zu behaupten, nein zu sagen, wenn sie etwas nicht machen wollte, auch wenn es in der Familie von ihr als Ehefrau und Mutter erwartet wurde. Er lehrte sie außerdem, in der Taubheit ihrer Fußgelenke ein frühes Warnsignal dafür zu erkennen, dass sie drauf und dran war, ihrer sozialen Programmierung zu folgen statt ihrem Herzen.

Bei vielen der Menschen, mit denen ich gesprochen habe, stellte sich die situationsbedingte Erschöpfung dann ein, wenn es ihnen entweder zu viel Angst machte oder zu peinlich war, nein zu sagen. Oft sind diese Gefühle mit dem Wunsch gekoppelt, geliebt zu werden oder als »guter Mensch« zu erscheinen. Wie bei Milton Ericksons Hausfrau hat es meist eine erkennbar positive Wirkung auf die Gesundheit und den Energiepegel, klare Grenzen abzustecken und zu lernen, wann und wie man nein sagen muss.

Aber es gibt etwas, das sogar noch wichtiger ist als Durchsetzungsvermögen und Grenzen zu setzen und das uns dauerhaft ermöglicht, immer in Hochform zu sein, wenn es darauf ankommt ...

Die naturgegebene Energie entfesseln

Leben bringt Leben hervor, Energie bringt Energie hervor. Indem man alles gibt, wird man reich.
Sarah Bernhardt

Wir alle sind ständig mit der Sorge um uns selbst beschäftigt. Aber da es gesellschaftlich inakzeptabel ist, zuerst an sich selbst zu denken (außer in Flugzeugen, wo man ermahnt wird, im Notfall erst sich selbst die Sauerstoffmaske aufzusetzen und sich dann erst um Kinder und Mitreisende zu kümmern), neigen wir dazu, unsere Umgebung unmerklich oder auch merklich zu manipulieren, damit unsere Bedürfnisse befriedigt werden.

Doch wenn – und das ist der Trick – wir uns selbst bewusst immer pfleglicher behandeln, hören wir auf, die Außenwelt so zu manipulieren, dass sie sich unser annimmt. Je besser wir für uns sorgen, umso wohler fühlen wir uns, und je wohler wir uns fühlen, desto mehr Energie haben wir, und je mehr Energie wir haben, umso leistungsfähiger fühlen wir uns, und je leistungsfähiger wir uns fühlen, umso leistungsfähiger sind wir, und je leistungsfähiger wir sind, umso mehr schaffen wir, und je mehr wir schaffen, umso wohler fühlen wir uns. (Puh!)

Auf die Idee, ein Tagesprogramm für die geistige und spirituelle Selbstpflege zu entwickeln, kam ich, als ich an einem außerordentlich intensiven 12-Wochen-Kurs unter dem Titel »Was ein Einzelner tun kann« teilnahm. Der Kursleiter stellte eine Frage, die mir den Angstschweiß auf die Stirn trieb. Ich hatte mich zu dem Kurs angemeldet, weil ich mehr Sinn und Wert in meiner Arbeit sehen wollte, und es war auch alles wie geschmiert gelaufen, bis der Kursleiter fragte:

Welchen Aktivitäten, die man unter der Überschrift »spirituelle Selbstpflege« zusammenfassen könnte, widmen Sie sich oder würden Sie sich regelmäßig widmen?

Etwa zehn Jahre lang war das Wort »spirituell« in meinem Denken fast ein Tabu, eine Gegenreaktion gegen meine begeisterte New-Age-Spiritualität Mitte der Achtzigerjahre, die mich damals beinahe meine Beziehung und meine geistige Gesundheit gekostet hätte. Als die Frage im Raum stand, wurde mir klar, dass ich mich endlich der Tatsache stellen musste, dass mein Leben keine spirituelle Komponente hatte und dass ich vielleicht sogar etwas dagegen unternehmen musste. »O Gott«, dachte ich, soweit ich mich erinnere, »nicht schon wieder Gott!«

Während ich voller Angst darauf wartete, an die Reihe zu kommen, hörte ich konzentriert zu, was die anderen Teilnehmer sagten, in der Hoffnung, vielleicht irgendetwas davon für meine eigene Antwort verwerten zu können. Die Leute erzählten nacheinander von ihrer jeweiligen Übungspraxis – von Morgenmeditationen am Strand (verlockend, aber wegen zu langer Anfahrt – selbst in Los Angeles – verworfen), vom Baden bei Kerzenlicht (eher etwas für junge

Mädchen) und von diversen Ritualen einschließlich des »Chantens« vor speziellen Altären (zu exotisch).

Als ich schließlich aufgerufen wurde, zermarterte ich mir das Hirn in dem verzweifelten Bemühen, mit irgendetwas aufwarten zu können, was halbwegs »spirituell« klang. »Könnten Sie die Frage noch einmal wiederholen?«, sagte ich, um Zeit zu gewinnen.

Dieses Mal war die Frage etwas anders formuliert.

Was tun Sie regelmäßig (oder könnten Sie tun), um sich und Ihr Leben als Inspiration zu empfinden? Wann sind Sie in Ihrem Leben rundum zufrieden? Wo auf der Welt haben Sie am stärksten ein Gefühl tiefsten Friedens?

Beim Nachsinnen über die letzte Frage hatte ich endlich eine Erleuchtung – mein Pendant zu Kerzen, Räucherstäbchen und dem Pazifischen Ozean war der Genuss einer Tasse Cappuccino in meinem örtlichen Buchladen, wo mich Ruhe und Zufriedenheit überkamen, während ich in einer der Neuerscheinungen blätterte.

Ich war eben im Begriff, diese Praxis im Hinblick auf ein so edles Ideal wie die »spirituelle Selbstpflege« als viel zu »weltlich« zu verwerfen, als mir meine zweite Erleuchtung kam:

Die spirituelle Selbstpflege ist nichts mehr und nichts weniger als Pflege und Nahrung für den Geist.

Wir alle machen hin und wieder die Erfahrung, dass eine Inspiration über uns kommt; in den Künsten ist eine inspirierende Aufführung etwas, das uns mit Begeisterung erfüllt. Das Wort »Spirit« (wie in »spirituell«) kommt vom lateinischen *spiritus*, was »Hauch«, »Atem«, »Geist« und »Seele« bedeutet und also die eigentliche Lebenskraft bezeichnet – das, was uns Leben »einhaucht«. Spirituelle Selbstpflege ist demnach die tägliche Beschäftigung mit dem, was Leben gibt und lebendig erhält.

In dem genannten Kurs wurde aus mir, der ich bis dahin alles gemieden hatte, was auch nur im Entferntesten an Gott und Spiritualität erinnerte, jemand, der das Wohl von Geist und Seele in den Mittelpunkt seines Lebens stellte. Ich beginne fast jeden Tag mit einer spirituellen »Selbstpflege«-Übung. Während des Tages lasse ich immer Raum für etwas Inspirierendes, und ich beschließe den Tag mit einer stillen Besinnung und Kontemplation. Dadurch bin ich glücklicher und gesünder geworden, habe mehr Energie, und meine frühere bohrende Suche nach Sinn und Wert in meinem Leben erscheint mir inzwischen meist wie ein ferner Traum.

Für mich ist die spirituelle Selbstpflege nicht bloß eine gute Idee – sie ist die Mutter aller guten Ideen. Wenn mir Klienten oder Freunde erzählen, sie hätten eine schlimme Woche gehabt, weiß ich, dass ich nur eine einzige Frage zu stellen brauche: »Was tust du zurzeit für dein spirituelles Wohl? Wie viel Zeit nimmst du dir für dein Seelenheil, für die Ernährung deiner Seele?«

Dann heißt es unweigerlich, dass es »die Woche über zu viel zu tun gab«. Wenn ich das höre, fällt mir immer eine Geschichte über Mahatma Gandhi ein, der einmal angesichts eines besonders anstrengenden Tages gesagt haben soll: »Ich habe heute so viel zu tun, dass ich doppelt so lange meditieren muss.«

Warum fällt es uns meist so schwer, uns Zeit fürs Frühstück zu nehmen, ganz zu schweigen davon, einer wirklich guten Pflege von Körper, Geist und Seele Priorität und Raum zu geben?

Ein Grund ist sicher, wie bereits erwähnt, der, dass wir von klein auf lernen, die Bedürfnisse anderer den eigenen voranzustellen. Während unserer gesamten Kindheit haben wir unbewusst die Vorstellung verinnerlicht, dass unsere eigenen Wünsche und Bedürfnisse hinter denen unserer Eltern, Geschwister, Freunde und Nachbarn zurückstehen müssen. Wir haben gelernt, Menschen, die sich selbst an die erste Stelle setzen, als »selbstsüchtig« oder »schlecht erzogen« zu bezeichnen.

Wenn wir darauf zu beharren wagen, dass es uns wichtiger ist, unseren Träumen zu folgen und unserer Wahrheit getreu zu leben, als die Erwartungen und Hoffnungen der Menschen in unserem Umkreis zu erfüllen, werden wir »egoistisch« oder »eigennützig« genannt.

Nach abgeschlossener Konditionierung, als Erwachsene, vergleichen wir uns mit den spirituellen Superstars »selbstloser Heiligkeit«, um uns dann unserer Nichtsnutzigkeit zu schämen und das, was wir selbst in unserem Leben leisten, höchst unzureichend zu finden.

Aber kümmern Sie sich nur deshalb nicht auf wundervolle, großartige Weise um Ihr eigenes Wohl, weil »Sie kein Gandhi, keine Mutter Teresa und kein Dalai Lama« sind, oder sind Sie kein Gandhi, keine Mutter Teresa und kein Dalai Lama, weil Ihr eigenes Wohl keine Priorität für sich hat?

Marianne Williamson hat die berühmten Sätze gesagt:

Wir fragen uns: »Wer bin ich schon, dass ich brillant, umwerfend, talentiert, kurz: fantastisch sein könnte?« Du bist ein Kind Gottes. Dass du dich herabsetzt, nützt der Welt nichts.

Indem Sie sich jeden Tag Zeit nehmen, um Ihre Batterien aufzuladen und sich neu mit Leben zu erfüllen, sorgen Sie dafür, dass Sie dem Leben immer wieder so frisch begegnen wie das Leben Ihnen.

Manchmal habe ich noch immer Schuldgefühle, weil ich mir so viel Zeit für mich selbst nehme, obwohl Arbeit auf mich wartet und ich für eine Familie sorgen muss, und wenn mein Selbstwertgefühl seinen tiefsten Punkt erreicht hat, helfe ich mir mit der Variante eines bekannten Spruches.

Hier ist er, falls Sie etwas für Geist und Seele tun müssen:

Fühlen Sie sich ruhig lausig, aber tun Sie's trotzdem!

Die Praxis der spirituellen Selbstpflege

Die beste Methode, im Leben glücklicher zu sein,
ist die, den Geist durch tägliche Übung so zu trainieren,
dass negative Einstellungen geschwächt und
positive gestärkt werden.
Dalai Lama

Die Arbeit mit einem Klienten namens Franklin habe ich zu einer Zeit in seinem Leben aufgenommen, als er auf einem

Tiefpunkt war. Er hatte gerade mit seiner Freundin, einem Supermodel, Schluss gemacht, sein letzter Film war ein Flop, und er fragte sich, was er eigentlich noch machen sollte im Leben.

Ich wusste, dass viele Menschen für solche Probleme anfällig sind, aber ich wusste auch, dass er nicht in der Lage sein würde, eine Kehrtwende zu machen, solange er keine Verbindung zu sich selbst hatte. Ich bat ihn, alles aufzuschreiben, was ihn inspirieren könnte – lauter Dinge, von denen er aus Erfahrung wusste, dass sie ihn mit neuem Leben erfüllten.

Was gibt es für Dinge, die Ihnen ein neues Lebensgefühl geben – bei denen Sie sich gleich wohler fühlen und Ihnen alles besser von der Hand geht als an anderen Tagen?

Franklin starrte mich ein bisschen verärgert an und blieb dabei, dass es nichts gäbe, was ihn in Schwung bringen könnte. Da ich wusste, dass er Christ war, fragte ich ihn, ob sich etwas veränderte, wenn er betete oder in der Bibel las. Er gab widerwillig zu, dass er als Kind immer die Bibel gelesen und darin großen Trost gefunden hätte, dies jedoch seit Jahren nicht mehr machte.

»Kein Problem«, sagte ich. »Schreiben Sie's auf Ihre Liste. Es geht nicht darum, was Sie jetzt gerade machen oder glauben, tun zu müssen – wir suchen das, was wirkt oder früher einmal Wirkung zeigte, indem es Sie inspirierte und Ihren Gleichmut und Ihr Wohlbefinden wiederherstellte.«

Ein paar Minuten blieb Franklin noch abwehrend, dann schrieb er ein zweites Wort auf seine Liste.

»Ich boxe gerne«, sagte er. »Zweimal die Woche gehe ich

in einen Sportverein und boxe gegen andere – ich schlage richtig fest zu. Ich weiß, dass es schwer verständlich ist, aber danach habe ich viel mehr Geduld mit allen, einschließlich mir selbst. Ich fühle mich dann einfach wohler in meiner Haut.«

»Perfekt«, sagte ich. »Sonst noch etwas?«

Am Ende standen fünf Sachen auf seiner Liste, darunter Museumsbesuche, gute Filme und Autofahrten durch ländliche Gegenden. Ich ermutigte ihn, in den nächsten Wochen ein bisschen zu experimentieren und seine Liste auf etwa zehn Dinge aufzustocken – wenig genug, um sie – theoretisch – an einem Tag abhaken zu können, aber doch auch so viele, dass das nicht nötig war.

Darüber hinaus riet ich ihm, besonders darauf zu achten, ob sich bei ein, zwei Sachen vielleicht gravierende Unterschiede in seinem Befinden ergäben, sodass er es sich zum Prinzip machen könnte, sich jeden Tag damit zu befassen, was auch geschehen mochte.

Hier für Sie dieselbe Übung, wie ich sie Franklin auftrug …

Von der Theorie zur Praxis …

Wochenplan zur spirituellen Selbstpflege

1. Tragen Sie in eine Tabelle die Aktivitäten ein, die Ihnen in der Seele wohltun, Sie mit neuem Leben erfüllen, Ihnen Ihr wahres Wesen oder Ihren Lebenssinn wieder in Erinnerung bringen und Ihren Schatz bewusster Erfahrungen bereichern.

   Hier ein Beispiel, wie das aussehen könnte:

Was mir in der Seele wohltut	So	Mo	Di	Mi	Do	Fr	Sa
Inspirierendes							
Meditation/Gebet							
Tagebuch schreiben							
Cappuccino trinken							
Bewegung							
Freundliche Gesten							
Spaziergänge in der Natur							
Religiöse Versammlungen							
Familienbande knüpfen							

2. Haken Sie täglich möglichst viele dieser Aktivitäten ab. Sie können sich entweder festlegen (z. B. auf »fünf am Tag«) oder einfach Ihrer natürlichen Neigung folgen, und achten Sie darauf, was sich im Lauf der Zeit tut.

Ungefähr sechs Wochen nach Beginn dieses Wochenplans der spirituellen Selbstpflege rief Franklin mich an. Ohne auch nur »hallo« zu sagen, fiel er über mich her.

»Ich möchte Ihnen nur sagen, dass ich ein sehr komplexer Mensch bin«, legte er wütend los. »Und deshalb ärgert es mich, dass es mir an den Tagen, wo ich mehr abhake, besser geht als an den Tagen, wo ich nicht so viel mache!«, fuhr er etwas sanfter fort.

Franklin hält sich seit vier Jahren an seinen Plan, und sein steter Aufstieg im Filmgeschäft entspricht der zunehmenden Zahl von Aktivitäten auf seiner Liste, denen er sich Monat für Monat widmet.

Der wahre Sinn der Selbstpflege

*Wenn ich mein Leben noch einmal von vorn beginnen könnte,
würde ich es mir zur Regel machen, mindestens einmal
in der Woche Gedichte zu lesen und Musik zu hören;
vielleicht wären dann einige Teile meines Gehirns,
die jetzt verkümmert sind, durch Gebrauch aktiv geblieben.
Der Verzicht auf solche Genüsse mindert das
Glücksempfinden, er ist möglicherweise dem Intellekt und
sehr wahrscheinlich der Charakterbildung abträglich,
da er den emotionalen Wesensanteil schwächt.*

Charles Darwin

Ich weiß nicht mehr, an welchem Tag mir erstmals klar wurde, dass Meditation, bewusste Ernährung und Bewegung keine Strafen waren, die ich mir selbst gegen Stress, Völlerei und Trägheit verordnete, sondern Möglichkeiten, mehr Liebe, Frieden und Freude in Körper und Leben zu erfahren. Wie ich meinen Klienten immer wieder sage: »Wenn Ihnen Ihre tägliche Selbstpflegeroutine genauso wichtig ist wie eine großartige Gelegenheit zum Sex mit jemandem, den Sie wirklich lieben, haben Sie's wohl kapiert.«

Eine der tiefgreifendsten Entwicklungen bei meiner eigenen Selbstpflege wurde dadurch angestoßen, dass ich mein Hauptaugenmerk nicht mehr auf den *Pflegevorgang* richtete (d.h. auf das, was ich für mich tue), sondern auf dessen Auswirkungen (d.h. auf den Zustand des Friedens, der Präsenz und des Wohlbehagens, aus dem heraus ich mein Leben gern leben möchte).

Statt mich damit aufzuhalten, ob ich lange genug meditiert habe oder ob meine Tagebucheintragungen ausführlich genug sind, konzentriere ich mich jetzt lieber auf den Zustand von Körper, Geist und Seele, zu dem ich dank Meditation und Tagebuchschreiben Zugang gewonnen habe.

In der englischen Gesundheitsfürsorge wird ein Kürzel verwendet, nämlich H.A.L.T., das für Hungry, Angry, Lonely und Tired (dt.: hungrig, wütend, einsam, müde) steht. Die Idee dabei ist, dass Sie immer dann, wenn Sie merken, dass Sie hungrig, wütend, einsam oder müde sind, in dem innehalten, was Sie gerade tun, und sich um sich selbst kümmern. Sonst werden Sie vermutlich der Versuchung erliegen und aus dem unbewussten Verlangen heraus, Ihre augenblicklichen Bedürfnisse zu befriedigen, schlechte Entscheidungen treffen statt solcher, die Ihnen helfen, das Leben zu leben, das Sie sich wünschen. Sobald Sie sich Zeit für sich selbst genommen (d. h. geschlafen, sich ausgeruht, mit anderen kommuniziert und Ihren Gleichmut einigermaßen wiedergewonnen) haben, können Sie mit Ihren Aktivitäten fortfahren im Vertrauen darauf, dass auf Ihr inneres Leitsystem auch wieder Verlass ist.

Der spirituellen, inspirierenden Selbstpflege täglich Priorität einzuräumen hat den Vorteil, dass wir uns nicht mehr in Situationen bringen, in denen wir auf die beschriebene Weise anhalten müssen. Infolgedessen leben wir mit unseren und für unsere Stärken, voller Zuversicht im Herzen, Freiheit im Denken und in der Gewissheit, dass wir uns in jedem Augenblick auf uns selbst verlassen können.

Woher wissen Sie, ob Sie heute genug für sich getan haben?

Weil Sie sich im tiefsten Innern ganz und gar umsorgt fühlen.

In den Garten gehen

Eins steht fest: Alles, was in der Weltgeschichte geschieht,
beruht auf etwas Geistigem.
Wenn das Geistige stark ist, dann macht es Geschichte.
Ist es schwach, leidet es unter der Geschichte.
Albert Schweitzer

Eine meiner Lieblingsübungen, mit der ich bei vielen meiner Klienten überprüfe, wie es in ihrem Leben geht, und die Teil ihrer laufenden Selbstpflegeroutine sind, stammt aus einem hawaiianischen Heilungs- und Selbsthilfesystem.

Wandeln Sie sie getrost so ab, bis Sie für Sie maßgeschneidert ist. Manche Leute lesen erst alle Übungsanweisungen, ehe sie zur Tat schreiten; andere ziehen es vor, gleich beim Lesen mit dem Üben zu beginnen, indem sie nach jedem Satz für ein paar Augenblicke die Augen schließen und sich das Beschriebene vorstellen, bevor sie die Augen wieder aufmachen und weiterlesen …

Von der Theorie zur Praxis …

Der Garten Ihres Lebens

Nehmen Sie sich einen Moment Zeit zum Entspannen. Lassen Sie sich inspirieren, indem Sie ein paar Mal tief Luft holen und das Gefühl, wie sich Ihr Körper mit Luft füllt und wieder entleert, richtig genießen. Wenn Sie mögen, können Sie dabei die Augen schließen und rückwärts von zehn bis eins zählen …

Stellen Sie sich jetzt vor, Sie träten unter eine Dusche aus Licht. Lassen Sie alle Sorgen und allen Stress des Tages von sich abwaschen, bis Sie sich rein, sauber und erfrischt fühlen. Genießen Sie die Dusche weiter und nehmen Sie wahr, dass das Licht außen

---

das Licht in Ihrem Inneren entzündet und dass sich Ihr Körper mit Licht zu füllen beginnt …

Während Ihr Körper immer heller leuchtet, entspannen Sie sich immer mehr. Bald ist jede Zelle Ihres Körpers von dem schönsten Licht durchflutet, das Sie sich vorstellen können. Freuen Sie sich an der Klarheit, Leichtigkeit und Ruhe …

Schweben Sie nun als das Lichtwesen, das Sie sind, aus Ihrem Körper und in den Garten – in den Garten Ihres Lebens. Darin finden Sie jeden Aspekt Ihrer selbst und Ihres Lichtes ausgedrückt …
- *Ist Ihr Garten groß oder klein?*
- *Ist er gepflegt und ordentlich oder überwuchert und verwildert?*
- *Gibt es Besonderheiten, die Ihren Blick auf sich ziehen?*

Hier ein paar Dinge, die Sie überprüfen können, während Sie Ihren Garten erkunden. Sie werden einen Teil davon oder auch alle bereits vorfinden, und wenn eine Sache, die ich beschreibe, einen besonderen Reiz für Sie hat, können Sie sie einfach für sich übernehmen. Vergessen Sie nicht, dass es Ihr Garten ist!

Die Lebensbereiche
In jedem Garten gibt es (oder schaffen Sie) Bereiche, die den Bereichen Ihres Lebens entsprechen. Ich rate Ihnen, zumindest einige Teile des Gartens für die Themen Gesundheit, Reichtum und Beziehungen zu reservieren; manchen Leuten macht es aber auch Spaß, etwas zu pflanzen, was mit ihrem Berufsleben, mit sozialen Anliegen und mit Spiritualität zu tun hat.

Der Springbrunnen der Inspiration
Ich fand meinen eigenen Garten ein bisschen langweilig, bis ich einen Springbrunnen der Inspiration hineinbaute. Immer, wenn ich auftanken muss, setze ich mich an diesen Springbrunnen und genieße die Frische des kühlen Inspirationsschauers!

Die Flamme

Ihre innere Flamme entspricht Ihrem gegenwärtigen Gesundheitszustand und Energiepegel sowie dem Maß Ihrer Inspiration und Ihres Wohlbehagens. Eine meiner Klientinnen hat einen kleinen Heiligenschrein in ihrem Garten, in dem sie ihre innere Flamme wie ein ewiges Licht brennen sieht. Bei einem anderen Klienten brennt die Flamme in einer offenen Feuerstelle im Freien, und ob sie hell lodert oder nur schwach flackert, richtet sich nach dem, was er gerade im Leben tut.

Es gibt ein Sprichwort, das Mutter Teresa zugeschrieben wird und das lautet: »Wenn jeder vor der eigenen Tür kehren würde, wäre die Stadt bald sauber.« Ich würde es so ausdrücken:

Wenn jeder von uns die eigene Flamme hütet, kann die Welt in unser aller Wärme und Licht baden.

Tiere

Viele Menschen haben gern Tiere in ihrem inneren Garten. Aber anders als in der Außenwelt können die Tiere (und auch fast alles andere) mit Ihnen reden. Sollten Sie je in Ihrem Garten auf etwas stoßen, was Sie nicht verstehen, fragen Sie es, was es da macht und was es Ihnen sagen will. Wenn Sie das Gefühl haben, dass Sie es bloß selbst erfinden, ist alles bestens!

Der Gartenmeister

Viele meiner Klienten haben es bei ihrem Gartenbesuch am liebsten, wenn sie sich einige Zeit mit ihrem »Gartenmeister« unterhalten können. Der Gartenmeister ist der Aspekt der Weisheit in Ihnen (oder, wenn Sie so wollen, das, was »über Sie hinausgeht«), bei dem Sie sich Inspiration, Rat und Beistand in Sachen Gartenpflege holen können.

Bei manchen Menschen tritt der Gartenmeister als historische oder religiöse Figur auf; bei anderen ist er vielleicht jemand, den sie kennen, lieben und achten, oder er macht sich eher symbolisch oder als Energie bemerkbar und nicht in menschlicher Gestalt. (Bei einem meiner Klienten ist es Chauncey Gärtner aus dem Film *Willkommen, Mr. Chance*, gespielt von Peter Sellers!)

Sie haben dann den perfekten Gartenmeister für sich gefunden, wenn Sie in seiner Gegenwart ungezwungen und im Frieden mit sich sind.

Was im Garten zu tun ist

Die Möglichkeiten, was Ihre Betätigung im Garten betrifft, sind unbegrenzt, aber ich möchte Ihnen doch zu Folgendem raten:

1. *Halten Sie Ihren Garten unkrautfrei.* Alles, was Sie in Ihrem Garten nicht mögen, kann raus. Wenn Sie nicht genau wissen, warum etwas da ist, oder wenn Sie etwas ausreißen, das bei Ihrem nächsten Gartenbesuch bereits wieder nachgewachsen ist, dann fragen Sie den Gartenmeister (oder direkt das betreffende Gewächs), welche Bedeutung es hat und warum es immer wiederkommt.

2. *Geben Sie dem, was Sie lieben, Nahrung.* Sich die Zeit zu nehmen, um die Gewächse zu gießen oder sogar mit den Pflanzen und Tieren zu sprechen, kann sehr bereichernd sein. Eine nützliche Richtlinie für den Aufenthalt im Garten ist die, das zu tun, was sich gut anfühlt.

3. *Pflanzen Sie etwas Neues an, vor allem in Lebensbereichen, in denen Sie Veränderungen wünschen.* Ich finde es nach wie vor erstaunlich, wie sich Veränderungen, die ich in meinem Garten vornehme, in meinem Leben widerspiegeln (allerdings würde ich nicht unbedingt mit eher wissenschaftlich orientierten oder konservativ eingestellten Freunden darüber reden!).

4. *Wenn Sie beten oder meditieren wollen, ist ein Besuch im Garten ein guter Anfang.* Viele Menschen sagen, dass sie ihre Gebets- oder Meditationserfahrungen durch diese einfache Übung ungemein vertiefen können.

5. *Freuen Sie sich daran!* Während Sie Ihren Garten pflegen,
werden Sie merken, dass er immer mehr zu einem Ort des
Friedens und der Kraft für Sie wird. Aber widerstehen Sie
im Garten auf jeden Fall der Versuchung, ständig zu ackern,
statt einfach da zu sein!

*Wenn Sie Ihren Garten vollständig erkundet und Ihre Freude da-
ran haben, geben Sie Ihrem Gartenmeister Anweisungen für Veränderungen, die vor Ihrem nächsten Besuch durchgeführt werden
sollen.*

*Bedanken Sie sich beim Abschied im Stillen bei Ihrem Garten,
und schweben Sie wieder in Ihren Körper zurück. Stellen Sie sich
vor, in den belebenden Kegel eines Lichtstrahls zu treten, der Ihren
Körper mit Energie anfüllt – öffnen Sie die Augen, wackeln Sie mit
Fingern und Zehen, und kehren Sie mühelos wieder in die Welt zurück ...*

Viele machen den Gartenbesuch zu einem integralen Bestandteil ihrer Selbstpflegeroutine und lassen sich davon
inspirieren. Für andere wiederum ist der Garten ein Ort,
den sie nur in Zeiten großer Veränderungen oder Turbulen-
zen aufsuchen. Sobald Sie diese Übung ein paar Mal durchgeführt haben, wird es Ihnen leichtfallen, Ihrem Garten zu
jeder gewünschten Zeit einen Besuch abzustatten.

Im nächsten Kapitel befassen wir uns mit einem der
Haupthindernisse, mit denen Menschen in ihrem Leben
konfrontiert sind ...

12
Mitmenschen

Information	Können	Überzeugung
Wohlbefinden	**Mitmenschen**	Motivation
Zeit	Geld	Angst

Der Fährmann und die Reisenden

Es waren einmal vor langer Zeit zwei Reisende, die auf einer Fähre über einen breiten Fluss zwischen zwei fernen Ländern fuhren. Um die Zeit der Überfahrt zu verkürzen, begann der eine Reisende eine Unterhaltung mit dem Fährmann.

»Wie sind denn die Menschen am anderen Ufer des Flusses?«

Der Fährmann sah ihn fragend an und erwiderte: »Wie sind sie denn da, wo Sie herkommen?«

Der Reisende schnaubte verächtlich: »Furchtbar – selbstsüchtig, habgierig und von gemeiner Denkungsart. Darum bin ich von dort weggegangen.«

Der Fährmann schüttelte traurig den Kopf und sagte: »Ich fürchte, die Menschen auf der anderen Seite des Flusses sind genauso.«

Wenig später, als sie schon ein Stück weiter waren, wandte sich eine mitreisende Frau an den Fährmann und fragte ihn ebenfalls: »Wie sind denn die Leute auf der anderen Seite des Flusses?«

Der Fährmann sah auch sie fragend an und erwiderte: »Wie sind sie denn da, wo Sie herkommen?«

Die Reisende seufzte tief und sagte: »Wunderbar – freundlich, hilfsbereit und großherzig. Ich bin nur ungern von dort fortgegangen.«

Der Fährmann lächelte und sprach: »Ich würde mir keine Gedanken darum machen. Ich glaube, die Menschen auf der anderen Seite des Flusses sind im Großen und Ganzen genauso.«

Eine Frage der Perspektive

Die Hölle, das sind die anderen.
Jean-Paul Sartre

Das Geheimnis, wie man andere Menschen nicht länger als Hindernis in seinem Leben betrachtet, ist schnell gelüftet:

Das Problem liegt im Auge des Betrachters.

Alle Probleme, die Sie je mit Ihren Mitmenschen haben, entstehen aus einer Kombination der beiden folgenden Faktoren:

- Sie versuchen, Kontrolle auszuüben (oft in Reaktion auf die Kontrollversuche der anderen).
- Sie nehmen Aktionen und Reaktionen anderer persönlich und fühlen sich für deren Entscheidungen verantwortlich (oder Sie machen die anderen für Ihre eigenen Entscheidungen verantwortlich).

Im ersten Teil dieses Kapitels will ich ein paar einfache Perspektiven erläutern, durch die Sie leichter erkennen können, was im Umgang mit anderen Menschen innerhalb Ihrer Kontrolle liegt und was nicht.

Danach werden wir erforschen, auf welche Art und Weise Sie die Verantwortung für Ihre eigene Kommunikation übernehmen können, und ich werde Ihnen verschiedene effektive Möglichkeiten zeigen, vergiftete Beziehungen zu heilen, ohne Zuflucht zu Anschuldigungen und Vorwürfen zu nehmen oder die anderen zu beschämen.

Vorerst müssen Sie sich nur Folgendes einprägen:

Andere sind nur deshalb gemein, grausam und absolut unzumutbar, weil sie unglücklich sind und sich nicht wohlfühlen in ihrer Haut; dabei geben sie sich große Mühe mit sich, allerdings meist, indem sie die Verantwortung für ihre Misere und ihr Unwohlsein anderen zuschieben.

Sie selbst sind ebenfalls nur dann gemein, grausam und absolut unzumutbar, wenn Sie unglücklich sind und sich in Ihrer Haut nicht wohlfühlen, dabei geben auch Sie sich große Mühe mit sich und meist gleichfalls, indem Sie anderen die Schuld an Ihrer Misere und Ihrem Unwohlsein geben.

Mit anderen Worten: Wenn einer unglücklich ist, kann der andere für ihn tatsächlich die Hölle sein, wenn hingegen zwei glückliche Menschen zusammenkommen, sind beide im siebten Himmel.

Sich öfter mal um die eigenen Angelegenheiten kümmern

> *Ich kann im Universum nur drei Arten von Angelegenheiten entdecken: meine, Ihre und Gottes. Für mich bedeutet das Wort Gott »Realität«. Die Realität ist Gott, denn sie herrscht. Alles, was sich außerhalb meiner, Ihrer und anderer Menschen Kontrolle befindet – das bezeichne ich als Gottes Angelegenheit.*
>
> Byron Katie

Stellen Sie sich einmal eine Reihe von Läden vor, deren Inhaber jeweils Menschen wären, die eine wichtige Rolle in Ihrem Leben spielen. Wie viel Zeit verbringen Sie in deren Läden und wie oft versuchen Sie etwas an ihrer Verkaufstaktik, am Warenbestand, ja sogar an der Art der Auslage zu ändern?

Wie fänden Sie es, wenn *Sie* einen Laden hätten und die anderen Ihnen ständig empfehlen würden, Ihre gesamte Verkaufsstrategie zu ändern, damit sie ihrer eigenen entspräche? Wären Sie dankbar für all die guten Ratschläge, und würden Sie sie befolgen?

Klingt das ein bisschen wie aus dem wirklichen Leben?

Zum Beispiel müssten Sie längst bemerkt haben, dass Sie eine Unmenge Zeit in dem Bemühen vertun, das Leben Ihrer Mitmenschen in Ordnung zu bringen und die Welt zu verbessern, obwohl sich kaum etwas ändert und Ihnen niemand gebührend dankt für Ihre Anstrengungen.

Es kommt aber noch schlimmer, denn wenn wir die halbe Zeit gar nicht recht bei uns sind, bilden sich Spinnweben in den Winkeln unseres Geistes – die Maschinerie unseres Körpers fängt an zu rosten, und die zarten Eingebungen der leisen inneren Stimme gehen in der Kakofonie der Probleme anderer Menschen unter. Tage, Wochen, Monate oder gar Jahre verschwinden aus dem ursprünglichen Vorrat an Zeit, der unserem Leben zugemessen ist. (Und was das betrifft, ist es Gottes Angelegenheit, wie viel von dieser Zeit Ihnen zugemessen wird!)

Schauen wir uns die drei Arten von Angelegenheiten einmal genauer an:

1. Meine Angelegenheiten

Vor ein paar Jahren unterhielt ich mich mit einem meiner Mentoren darüber, warum ich bestimmte Schauspielengagements bekommen hatte und andere nicht, und er meinte: »Ich kann dir sagen, warum, wenn du es wirklich wissen willst.«

Jetzt erwartete ich natürlich Worte der Weisheit, doch was kam, war dies:

Die einen engagieren dich, weil sie dich engagieren,
und die anderen engagieren dich nicht,
weil sie es eben nicht tun.

Alles andere als begeistert, erwiderte ich: »Aber wenn das wahr wäre, dann könnte ich ja für meine Karriere nichts anderes tun als vorbereitet sein, hingehen und mein Bestes tun!«

Da er schwieg (hassen Sie nicht auch Leute, die beredt schweigen?), nahm ich die Gelegenheit wahr, über das nachzudenken, was ich gerade gesagt hatte, und erkannte dessen Wahrheitsgehalt ...

Alles, was man für seine Karriere tun, womit man die Frau oder den Mann seines Herzens gewinnen, gesunde, glückliche Kinder aufziehen und den Weltfrieden fördern kann, ist dies:

- Vorbereitet sein,
- hingehen und
- sein Bestes tun.

2. Die Angelegenheiten anderer

Meine Mutter pflegte immer zu mir zu sagen: »Le goût et la couleur ne se discutent pas.« Es dauerte Jahre, bis ich so viel Französisch gelernt hatte, um verstehen zu können, was sie meinte, aber schließlich konnte ich den Satz wie folgt übersetzen: »Über Geschmack lässt sich nicht streiten.«

Noch länger brauchte ich, um mir darüber klar zu werden, dass *alles* Geschmackssache ist – das heißt, dass die Leute glauben, was sie glauben wollen, sagen, was sie sagen wollen, und tun, was sie tun wollen, ganz egal, ob ich das für falsch halte und glaube, Recht zu haben! Wenn andere nach einer Begegnung mit mir immer noch anders denken, reden oder handeln als ich, ist das ihre Sache – ich bin nur der Kontext für sie und verschaffe ihnen die Gelegenheit, ihr Verhalten zu überdenken und es sich anders zu überlegen.

3. Gottes Angelegenheit

Ob wir für den Sieg unserer Lieblingsmannschaft beten, für ein neues Auto »chanten«, den Bowlingball durch Geisteskraft aus der Rinne heraushalten oder mit Gott über unser Karma verhandeln (»Bitte hol mich aus dieser Scheiße heraus, und ich verspreche dir, immer gut zu sein!«), immer versuchen wir mit ein bisschen – und nicht nur ein bisschen! – Druck zu erreichen, dass die Welt nach unserer Pfeife tanzt.

Warum liegt uns eigentlich so viel daran, das Universum unter unsere Kontrolle zu bringen?

Offensichtlich ist unsere Angst dadurch begründet, dass wir fürchten, nicht mit dem Lauf der Dinge, so wie er nun einmal ist, zurechtzukommen. Doch je mehr wir uns auf unsere Angelegenheiten konzentrieren (d. h. die nötige Kraft, Flexibilität und Weisheit aufbringen, um mit dem klarzukommen, was uns das Leben bietet), umso weniger brauchen wir die Kontrolle über das Unkontrollierbare – das, was aus unserem Leben wird.

Von der Theorie zur Praxis ...

Drei Arten von Angelegenheiten

1. Unterteilen Sie ein Blatt Papier in zwei Spalten. Listen Sie in der linken Spalte alles auf, was Ihrer Überzeugung nach Ihrer direkten Kontrolle unterliegt, und in der rechten alles, was sich Ihrer Meinung nach Ihrer direkten Kontrolle entzieht.

2. Denken Sie an eine Situation in Ihrem Leben, die Sie stressig finden. Entschlüsseln Sie, was davon Ihre Ange-

legenheit, die Angelegenheit anderer und Gottes Angelegenheit ist.

- Verfahren Sie ebenso mit einem Ihrer vorrangigsten Lebens- oder Berufsziele.

- Verfahren Sie ebenso mit einem Traumziel für das Wohlergehen der Erde (z. B. Weltfrieden, verbesserte Bildungschancen, das Ende von Hunger und Obdachlosigkeit usw.).

3. Experimentieren Sie, indem Sie sich einen ganzen Tag lang um Ihre eigenen Angelegenheiten kümmern und sich nur auf das konzentrieren, was Ihrer unmittelbaren Kontrolle unterliegt. Sollten Sie sich dabei ertappen, dass Sie »andern helfen« wollen oder »Gott spielen«, lächeln Sie einfach, freuen sich, dass Sie es bemerkt haben, und widmen Sie sich wieder Ihren eigenen Angelegenheiten.

Das Beziehungsdreieck

Niemand ist so smart, dass er immer irren könnte.
Ken Wilber

Mit acht Jahren war ich schwer beeindruckt, als ein Freund ein leeres Blatt Papier etwa zehnmal längs faltete, in der Mitte zusammendrückte und damit als einziger Requisite eine Kurzfassung des folgenden klassischen Dramas zum Besten gab:

Schurke (mit Schnauzbart aus gefaltetem Papier):
Du musst die Miete bezahlen!

Bedrängte Maid (mit Haarschleife aus gefaltetem Papier):
Ich kann die Miete nicht bezahlen!

Schurke:
Du musst die Miete bezahlen!

Maid:
Aber ich kann die Miete nicht bezahlen!

Held (mit Fliege aus gefaltetem Papier):
Ich bezahle die Miete!

Maid:
O mein Held!

Schurke:
Verflucht noch mal – wieder alles danebengegangen!

Damals wusste ich noch nicht, dass die Szene, der ich bei-
wohnte, nicht nur großes Theater war, sondern auch ein
wunderbarer Einblick in das Kräftespiel von zwischenmenschlichen Beziehungen – das, was die Beziehungsexper-
ten Gay und Kathlyn Hendricks »das Beziehungsdreieck«
nennen.

Laut Buckminster Fuller ist ein Dreieck nicht nur die
stabilste Struktur in der Architektur, es ist auch die Grund-
struktur des Universums. Mit dem Beziehungsdreieck ist es
nicht anders.

Wenn Sie Ihre Beziehungen zu anderen Menschen und
Ihrer Umwelt untersuchen, werden Sie feststellen, dass
Sie öfter einmal jede Figur des oben beschriebenen Melo-
dramas spielen. Die drei Rollen – das Opfer, der Schurke

und der Held – bilden die drei Spitzen des Beziehungs-
dreiecks.

- Opfer sorgen für einen Bedarf an Schurken, Schurken für
  einen Bedarf an Helden, Helden für einen Bedarf an
  Opfern.
- Schurken sorgen für einen Bedarf an Opfern, Opfer für
  einen Bedarf an Helden, Helden für einen Bedarf an
  Schurken.

Grundsätzlich besteht bei einem Leben im Beziehungsdreieck das Problem, dass die Dreiecksdynamik selbst bei
einem Rollentausch (»Spiel doch nicht das arme Opfer!«) so
stabil bleibt, dass das Beziehungsdrama unvermindert weitergeht.

Mit einem einfachen Trick, der allerdings nicht immer
leicht ist, können Sie aus dem Dreieck ausbrechen:

**Übernehmen Sie die volle Verantwortung für Ihre
Gedanken, Gefühle und Handlungen, suchen Sie nicht
die Schuld bei Ihren Mitmenschen oder in der
Beziehung, und lassen Sie davon ab, die Kontrolle
ausüben oder auf Veränderungen hinwirken zu wollen.**

Am deutlichsten wird der Unterschied, ob man Verantwortung übernimmt oder Schuldzuweisungen macht, am
Unterschied zwischen den Fragen: »Wer ist schuld am Verschütten der Milch?« und: »Wer übernimmt die Verantwortung für die verschüttete Milch?«

Die erste Frage zielt auf das Verschulden, die Haftbarkeit
und Kritik ab; die zweite fordert dazu auf, die Dinge realistisch zu sehen, wie sie nun mal sind, und aktiv etwas zu unternehmen, um sie nach Wunsch umzugestalten.

Jeder könnte einen Teil der Schuld am Verschütten der Milch haben: das Kind, das den Becher umgestoßen hat; dessen Bruder oder Schwester, die den Becher zu nahe an die Tischkante gestellt haben; und der Vater, dem das Zeitunglesen wichtiger war, als seinen Kindern selbst die Milch einzuschenken. (Nicht dass ich etwa aus Erfahrung sprechen würde …)

Aber jeder hat auch die Möglichkeit, die volle Verantwortung für die verschüttete Milch zu übernehmen, das heißt, mit aller Energie auf seine ureigene Weise etwas zu einer positiven Lösung in dieser Situation beizutragen, was immer das Problem sein mag.

So betrachtet wird der Unterschied zwischen Schuldzuweisung und Verantwortungsgefühl klar:

**Schuldzuweisungen sind der Versuch,
die Vergangenheit zu verleugnen; Verantwortungsgefühl bedeutet Anerkennung der eigenen Teilhabe an
der Gegenwart und Sorge für eine positive Zukunft.**

Von der Theorie zur Praxis …
Ausbruch aus dem Dreieck

(Bitte gebrauchen Sie hierbei Ihren gesunden Menschenverstand – falls dies Ihr erster Versuch mit diesem Konzept ist, dürfte es kaum angebracht sein, jetzt tief sitzende psychologische Probleme zu erforschen!)

1. Nehmen Sie sich eine wichtige Beziehung in Ihrem Leben vor, die Sie untersuchen wollen.

Beispiel:
Ich habe Schwierigkeiten mit meiner Tochter.

2. Beschreiben Sie das Problem mündlich oder schriftlich, als wären Sie ganz und gar das Opfer.
   Wenn Sie mögen, können Sie dabei in die Rolle der »bedrängten Maid« schlüpfen, auch (oder vielleicht gerade) als Mann.

   Beispiel:
   Ich arbeite den ganzen Tag schwer, und wenn ich mich dann endlich einmal hinsetze und mich entspannen will, kommt meine Tochter an und bittet mich um tausenderlei, was ich für sie tun soll. Ehrlich, ich weiß nicht, wie andere damit umgehen – mir ist das alles zu viel!

3. Beschreiben Sie jetzt die Sache so, als wären Sie der Bösewicht. Seien Sie die Niedertracht in Person, und dann los!

   Beispiel:
   Meine Tochter ist ein Albtraum – sie übernimmt keinerlei Verantwortung für ihr Benehmen, und wenn ich nicht eisern durchgriffe in diesem Haus, würde sie sich rücksichtslos über alles hinwegsetzen. Man reicht ihr den kleinen Finger, und sie nimmt die ganze Hand! Sie kann von Glück sagen, dass sie mich hat – wenn ich nicht die Zügel stramm hielte, würde sie garantiert in der Gosse landen.

4. Formulieren Sie zum Schluss die Geschichte so, als wären Sie der Held, der die Kuh vom Eis holt.

   Beispiel:
   Meine Frau und meine Tochter haben sich furchtbar gestritten, da habe ich mich eingeschaltet. Das Problem ist, dass meine Tochter noch zu jung ist, um mit all den Hausaufgaben zurechtzukommen, die sie von der Schule mitbringt, und meine Frau ist

zu emotional, um damit umzugehen. Am Ende habe ich selbst ein paar Stunden damit zugebracht, die Schulaufgaben meiner Tochter zu machen, während sie auf meine Anordnung hin mit Milch und Plätzchen vor dem Fernseher saß, und anschließend habe ich meiner Frau eine Massage gegeben, ihr eine Tasse Tee gebracht und ihr ein heißes Bad eingelassen. Offen gestanden war es ein Glück, dass ich heute früh genug hier war – sonst hätten sie sich wohl noch umgebracht!

5. Stellen Sie fest, welche dieser Rollen Ihnen am vertrautesten ist. Welche Version kommt der Geschichte am nächsten, die Sie selbst sich und anderen immer erzählen?

6. Erzählen Sie alles noch einmal, indem Sie zu 100 Prozent die Verantwortung für Ihren Anteil daran übernehmen, während die Gedanken, Worte und Taten anderer Beteiligter mit 0 Prozent zu Buche schlagen.

Beispiel:
Ich habe in letzter Zeit viele Überstunden gemacht, zum Teil deshalb, weil ich meiner Frau und meiner Tochter aus dem Weg gehen wollte. Mir ist inzwischen klar, dass wir nicht so gut miteinander auskommen, wie ich mir das wünsche, und ich fürchte, dass ich es ihnen eingestehen müsste, wenn ich mehr Zeit zu Hause verbrächte, und dann könnte ich meinen Kollegen nicht mehr das Bild von der »heilen Familie« vorgaukeln. Ich wünschte, ich bräuchte das nicht, aber ich lasse mich eben gern von ihnen als echter »Familienmensch« bewundern.
Ich weiß, dass ich beiden Beziehungen mehr Zeit und Aufmerksamkeit widmen und herausfinden möchte, wie ich vieles besser machen könnte. Mein erster Schritt wird sein, heute früher von der Arbeit nach Hause zu gehen. Ich weiß nicht, wie sie es aufnehmen werden, aber ich habe ein gutes Gefühl dabei, wenn ich konkret etwas für mein Ziel tue.

Vergiftete Beziehungen heilen

Ich habe kürzlich gelesen, dass Liebe reine Chemie ist.
Das ist wahrscheinlich der Grund dafür,
dass meine Frau mich wie Giftmüll behandelt.

Dave Bissonette

Eine gesunde Beziehung zeichnet sich dadurch aus, dass die Energien zwischen den beteiligten Personen frei fließen. In einer ungesunden oder »vergifteten« Beziehung sind die Energien der beteiligten Personen blockiert oder ins Stocken geraten.

Will man eine vergiftete Beziehung heilen (oder eine gesunde stärken), kann man folglich entweder etwas tun, um den Energiefluss wieder in Schwung zu bringen, oder etwas, um die Energieblockaden aufzulösen.

Die einzige wirksame Richtlinie für die Aufrechterhaltung des Energieflusses in der wichtigsten aller Beziehungen lautet:

Keinen Orgasmus vortäuschen!

Das heißt, wenn Sie wirklich gut mit anderen auskommen wollen, fangen Sie am besten damit an, offenes und ehrliches Feedback einzuladen und zu geben.

Dieses Prinzip habe ich erstmals klar erkannt, als ich von einem Klienten die folgende Geschichte hörte:

Er erzählte, wie er – nach acht Jahren Ehe – mit seiner Frau ins Bett ging. Beim Vorspiel knabberte er an ihrem Ohr, was ihr sonst immer ein beifälliges entzücktes Stöhnen entlockt hatte. Diesmal jedoch blieb sie still, setzte sich kerzengerade hin und sagte stockend: »Weißt du, Liebling, ich hasse es, wenn du das machst …«

Der Mann war mit Recht verwirrt und fragte sie, warum sie denn acht Jahre lang dabei Lustgeräusche von sich gegeben hätte.

Darauf erwiderte sie: »Ich wollte deine Gefühle nicht verletzen!«

Nehmen wir jetzt einmal an, Sie und ich wollten richtig guten Sex miteinander haben. Wenn ich Ihnen nicht sage, was ich gern mag und was nicht, tun oder lassen Sie vielleicht unwissentlich genau das Falsche. Aber wenn ich vorgebe, das zu mögen, was Sie machen, obwohl ich es gar nicht mag, werden Sie sich darin höchstwahrscheinlich immer mehr steigern, bis ich schließlich die Nase voll habe und Sie anbrülle, mit Ihnen Schluss mache oder Sie an meinen Hund verfüttere, ohne dass Sie auch nur die leiseste Ahnung haben, was in unserer Beziehung schiefging!

Wie bewegen wir also Leute dazu, uns die Art von Feedback zu geben, mit der uns wirklich gedient ist?

Hier ein paar Vorschläge ...

1. **Unterscheiden zwischen Kritik, Ermutigung und Feedback und um das bitten, was man wirklich will**
- Kritik steckt voller Beurteilungen, die auf Kriterien wie richtig und falsch, gut und schlecht beruhen.
- Ermutigung ist eine vorsätzliche Handlung, die jemanden bei der Verfolgung seiner Ziele unterstützen soll, egal, wie es gerade darum bestellt ist.
- Feedback ist ein offener, ehrlicher Austausch darüber, wie wir oder unser Handeln bei anderen Menschen ankommen.

2. Sagen, was man meint, ohne gemein zu sein

Es kann sehr wirksam sein, einen hohen Standard zu setzen in der Qualität des Feedbacks, das man selber gibt.

3. Bereitwillig lächeln, nicken und danke sagen

Die meisten Leute bieten hauptsächlich aus einem Grund nicht automatisch ein offenes, ehrliches Feedback an, nämlich weil sie wissen, dass Sie es nicht gut aufnehmen. Entweder verteidigen Sie Ihre Position, gehen zum Angriff über oder ignorieren den anderen einfach komplett und zeigen ihm so lange die kalte Schulter, bis es zur Versöhnung oder zu ewiger Verbannung kommt. Ein Lächeln, ein Nicken und ein Dankeschön sind stets eine angemessene Reaktion auf jede Art von Feedback.

Harry sagt Sally die Meinung

Ein Mann namens Harry ging zu seiner Nachbarin Sally, um sich ihren Rasenmäher zu leihen. Auf dem Weg zu ihrem Haus malte er sich aus, wie das Gespräch wohl verlaufen könnte. Er »hörte« förmlich, wie sie ihn ausschalt wegen all der Male, wo er Dinge nicht rechtzeitig zurückgegeben hatte, wie sie sich beklagte, dass immer etwas kaputt war oder fehlte an dem, was er zurückbrachte, und wie sie generell schimpfte, dass er es nicht wert sei, ihm einen Rasenmäher zu leihen.

Er begann, sich im Geiste mit Sally zu streiten, verwies auf alles, was er ihr schon geliehen hatte (darunter auch seine längste Leiter, die sie dann nicht mehr hatte wiederfinden können, was er ohne Murren hingenommen hatte), aber vergeblich – die Sally in seinem Kopf gab nicht nach.

Schließlich war er an Sallys Haus angelangt und klingelte.

»Was kann ich für dich tun?«, fragte eine hocherfreute Sally, nachdem sie den Freund und Nachbarn begrüßt hatte.

»Du kannst deinen verdammten Rasenmäher behalten!«, brüllte Harry der fassungslosen Frau ins Gesicht und stürmte davon.

Manches bleibt besser nicht ungesagt

Ein sicheres Anzeichen dafür, dass es unausgesprochene Fragen und ungelöste Konflikte gibt, die sich störend auf eine Beziehung auswirken, sind häufige, regelmäßig wiederkehrende und langanhaltende Streitigkeiten und Zankereien mit der betreffenden Person, die im Kopf ablaufen. Das eine Mal handelt es sich um ein Playback von Gesprächen, die tatsächlich stattgefunden haben, das andere Mal sind es frei erfundene Begebenheiten, aber in beiden Fällen verweisen sie auf einen Stein des Anstoßes, der zu jener Mauer des Schweigens gehört, die entweder gerade im Entstehen oder bereits fest zementiert ist.

Die folgende Übung ist eine ausgezeichnete Möglichkeit, den ersten Schritt zu tun, um solche Steine zu entfernen und den Kommunikationsfluss in der Beziehung wieder in Gang zu bringen …

Von der Theorie zur Praxis ...

Der Brief

1. Richten Sie Ihr Augenmerk auf eine Beziehung, in der die Qualität der Kommunikation und die Tiefe der Verbundenheit besser werden sollen.

2. Schreiben Sie einen Brief an die betreffende Person, in dem Sie *alles*, was Sie über sie und Ihre gemeinsame Beziehung denken und fühlen, aber nie aussprechen, zum Ausdruck bringen. Erwähnen Sie Gutes, Schlechtes und sogar Hässliches. Fassen Sie den Brief so ab, wie Ihnen der Schnabel gewachsen ist. Machen Sie sich keine Sorgen, dass er beleidigend sein könnte – der Empfänger bekommt ihn ja nie zu sehen!

3. Lesen Sie den Brief noch einmal, wenn er fertig ist, und überlegen Sie, ob etwas ungesagt geblieben ist. Das können Sie entweder als Postskriptum anhängen oder noch einfügen.

4. Bewahren Sie den Brief mindestens 24 Stunden lang auf. Danach können Sie ihn in Stücke reißen, zur späteren Erheiterung aufheben (ich habe noch immer meine helle Freude daran, wenn ich alte »Liebes A ....loch«-Briefe aus längst vergangenen Jahren finde!), abschicken, falls Sie das für angemessen halten, und/oder ihn als Richtschnur für zukünftige Gespräche nehmen.
Wenn Sie ein normaler Mensch sind, werden Sie bemerken, dass dann sehr bald mindestens dreierlei geschieht:
   a) Bei Ihnen selbst lassen Anspannung und Unbehagen hinsichtlich der Beziehung nach oder sind sogar wie weggeblasen.
   b) Manches, wovon Sie gedacht hatten, dass Sie es nie sagen könnten, aus Angst, damit Ihre Beziehung zu zerstören,

geht Ihnen fortan im Gespräch leicht und locker von den Lippen.

c) Alle Konflikte, die zwischen Ihnen und der betreffenden Person bestanden haben, lösen sich auf mysteriöse Weise in Luft auf. Es ist nicht ungewöhnlich, dass die Person, an die Sie geschrieben haben, »spontan« bei Ihnen anruft oder Ihnen schreibt und dabei genau die Themen anspricht, über die Sie sich in Ihrem (nicht abgeschickten) Brief ausgelassen haben.

Drei Tipps für eine effektive Kommunikation

Wenn Sie wirklich einiges oder alles von dem sagen wollen, was Sie in Ihrem Brief geschrieben haben, gibt es drei wesentliche Elemente, die darüber entscheiden, ob die Botschaft, die Sie loswerden wollen, auch die ist, die empfangen wird.

Das ist einmal die klare Zielvorstellung davon, was erreicht werden soll – wie die Grinsekatze zu Alice im Wunderland sagt: »Wenn du nicht weißt, wohin es geht, ist es auch egal, auf welchem Weg du dorthin gelangst!«

Das Zweite ist die derzeitige Stärke der Beziehung. Sie wissen ja aus eigener Erfahrung, ob Sie jemandem, den Sie wirklich gern mögen, besser zuhören als jemandem, den Sie nicht kennen oder mit dem es ständig Spannungen gibt.

Das Dritte ist Ihre eigene emotionale Verfassung und die Gemütslage der Person, die Ihnen zuhört. Wenn die Emotionen überhandnehmen, schaltet sich der Verstand aus, und dann spielt es keine Rolle mehr, wie feinsinnig Ihre Botschaft ist, denn sie wird entweder gar nicht ausgesprochen oder gar nicht gehört.

In welcher Reihenfolge sind denn nun die drei genannten Elemente am effektivsten für die Kommunikation?

1. Die emotionale Verfassung

Es spielt keine Rolle, wie gern Sie jemanden mögen oder wie klar Ihre Zielvorstellung ist: Wenn die Person, die Sie adressieren, geistesabwesend ist oder gerade an etwas anderes denkt, hört sie gar nichts. Gewöhnen Sie sich an, vor jedem Telefongespräch, jeder persönlichen Begegnung und sogar vor jeder E-Mail kurz zu prüfen, ob Ihr Ansprechpartner auch in der geistigen Verfassung ist, Sie zu verstehen, und ob Sie selbst in der Verfassung sind, sich verständlich zu machen.

2. Die Beziehung

Wenn es gerade Spannungen in Ihrer Beziehung gibt, Sie aber über etwas anderes reden wollen, überlegen Sie vielleicht, ob es nicht besser ist, mit dem neuen Thema zurückzuhalten, bis Sie das angesprochen haben, was offenbar beiden auf der Seele liegt. Wie der Vater eines Freundes aus Texas zu sagen pflegte: »Mit einem bellenden Hund kannst du nicht vernünftig reden!«

3. Die Zielvorstellung

Was eine effektive Kommunikation meist im Keim erstickt, ist eine versteckte Absicht. Je klarer Sie aussprechen, was Sie sich wirklich von dem Gespräch erhoffen, umso besser werden Sie die Reaktion des Gesprächspartners darauf erfassen und sich darauf einstellen können.

Hier eine Faustregel:

Was Sie sagen wollen, ist im Allgemeinen nicht so wichtig wie das, was Ihr Gegenüber in der Folge hören, denken, fühlen und tun soll.

Von der Theorie zur Praxis ...
Ein kreatives Gespräch

1. Denken Sie an ein wichtiges Gespräch oder Treffen, das heute oder morgen stattfinden soll. (Wenn das auf 24 Stunden seichtes Geplauder hinausläuft, können Sie bei dieser Übung lieber einen aussagekräftigen Brief schreiben und die Übungsanweisung entsprechend abwandeln.)

2. Was erhoffen Sie sich von Ihrem Gespräch? Das heißt, was soll Ihr Gesprächspartner denken, fühlen und auf das Gespräch hin tun? Denken Sie ein paar Minuten darüber nach, woran Sie feststellen können, ob Ihre Mitteilungen die gewünschte Wirkung haben (z. B. an einem Kopfnicken, einem Lächeln, an zustimmenden Lauten, einem gedankenvollen Gesichtsausdruck, einer entspannten Körperhaltung usw.).

3. Nehmen Sie sich jetzt gleich noch eine Minute Zeit und stellen Sie sich vor, Sie würden das Gespräch sofort führen ... *Zuerst prüfen Sie, ob bei Ihnen alles in Ordnung ist, dann vergewissern Sie sich, ob auch bei Ihrem Gesprächspartner alles in Ordnung ist. Wenn er (oder sie) verärgert oder geistesabwesend wirkt, klären Sie das erst! (Es ist nun mal so: Wenn der geliebte Goldfisch gerade gestorben ist, wird der Besitzer nicht gerade empfänglich sein für das, was Sie sagen.)*

Gehen Sie nun im Geiste Ihre Beziehung durch – gibt es da irgendetwas, das einer Abklärung bedarf, damit sich beide Seiten unbeschwert auf das anliegende Thema konzentrieren können?

Stellen Sie sich zum Schluss vor, wie Sie mit der betreffenden Person kommunizieren, ihre Reaktionen wahrnehmen und sich in Ihrem eigenen Verhalten darauf einstellen – und bleiben Sie dran bis zum Happyend. (Schließlich entspringt ja alles Ihrer Fantasie!)

4. Wenn es so weit ist, dass das echte Gespräch bevorsteht, wiederholen Sie einfach in Wirklichkeit der Reihe nach alles, was Sie sich ausgedacht haben.

Wie man weder geschieden noch gefeuert wird

Denken Sie an eine wichtige Beziehung in Ihrem Leben – die Beziehung zu Ihrem Partner oder Ihrer Partnerin, einem Ihrer Kinder, dem Chef, einem Kollegen – zu irgendjemandem, der notgedrungen, zufällig oder freiwillig eine Hauptrolle im Abenteuer Ihres Lebens spielt.

Haben Sie schon entschieden, was Sie tun wollen, damit diese Beziehung erfolgreich wird, oder warten Sie noch ab, wie sich die Dinge entwickeln werden?

Auf den ersten Blick erscheint das »Abwarten und mal sehen« bei einer Beziehung durchaus sinnvoll – schließlich üben wir keine Kontrolle über andere Menschen aus (pfui Teufel!), und außerdem können selbst unsere wohlmeinendsten Bemühungen, die Dinge ins Lot zu bringen, fruchtlos sein.

Das Problem beim »Abwarten und mal sehen« in Beziehungen ist: Wenn man lange genug wartet, sieht man unweigerlich alles Mögliche, was man nicht mag!

Natürlich ist der Entschluss, eine Beziehung zum Erfolg zu führen, keine Garantie dafür, dass sie ewig halten wird. Der Entschluss garantiert nur, dass sich die Myriaden von Mücken, die beim Umgang mit anderen Menschen unvermeidlich sind, nicht in gefährliche Elefanten verwandeln, die uns von denen trennen, mit denen wir unser Leben zu teilen gedachten.

Manche Beziehungen können tatsächlich nur noch aufgegeben werden, aber abgesehen davon ist das Einzige, was Sie wirklich aufgeben müssen, der Versuch, Kontrolle auf die andere Person auszuüben, indem Sie sich in deren (oder Gottes) Angelegenheiten mischen. Sobald Sie davon ablassen, wird Ihre Beziehung entweder in Bewegung kommen, oder sie wird sich von allein auflösen.

Hier vier höchst einfache Strategien, die Ihnen helfen können, in Ihren wichtigsten Beziehungen sofort den Energiefluss wieder in Gang bringen …

1. Zuhören

Nehmen Sie sich heute mindestens fünf Minuten Zeit und wenden Sie Ihre Aufmerksamkeit der anderen Person in der Beziehung zu, die Sie gern heilen möchten. Das gelingt am leichtesten, wenn Sie ihr fünf Minuten gesammelt zuhören. Richten Sie sich physisch und mental auf die Person aus. Lassen Sie sie fünf Minuten lang der wichtigste Mensch auf der Welt sein (danach können Sie alles widerrufen!).

Falls Sie nicht einmal fünf Minuten zum Zuhören erübrigen können oder wollen, ist es vielleicht Zeit, die Beziehung aus Ihrem Leben zu streichen.

2. Miteinander lachen (oder weinen)

Die alten Sprichwörter »Geteiltes Leid ist halbes Leid« und »Geteilte Freude ist doppelte Freude« bewahrheiten sich besonders in einer Beziehung. Selbst etwas so Simples wie gemeinsam einen witzigen Film anzuschauen und miteinander zu lachen (oder zu weinen, wenn es ein rührseliger ist), kann eine unglaubliche Heilwirkung haben.

Außerdem werden sowohl beim Lachen als auch beim Weinen Endorphine ausgeschüttet, es sind also beides natürliche Heilmittel, die Schmerzen lindern und Giftstoffe aus dem Körper austreiben können. Keine schlechte Belohnung dafür, dass man sich einen tollen Film ansieht!

3. Streit kultivieren

Frank Farrely, der die Behandlungsform der »provokativen Therapie« entwickelt hat, erzählt Folgendes von seiner Arbeit mit einem Katatoniker. Er begann seine Therapie damit, dem Mann ein Haar nach dem anderen aus einem Bein zu zupfen. Bei jedem Haar bewegte er sich immer weiter den Oberschenkel hinauf, immer weiter. Kurz bevor er das letzte Haar auszupfen konnte, »erwachte« der Katatoniker und versetzte ihm einen Schlag ins Gesicht – das erste Lebenszeichen nach über zwanzig Jahren.

Was ich gemeinhin von Leuten höre, die gerade dabei sind, ihre Partnerbeziehung abzubrechen, ist der Satz: »Ich will, dass wir Freunde bleiben.« Leider ist das in den meisten Fällen nur möglich, wenn auch weiterhin die vielen

Steine in der »Mauer des Schweigens« geflissentlich übersehen werden, die den Kommunikationsfluss blockierten und schließlich fast immer die Probleme in der Beziehung heraufbeschworen haben, an denen diese dann gescheitert ist.

Wenn Sie nicht zum Ausdruck bringen, was die Beziehung wirklich mit Ihnen macht, bauen sich unter Umständen immer mehr Spannungen auf, weil der innere Druck auf beiden Seiten der Blockade zunimmt. Falls Sie ein Mensch sind, der Auseinandersetzungen um jeden Preis vermeidet, können Sie heute einmal in Ihrer Beziehung die Wahrheit sagen und zuschauen, wie die Energie wieder zu fließen beginnt. (Natürlich müssen Sie auch darauf vorbereitet sein, in Deckung zu gehen …)

4. Jemanden berühren oder umarmen

Ich will ehrlich sein – ich bin kein großer Freund von Umarmungen. Sicher, man kann mich dabei ertappen, wie ich von Zeit zu Zeit die Arme um einen Mitmenschen lege – die plumpe Imitation einer liebevollen Umarmung –, aber meine soziale Konditionierung sitzt tief, und so ist mir ein herzlicher Händedruck oder ein freundlicher (aber mannhafter) Boxhieb auf den Arm allemal lieber.

Doch da mir auch bewusst ist, dass mit das Heilsamste in einer Beziehung die liebevolle Berührung ist, arbeite ich daran, meine Konditionierung zu überwinden und jemanden zu berühren, wenn mir nach Berühren zumute ist. Meine Frau wird umarmt. Meine Kinder werden umarmt. Und falls wir uns begegnen sollten, dann zögern Sie nicht, mich mit einer Umarmung zu begrüßen! Na ja, vielleicht verkrampfe ich mich dann ein bisschen, tätschele Ihnen den Rücken und werde rot – aber es ist immerhin ein Anfang!

Ein paar abschließende Gedanken

Einmal lehrte ich diese Dinge bei einem Workshop, und da sagte ein Teilnehmer zu mir: »Wenn ich wirklich die Verantwortung für meine Angelegenheiten übernehme, also aufhöre, anderer Leute Probleme zu lösen, und mich stattdessen darauf konzentriere, ein inspiriertes Leben zu leben, werde ich dann nicht für selbstsüchtig gehalten?«

»Was andere von Ihnen denken, ist deren Sache«, erwiderte ich. »Aber Sie können den Mitmenschen trotzdem zugewendet sein, nur dass Sie weniger Stress erfahren und viel mehr Einfluss auf die Menschen, Ziele und Angelegenheiten nehmen, die Ihnen am meisten bedeuten, weil Sie lernen, sich um Ihre eigenen Belange zu kümmern und trotzdem ganz für die Menschen da zu sein, an denen Ihnen etwas liegt.«

Die beste Art, im Leben eines anderen Menschen etwas zu bewirken, ist letztlich die Konzentration auf das, was vollkommen der eigenen Kontrolle unterliegt – die Fähigkeit, der betreffenden Person Ihre Liebe zu bekunden und den Glauben an ihre Fähigkeit zu zeigen, andere Entscheidungen treffen und das erreichen zu können, was sie will: ein Leben, das sie zum Staunen bringt: »Wow!« Wie lautet das Sprichwort: »Nicht der andere entscheidet, ob du ihn liebst oder nicht.«

Zum Abschluss dieses Kapitels eine meiner Lieblingsübungen – ich verdanke sie meiner Arbeit mit Bill Cumming, dem Schöpfer des Programms »Was ein Einzelner tun kann«, das in Sitzungssälen, Schulen und Gefängnissen überall in Amerika Anwendung findet:

Von der Theorie zur Praxis ...

Die Fallstudie

1. Suchen Sie sich jemanden, mit dem Sie arbeiten können, jemanden, in dessen Leben Sie gerne positive Veränderungen sehen möchten – zum Beispiel, dass er sich selbst für kompetenter hält und im positiven Sinne etwas für sich und seine Umwelt bewirkt. Das kann ein Kind, der Partner oder die Partnerin, ein Elternteil, ein Kollege oder Freund sein.

2. Machen Sie dem Betreffenden klar, dass Sie ihn bedingungslos lieben – dass er nichts tun kann, wodurch Sie ihn weniger lieben könnten, aber auch nichts, wodurch er Sie mehr lieben könnte.

3. Wenn er mit Ihnen über seine Probleme, Schwierigkeiten, Ziele und Möglichkeiten reden will, dann widerstehen Sie dem Verlangen, ihm zu »helfen«, indem Sie ihm raten, beistehen, ihn motivieren oder ihm den Rücken stärken. Betrachten Sie ihn lieber einfach als einen starken, kompetenten und tüchtigen Menschen. Würdigen Sie, wenn Sie mögen, seine Entscheidungen, und versichern Sie ihm, dass er andere Erfahrungen machen wird, wenn er sich nur darauf besinnt, dass er durchaus eine andere Wahl treffen kann.
   Das mag Ihnen zuerst Unbehagen bereiten, besonders wenn Sie daran gewöhnt sind, den Helden oder die mitfühlende Glucke zu spielen, während der andere das arme Opfer mimt, aber Sie werden sich wundern, wie schnell sich »ganz von selbst« eine Veränderung vollzieht.

Sollte es Ihnen schwerfallen, überhaupt eine Übung dieser Art durchzuführen, hat diese Hemmung höchstwahrscheinlich völlig andere Gründe, als Sie glauben. Das werden wir eingehender erforschen, während wir uns mit dem nächsten Hindernis befassen ...

13
Motivation

Information	Können	Überzeugung
Wohlbefinden	Mitmenschen	**Motivation**
Zeit	Geld	Angst

Sind Sie ein Zauderer?

Wie ich von meinen Klienten gehört habe, ist einer der
Hauptgründe dafür, warum sie im Leben noch nicht das erreicht haben, was sie wollen, ihr Zaudern – sie tun einfach
nicht, was sie nach eigener Auffassung eigentlich tun müssten, damit ihre Träume wahr werden.

Nach meiner Erfahrung ist Zaudern jedoch kein Charaktermakel, sondern der Oberbegriff für fünf einzelne Hindernisse:

1. Trägheit
2. Erlernte Hilflosigkeit
3. Inneren Widerstand
4. Gegen den Strom schwimmen
5. Verfolgung des falschen Ziels

In diesem Kapitel gehe ich auf jedes Hindernis ein und beschreibe die Strategien, die meine Klienten und ich selbst anwenden, um in Bewegung zu kommen und die Dinge in Gang zu bringen, die uns wirklich etwas bedeuten ...

1. Die Trägheit überwinden und das Gesetz der Bewegung verstehen

Ein Körper verharrt in seinem Zustand der Ruhe oder der gleichförmigen, geradlinigen Bewegung, solange die Summe der auf ihn einwirkenden Kräfte gleich null ist.

Sir Isaac Newton

Wenn wir uns, wie so oft im Leben, nicht dazu aufraffen können, ein neues Übungsprogramm zu beginnen oder uns an einen Neujahrsvorsatz zu halten, titulieren wir uns meist selbst als miese Type, schlechter Mensch oder Faulpelz. Dann nehmen wir an Seminaren teil und hören uns Tapes an, um unsere Willenskraft zu stärken, Disziplin zu entwickeln und »uns selbst zu meistern«.

Das Problem mit dem Aufbringen von Willenskraft und

Disziplin, um uns selbst zu meistern, ist wieder einmal, dass wir gar nicht der Feind sind. Der wahre Grund für unser Unvermögen, endlich damit anzufangen, unsere Ziele zu verfolgen, unsere Träume zu verwirklichen oder unsere Gewohnheiten zu ändern, sind nicht wir selbst – es liegt an der Physik.

Trägheit

Das Wörterbuch gibt folgende Definition von »Trägheit«:

1. Die Eigenschaft von Masse, in einem bereits existierenden Zustand der Ruhe oder der gleichförmigen geradlinigen Bewegung zu verharren, wenn sie nicht durch einwirkende Kräfte gezwungen wird, ihren Zustand zu ändern; Beharrungsvermögen.

2. Eine Neigung zur Untätigkeit bzw. die Unwilligkeit, sich zu verändern; Lustlosigkeit.

Schon mal gehört? Kennen Sie vielleicht auch jemanden, der »eine Neigung zur Untätigkeit« hat oder nicht willens ist, sich zu verändern, wenn er »nicht durch einwirkende Kräfte dazu gezwungen wird«?

Glücklicherweise wird aus der Trägheit, sobald wir uns in Bewegung setzen, ein Impuls, und dieser Impuls ist eine Kraft der Natur, die dazu beitragen kann, uns in Naturgewalten zu verwandeln, die ihre Ziele verfolgen und ihre Träume verwirklichen.

Wie überwindet man denn seine Trägheit und setzt sich in Bewegung?

Hier ein paar meiner Lieblingsstrategien …

Klein anfangen

Klienten, die große Veränderungen in ihrem Leben vornehmen wollen, rate ich fast immer, klein anzufangen. Wenn Sie abnehmen wollen, fangen Sie am besten damit an, eine einzelne ungesunde Essgewohnheit aus Ihrem Leben zu streichen und dafür eine gesunde hinzuzufügen. Wenn Sie Geld sparen wollen, beginnen Sie damit, dass Sie 5 oder 10 € pro Monat zurücklegen. Wenn Sie sich mehr bewegen wollen, starten Sie am besten mit einem Spaziergang um Ihren Block oder joggen eine Minute pro Tag.

Zwei Gründe sprechen für das »Klein-Anfangen«. Das ist zum einen das Phänomen: »He, Trägheit, deine Schnürsenkel sind offen!« Da Sie mit Trippelschrittchen zur Tat schreiten, merkt Ihr Gehirn gar nicht, dass Sie sich aus dem Bereich des Vertrauten herausgeschlichen haben und bereits vom Impuls der Veränderung profitieren.

Der zweite Grund ist der »Blödheitsfaktor«, wie ich ihn nenne – dass es einem irgendwann einfach blöd vorkommt, nur um den Block zu spazieren – man könnte gut noch eine, zwei, drei oder sogar mehr Straßen weiter laufen.

Bloß 10 € im Monat? Das ist doch blöd – ich könnte eigentlich 20 oder 50 oder noch mehr auf die Seite legen.

Keine zweite Portion vom Dessert nehmen, aber sonst bleibt alles beim Alten? Das ist schlicht und ergreifend blöd – es ist bestimmt genauso leicht, von keinem Gang nachzunehmen.

Die Erfolge von vielen meiner Klienten stellten sich nach solchen einfachen Schritten ein, und ich selbst halte mich auch fast jeden Tag an die Devise »wenig, aber oft«.

Groß anfangen

Auch wenn es großen Spaß macht, klein anzufangen, gibt es doch Abgründe, die sich nicht mit drei Schritten überwinden lassen. Ich selbst war zum Beispiel jahrelang nicht in der Lage, auch nur einen der drei beschriebenen kleinen Schritte zu tun. Ich habe mich zwar bewegt, aber nur sporadisch. Ich habe mich ein paar Wochen lang gesünder ernährt, bin dann aber in die alten Gewohnheiten zurückgefallen. Und was mein Sparkonto angeht, so lässt sich darüber nur sagen, dass es seit geraumer Zeit unter einem Aufmerksamkeitsdefizit-Syndrom leidet.

Wie habe ich denn meine Schwäche überwunden, die mich daran hinderte, von meinen eigenen guten Ratschlägen zu profitieren? Indem ich gelernt habe, dass es sich manchmal lohnt, groß anzufangen!

Zu regelmäßiger sportlicher Betätigung kam es bei mir erst, als ich aufhörte, ein bisschen Sport in meinen ohnehin schon übervollen Lebensalltag einzubauen, und mich stattdessen dazu zwang, mein Leben an sechs Tagen in der Woche um ein festes Fitnessprogramm mit Gewichtheben und Aerobic herum zu arrangieren. Ich verlor ungefähr 10 Kilo (die ich auch nicht wieder zugelegt habe!), aber nicht etwa, weil ich ein bisschen weniger Käsekuchen aß, sondern weil ich meine gesamte Ernährung generalüberholte und so radikal Kohlenhydrate daraus verbannte, dass ich sogar zwei Wochen lang meinen Tee ohne Milch trank. (Diejenigen meiner Leser, die es bei diesem letzten Satz schauderte, können vielleicht nachempfinden, was für ein Sakrileg das in unserem britischen Haushalt war!) Auch mein Sparkonto erhielt am Ende die Aufmerksamkeit, die es verdiente, als ich meine gelegentlichen Einzahlungen von

25 Pfund auf die damals vollkommen irre erscheinende Summe von monatlichen 1000 Pfund erhöhte.

Hier ein weiteres Beispiel für die Macht des »Groß-Anfangens«.

Viele Leute beklagen sich während ihres Trainings bei mir darüber, dass sie »einfach nicht die Zeit finden«, an einem hektischen Tag auch nur 15 Minuten für sich selbst zu erübrigen. Da stimme ich ihnen voll und ganz zu. Es ist so leicht, an einem 1 440-Minuten-Tag 15 Minuten für sich zu erübrigen, dass man das gar nicht ernst nimmt. Aber wie wäre es mit einer ganzen Stunde pro Tag? Oder zwei Stunden? Oder drei? Dann versucht man gar nicht erst, »Zeit dafür zu finden« – man weiß, dass man sie sich nehmen muss.

Wie steht es denn mit dem Geldverdienen? Nach meiner Erfahrung ist es erheblich schwerer, das Einkommen um 10 Prozent zu erhöhen, als es zu verdoppeln. Und zwar aus dem gleichen Grund – wenn Sie Ihr Einkommen verdoppeln wollen, *wissen* Sie natürlich, dass das substanzielle berufliche Veränderungen erforderlich macht, während Sie eine 10-prozentige Einkommenssteigerung erreichen zu können glauben, ohne viel ändern zu müssen.

Das Geheimnis beim »Groß-Anfangen« ist, nach Wegen zu suchen, das, was man will, möglichst unbequem, sperrig, schwierig und zeitraubend erscheinen zu lassen. Daran zerbricht die schöne Illusion, man könnte sein Leben einfach so weiterlaufen lassen wie bisher, um es zu verändern. Man sieht sich gezwungen, den Alltag entsprechend dem, was man wirklich will, neu zu planen, statt zu versuchen, Veränderungen herbeizuführen, ohne etwas ändern zu müssen, und noch »ein paar« Dinge mehr in einen ohnehin schon überfüllten Terminkalender hineinzuquetschen.

Von der Theorie zur Praxis ...

Klein anfangen, groß anfangen

1. Suchen Sie sich etwas aus, was Sie schon lange machen wollten, nur dass Sie es bisher einfach nicht fertigbrachten, es systematisch anzugehen.

   Beispiele:
   Italienisch lernen, Kreditkartenschulden abzahlen, Tagebuch schreiben.

2. Was würden Sie tun, um »klein anzufangen«?

   Beispiele:
   Italienisch lernen – ein neues Wort pro Tag lernen. Kreditkartenschulden – diesen Monat 5 € mehr als das Minimum abzahlen. Tagebuch schreiben – eine Woche lang garantiert einen Satz pro Tag schreiben.

3. Überlegen Sie sich nun ein paar Möglichkeiten, um »groß anzufangen«.

   Beispiele:
   Italienisch lernen – eine Reise nach Rom buchen und in dieser Zeit absolut kein Wort Englisch sprechen.
   Kreditkartenschulden – mehr Geld einzahlen, als Sie sich eigentlich leisten können. (Sollten Sie jetzt aufgebracht protestieren: »Aber das wäre ja unverantwortlich!«, muss ich Sie darauf hinweisen, dass Sie die Schulden auf Ihrer Kreditkarte höchstwahrscheinlich angehäuft haben, weil Sie mehr Geld ausgegeben haben, als Sie sich eigentlich leisten konnten!)
   Tagebuch schreiben – diese Woche jeden Tag mindestens eine Stunde schreiben.

4. Setzen Sie mindestens eine Ihrer Strategien in den nächsten 24 Stunden in die Tat um!

Ein zeitlicher Rahmen

Manchmal treten wir nicht in Aktion, weil uns die Vorstellung lähmt, wir könnten uns nicht mehr bremsen, wenn wir erst unsere Trägheit überwunden und losgelegt hätten.

Ein zeitlicher Rahmen ist eine Zeitspanne mit einem festgesetzten Anfang und Ende, die man einem Projekt oder Ziel widmet, ganz gleich, ob das Projekt dann abgeschlossen und das Ziel erreicht ist oder nicht.

Ich selbst stecke mir in meinem Alltag immer wieder einen zeitlichen Rahmen von etwa 15 Minuten, um meine Trägheit in Dingen wie der Erledigung von Papierkram, dem Durchsehen von E-Mails oder dem Ausfüllen der Steuererklärung zu überwinden; und ein zeitlicher Rahmen von einem Monat hat sich bei mir als nützlich erwiesen, wenn ich mir etwas zur Gewohnheit machen will, sei es ein Fitnessprogramm, eine bestimmte Diät oder auch – versuchsweise – ein neues Verhalten.

Vergessen Sie nicht, dass Sie sich hierbei nur auf den zeitlichen Rahmen festlegen und nicht auf das Resultat.

Verantwortlichkeit

Wenn Sie angestellt sind, ist Ihr Vorgesetzter, der Chef oder der Manager normalerweise die Person, die Ihnen »hilft«, Ihre Trägheit zu überwinden, im Allgemeinen durch Androhung von Gefahren für Leib, Leben oder Einkommen, gelegentlich jedoch auch durch aufrichtige Güte und Rückenstärkung. Tatsächlich haben Angestelltenverhältnisse etwas an sich, das oft übersehen wird: Sie sorgen für eine Art von Verantwortlichkeit, die man allein nur äußerst schwer aufrechterhalten kann.

Bei denjenigen von uns, die ihr eigener Chef sind (und das ist, wenigstens in einigen Lebensbereichen, jeder!), kann es zweckdienlich sein, gezielt Beziehungen zu anderen Menschen aufzunehmen, denen gegenüber wir uns verantwortlich zeigen.

Hier drei Variationen zum oben genannten Thema, die ich besonders mag – ein veritables ABC, um die Trägheit zu überwinden und in Schwung zu kommen:

a) Aktionspartner

Ein Anruf oder Treffen einmal pro Woche, bei dem Ihr Partner und Sie abwechselnd berichten, was Sie in der vergangenen Woche getan und geleistet haben und was Sie in der kommenden Woche planen und fertigstellen wollen.

b) Bau einer Scheune

Kennen Sie die Szene aus dem Film *Der einzige Zeuge*, wo sich Harrison Ford und seine Nachbarn aus der Amish-Gemeinschaft zusammentun, um an einem Tag eine Scheune zu bauen? Eine »Arbeitsparty« zu geben ist eine vergnügliche Möglichkeit, aus der Trägheit auszubrechen, Zeit mit Freunden zu verbringen und dabei noch wirklich gut zu essen!

c) Einen Coach engagieren

Ich persönlich arbeite gern mit einem Coach zusammen – so wird aus meinen wöchentlichen Sitzungen ein zeitlicher Rahmen, in dem ich meine Gedanken sortiere und meine Aktionen plane, und es ist erstaunlich, wie viel ich an dem Montag vor meinem Termin am Dienstagmorgen alles schaffe!

2. Die erlernte Hilflosigkeit überwinden: Wo ein Weg ist, ist auch ein Wille

Entweder finden wir einen Weg, oder wir bahnen uns einen.

Hannibal (als er mit seinen Elefanten in den
Zweiten Punischen Krieg zog)

Man rät uns oft, wir sollten uns selbst motivieren, indem wir den Antrieb verstärken, das heißt, immer mehr Gründe dafür finden, das zu verfolgen, was wir uns wünschen. (Einige Vertriebsgesellschaften gehen sogar so weit, ihre Vertreter dazu zu ermutigen, sich zu verschulden, damit sie sich doppelt so stark ins Zeug legen, um ihren Lebensstil weiter aufrechterhalten zu können!)

Der Kerngedanke hierbei ist, dass unsere Willenskraft in dem Maße gestärkt wird, wie unser Verlangen wächst – dass wir etwas nur stark genug ersehnen müssen, um uns wirklich anzustrengen. Dieser Denkansatz geht auf den Motivationsguru Anthony Robbins zurück, der gesagt hat: »Wenn du genug Gründe für dein Handeln findest, kannst du alles tun.«

Warum führen Sie dann noch nicht das Leben Ihrer Träume? Sehnen Sie sich nicht verzweifelt genug danach? Sind Sie nicht stark genug auf Ihr Ziel fixiert? Mangelt es Ihnen an Erfolgswillen?

Ich will Ihnen eine weitere Erklärung liefern …

Während nach herkömmlicher Meinung der »Wille« dem »Weg« vorausgeht, ist es nach meiner Erfahrung genau umgekehrt – wo ein Weg ist (das heißt, ein Plan – ein vorgezeichneter Weg von da, wo man ist, zum ersehnten Ziel), da ist auch ein Wille.

Zu diesem Weg (und damit zum Erfolgswillen) kommen wir in drei Schritten:

a) Offen sein für entsprechende Möglichkeiten

Wenn ich ein neues Ziel vor Augen habe, gehe ich mit Vorliebe spielerisch all die verschiedenen Möglichkeiten durch, die sich einfach so »ergeben« könnten. Meine Überlegungen führen zwar nicht immer zu praktischen Ergebnissen (egal, wie viele Möglichkeiten ich auch ersinne, bei denen mich meine Lieblingsfilmstars kennenlernen und sich in mich verlieben, ohne dass meine Frau etwas dagegen einzuwenden hat – es klappt irgendwie nicht), aber jedes Mal, wenn man mit solchen Möglichkeiten spielt, bekommt man ein besseres Gespür für das, was man will, und zugleich wächst der Wille, das Nötige zu tun, um es zu verwirklichen.

b) Die Chancen verbessern

Wie schaffen Sie es, dass Ihre Ideen keine Hirngespinste bleiben, sondern eine reale Chance bekommen?

Planung

> *Bei der Vorbereitung auf die Schlacht*
> *habe ich immer feststellen müssen, dass Pläne nutzlos sind,*
> *während Planung unverzichtbar ist.*
> General Dwight D. Eisenhower

Viele Menschen vermeiden es, Pläne zu machen, weil sie glauben, dass dabei alles genau stimmen muss, um Erfolg versprechend zu sein. Stellen Sie sich einen Plan lieber als Chancentraining vor – als Möglichkeit, sich davon zu überzeugen, dass es einen Weg von hier nach da gibt. Ich entwerfe gern zwei Pläne für jedes Ziel – einen, der von da ausgeht, wo ich gerade bin, und einen, der von da, wo ich gern hinkommen möchte, rückwärtsläuft. Wenn sich die beiden Pläne in der Mitte treffen, weiß ich, dass etwas Gutes im Entstehen ist!

Anzeichen sammeln
Mit zwölf riskierte ich eine Briefmarke und bestellte den isometrischen Bodybuilding-Kurs von Charles Atlas mit dem Titel »Lass dich von keinem Kraftprotz einschüchtern!«. Als die kostbare Lektüre ankam, trat ich sofort in Aktion, und nach einer Woche ... na ja, um bei der Wahrheit zu bleiben: Ich gab auf, ganz und gar. Jedes Mal, wenn ich mein pummeliges, vorpubertierendes Körperlein im Spiegel sah und mit dem Waschbrettbauch von Mr. Universum verglich, steuerte ich den nächsten Kühlschrank an und tröstete mich mit einem Mikrowellen-Cheeseburger, -Fritten und einem Milchmixgetränk.

Dann sah ich eines Tages wieder mein Spiegelbild und fand aus unerfindlichen Gründen, dass ich ziemlich gut aussah. Vielleicht sollte ich es doch noch mal mit den Charles-Atlas-Übungen versuchen ...

Je mehr ich trainierte, umso besser sah ich aus. Je besser ich aussah, umso öfter schaute ich hin. Je öfter ich hinschaute und mochte, was ich sah, umso mehr trainierte ich. Und eh ich mich versah, war ich auch schon der männlich wirkende Dreizehnjährige, von dem das Nachbarmädchen träumte.

Therapeuten auf dem Gebiet der lösungsorientierten

Kurztherapie lernen, die erste Sitzung mit Variationen der folgenden Frage zu eröffnen:

Inwiefern hat sich Ihr Problem oder Ihre Situation seit Ihrer Terminabsprache mit mir verbessert?

Einerseits sind die Leute gut in der Lage, diese Frage zu beantworten, und andererseits ist es dem Therapeuten auf diese Weise möglich, Erfolge hervorzuheben und sich auf das zu konzentrieren, was Wirkung zeigt, wodurch nicht nur bekräftigt wird, dass Erfolg möglich ist, sondern auch klar wird, dass er bereits eingetreten ist – dass es also wirklich einen Weg von da, wo man ist, nach da, wohin man will, gibt.

c) Die Wahrscheinlichkeit erhöhen

Selbstvertrauen bedeutet aktive Vorbereitung.
Ron Howard

Sie erhöhen Ihre Erfolgschancen jedes Mal, wenn Sie sich für Einstellungen und Aktionen entscheiden, die sowohl Ihrer Kontrolle unterliegen als auch die Wahrscheinlichkeit steigern, dass Sie erreichen, was Sie wollen, sei es jetzt oder in Zukunft. Sich entsprechend vorzubereiten, jeden Tag etwas dafür zu tun und andere in die eigenen Ziele und Träume einzubeziehen, macht den Erfolg nicht nur immer wahrscheinlicher, sondern auch glaubhafter für Herz und Hirn und stärkt den Erfolgswillen, weil sich der Weg dann immer deutlicher abzeichnet.

Von der Theorie zur Praxis …

Ein einfacher Motivationskniff

1. Wählen Sie einen Traum, den Sie gerade verwirklichen wollen, oder ein Ziel, das Sie gerade verfolgen.

   Beispiel:
   Die ultimative Beziehung schaffen.

2. Stellen Sie anhand einer Skala von 1 bis 10, auf der 1 den Start und 10 den verwirklichten Traum bzw. das erreichte Ziel bedeutet, fest, wo Sie jetzt gerade sind.

   Beispiel:
   Derzeit bin ich bei 4.

3. Überlegen Sie, indem Sie vom jetzigen Stand aus rückwärtsgehen, welche Meilensteine Sie bisher passiert haben, an denen Sie sehen konnten, dass Sie Fortschritte gemacht und die 1 hinter sich gelassen haben.

   Beispiel:
   Bei 1 habe ich beschlossen, eine großartige Beziehung zu haben, bei 2 ist mir klar geworden, dass es die damalige nicht war, bei 3 habe ich diese Beziehung abgebrochen, und bei 4 habe ich eine Liste aufgestellt, welche Charaktermerkmale mein idealer Partner haben müsste.

4. Setzen Sie nun Meilensteine an die Stelle all der Zahlen, die noch zwischen Ihrem jetzigen Stand und der perfekten 10 liegen.

   Beispiel:
   Bei 5 werde ich an mir selbst arbeiten, um die Art von Mensch zu werden, die vielleicht die Traumpartnerin anzieht. Bei 6 werde ich zum ersten Mal die Initiative ergreifen und eine »Kandidatin« zu einer Verabredung einladen. Bei 7 werden sie und ich über den ersten Ansturm der Gefühle hinaus sein und

einander immer noch mögen. Bei 8 werde ich bereitwillig anderen gegenüber zugeben, dass diese Frau etwas Besonderes ist. Bei 9 werde ich mich so gefestigt haben, dass ich nicht länger versuche, sie mir selbst anzugleichen. Und bei 10 werde ich die nötige Selbstsicherheit gewonnen haben, dass ich aufhöre, mich ihren Vorstellungen anzupassen, nur damit sie mich mag.

5. Für diejenigen von Ihnen, die ihrer Fantasie noch mehr freien Lauf lassen wollen: Was könnte bei 11 sein?

   Beispiel:
   Alles wie oben, aber mit wahrhaft gutem Sex!

Je mehr Sie sich spielerisch mit der Chancensteigerung befassen (indem Sie planen und Anzeichen sammeln) und die Wahrscheinlichkeit erhöhen, Ihre Ziele zu erreichen (indem Sie zur Tat schreiten), umso weniger ist die »Motivation« ein Hinderungsgrund, und desto mehr werden Sie für das tun, was Sie auf dieser Welt realisieren wollen.

3. Den inneren Widerstand überwinden und Erfolg zulassen

Erobere die Welt nicht mit Gewalt,
denn Gewalt erzeugt Widerstand.
Tao Te King

Möchten Sie den Grad Ihrer Motivation und Produktivität im nächsten Monat verdoppeln?

Dann probieren Sie es einmal mit diesem kleinen Experiment in vier Schritten:

1. Stemmen Sie sich sanft gegen eine Mauer in Ihrer Nähe.
2. Sollte die Mauer nicht umfallen, stemmen Sie sich stärker dagegen.
3. Stemmen Sie sich so lange weiter gegen die Mauer, bis:
    a) sie umfällt oder
    b) Sie finden: »Das ist doch blöd!« und aufgeben.
4. Geben Sie sich, wenn die Anspannung gerade nachgelassen hat, weil Sie sich nicht mehr gegen die Mauer stemmen, einen Ruck und machen Sie einen neuen Versuch.

Ich vermute mal, Sie haben dieses Experiment gar nicht erst durchgeführt, unter anderem aus dem Grund nicht, weil Sie sofort gesehen haben, dass es nichts bringt – es ist äußerst unwahrscheinlich, auf diese Weise zu irgendeinem brauchbaren Ergebnis zu kommen.

Doch jedes Mal, wenn Sie sich dazu aufraffen wollen, etwas zu tun, das Ihnen widerstrebt und das Sie aufgeschoben haben, durchlaufen Sie genau den gleichen Prozess.

Werfen wir noch einmal einen Blick auf die vier Schritte, die diesmal allerdings unserem normalen Erfahrungsbereich entsprechen …

1. Fordern Sie sich selbst auf, etwas zu tun, wovor Sie sich bisher gedrückt haben.
2. Falls Sie dann immer noch nichts tun, setzen Sie sich unter Druck. Zum Beispiel können Sie sich schlimme Folgen androhen, wenn Sie nichts tun, oder sich im Geiste laut anbrüllen.
3. Üben Sie weiter Druck aus, bis Sie entweder
    a) tun, was Sie glauben, tun zu müssen, oder
    b) den inneren Kampf müde sind und sich mit der Tat-

sache abfinden, dass Sie einfach nicht motiviert, ein Zauderer oder ein schlechter Mensch usw. sind.

4. Wenn Sie gerade dabei sind, sich mit der Tatsache abzufinden, dass Sie nichts tun werden, treten Sie sich in den Hintern, damit Sie innerlich zerrissen bleiben und weiter hoffen, von diesem inneren Druck doch eines Tages zum Handeln getrieben zu werden und zu erleben, wie die Mauer des Widerstandes endlich umfällt.

Die Wahrheit über den Widerstand ist schockierend einfach:

Sie sträuben sich so gut wie nie dagegen, eine Aufgabe zu erfüllen; vielmehr sträuben Sie sich dagegen, zur Erfüllung einer Aufgabe gezwungen zu sein.

Das Witzige daran ist, dass im Allgemeinen Sie selbst den Druck ausüben! Und das läuft normalerweise so:

Nehmen wir einmal an, ich würde einige berufliche Telefonate vor mir herschieben. Da diese Telefonate eindeutig in meinem eigenen Interesse liegen, muss ich annehmen, dass der einzige Grund, warum ich sie nicht tätige, bei mir selbst zu suchen ist – Selbsthass, Angst vor Erfolg, Faulheit oder ein anderer gravierender Charakterfehler.

Jetzt verprügele ich mich selbst, dass ich ein so schrecklicher Mensch bin, und versuche dann, mich weiter zum Handeln anzutreiben, indem ich mich an meinen Widerstand heranpirsche, indem ich meinen bevorzugten Zeitmanagementtrick aus dem nächsten Kapitel anwende, oder gebe es einfach ganz auf, die Aufgabe bewältigen zu wollen.

Wie aber, wenn ich mich gar nicht dagegen sträubte,

die Anrufe zu machen? Wie, wenn ich mich nur dagegen sträubte, gesagt zu bekommen, was ich tun soll?

Dann wäre die naheliegende Lösung die, mich nicht weiter selber anzutreiben, sondern darauf zu bauen, dass ich ganz aus mir selbst heraus das für mich Wichtige tun werde.

Wir erwägen diese Möglichkeit oft gar nicht erst, weil wir im tiefsten Herzen nicht glauben, dass wir in unserem eigenen Interesse handeln. Wir haben von klein auf gelernt, dass etwas mit uns nicht stimmt, und stehen noch immer unter der Selbsthypnose, die unsere Eltern, Gefährten und Rollenvorbilder einst eingeführt haben, und so sagen wir uns immer wieder:

**_Aber wenn ich mich nicht dazu zwinge,
wird es nie gemacht!_**

Hmmm … wissen Sie wirklich genau, dass das stimmt? Haben Sie jemals lange genug, *ohne sich anzutreiben*, durchgehalten, um es herauszufinden?

In unseren ersten Ehejahren pflegte meine Frau sich zu beklagen, dass ich nie etwas wegräumte im Haus. Damit hatte sie durchaus recht – das Haus war in meinen Augen nie so durcheinander, dass ich den Wunsch verspürt hätte, aufzuräumen. Ich kam sofort zu der Überzeugung, dass etwas mit mir nicht stimmte (dass ich zu faul, ein Chauvi oder etwas in dieser Art war), und gelobte Besserung.

Zuerst schien meine »Ich bin ein Mistkerl«-Strategie zu funktionieren: Ich räumte öfter auf, und meine Frau hatte das Gefühl, dass ihre Klage etwas genützt hatte. Leider ließ meine Entschlossenheit nach ein paar Wochen wieder nach, und schon ging es von vorne los.

Erst als meine Frau einmal für ein paar Tage wegfuhr, merkte ich wieder, dass gar nicht ich der Feind war. Dass ich mich selten dazu bewogen fühlte, im Haus für Ordnung zu sorgen, lag einfach daran, dass sich das natürliche Verlangen, in einer sauberen, ordentlichen Umgebung zu leben, bei mir später einstellte als bei ihr, sodass unser Haus fast nie den Punkt erreichte, an dem ich von mir aus aufräumen wollte (statt das Gefühl zu haben, ich sollte oder müsste es tun). Einige Tage nach ihrer Abreise fing ich spontan und ohne inneren Widerstand an, aufzuräumen.

Die ganze Zeit über hatte ich gedacht, ich hätte etwas dagegen, dabei trat bei mir nur ein allgemein menschlicher Charakterzug zutage:

Wenn wir gedrängt werden, wehren wir uns dagegen.

Um zu erkennen, wie stark Ihre eigene Abwehr dagegen ist, gedrängt zu werden, machen Sie am besten den »Rebellentest«:

Von der Theorie zur Praxis …

Der Rebellentest

Bewerten Sie in jeder der nachfolgend beschriebenen Situationen Ihre Reaktion mit Zahlen von 1 bis 5, wobei 1 bedeutet: »Ist mir vollkommen egal!« und 5: »Ich schäume vor Wut!«

1. Stellen Sie sich vor, Sie haben sich an Ihrer Arbeitsstelle gerade etwas vorgenommen, da kommt der Chef an und herrscht Sie an, Sie sollten ebendas tun, und schließt gleich noch eine Drohung an. (Sie können »Chef« durch einen Elternteil oder den Ehepartner ersetzen, falls Sie keiner beruflichen Tätigkeit nachgehen oder selbst der Chef sind!)

---

2. Stellen Sie sich vor, Sie haben im Supermarkt gerade 20 Minuten an der Kasse für »maximal zehn Artikel« angestanden, und als Sie endlich an der Reihe sind, weigert sich die Kassiererin, Sie zu bedienen, weil Sie elf Artikel haben.

3. Aufgrund eines Poststreiks kommt Ihre Stromrechnung einen Tag zu spät an. Daraufhin wird Ihnen der Strom abgestellt und eine Wiederanschlussgebühr von 100 € berechnet.

4. Nachdem Sie schon eine halbe Stunde auf der Suche nach einem Parkplatz herumgefahren sind, parken Sie schließlich in einer Ladezone und flitzen in die Apotheke, um schnell ein Medikament, das Sie dringend brauchen, auf Rezept abzuholen. Als sie zwei Minuten später wieder zum Auto kommen, füllt eine Politesse gerade einen Bußgeldbescheid für Sie aus. Auf Ihre Erklärungen hin sagt sie kühl: »Ich tue nur meine Pflicht.«

5. Hierfür brauchen Sie Hilfe ...
Bitten Sie einen Freund oder Kollegen, Sie vor die Brust zu stoßen. Bewerten Sie es mit 5 Punkten, wenn Sie sich gleich beim ersten Mal dagegen zur Wehr setzen möchten, mit 4 beim zweiten Mal, mit 3 beim dritten Mal usw.

Bewertung
20 bis 25 Punkte:
Sie rebellieren auch ohne Grund. Nehmen Sie einmal die Dinge unter die Lupe, die Sie sich versagen, weil Sie nicht nachgeben wollen!

15 bis 19 Punkte:
Sie sind ziemlich normal, würden aber wahrscheinlich davon profitieren, sich die »kleinen Tyrannen« in Ihrem Leben als Coach vorzustellen, der sie darin schult, emotional mit sich ins Reine zu kommen und Ihren Seelenfrieden zu finden!

10 bis 15 Punkte:
Sie sind abartig gesund – schreiben Sie mir bitte und weihen Sie mich in Ihr Geheimnis ein!

Weniger als 10 Punkte:
Hier gibt es drei Möglichkeiten:
a) Sie haben keine Fantasie.
b) Sie sind ein erleuchteter Meister, der unter uns gewöhnlichen Sterblichen weilt.
c) Sie sind ein wandelnder Fußabtreter – besuchen Sie meine Website und lassen Sie sich ein paar Tipps in Sachen Durchsetzungsvermögen geben!

4. Nicht länger gegen den Strom schwimmen und ins perfekte Timing mit dem Universum kommen

Zwing den Fluss nicht.
Barrie Stevens

In unserem verzweifelten Bemühen, etwas *sofort* geschehen zu machen, übersehen wir manchmal die Tatsache, dass sich das Leben in seiner eigenen Geschwindigkeit entfaltet, mögen wir auch die lautersten Absichten haben. Während die meisten Leute das für ein Hindernis halten, das es zu überwinden gilt, ist mir selbst klar geworden, dass es auf eine eigene, vollkommene Art bestechend ist, dem Rhythmus des Lebens zu folgen, statt etwas nach eigenem Zeitplan erzwingen zu wollen.

Haben Sie es nicht auch schon erlebt, dass Sie einen Anruf bei jemandem hinausgezögert und dann, als Sie schließlich doch angerufen haben, von der betreffenden Person hörten, dass sie gerade erst hereingekommen ist und bei einem früheren Versuch gar nicht da gewesen wäre?

Jedes Mal, wenn ich zu zögern glaube und mich dafür tadle, macht mich das Leben auf die feine Linie zwischen dem Zaudern und dem Einklang mit dem perfekten Timing des Universums aufmerksam.

Bei meinem Antrittsbesuch als Schauspieler in Hollywood musste ich im örtlichen Copyshop eine Menge Kopien von meinem Lebenslauf machen. Seit Tagen hatte ich das vorgehabt, und mein Zaudern war in meinen Augen fast schon ein klassischer Fall von Selbstsabotage. Schließlich konnte ich ohne Lebenslauf auch keine Bilder von mir an Agenten und Manager schicken, und ohne die würde meine Schauspielkarriere gar nicht erst in Gang kommen. Nachdem ich meine tiefinnersten unterbewussten Überzeugungen bezüglich Erfolg ein paar Stunden erforscht hatte und merkte, dass ich immer noch nicht im Copyshop war, gab ich es auf und spielte lieber mit meinem Sohn zusammen ein paar Runden »Donkey Kong« von Nintendo.

Zwei Tage später schaffte ich es endlich zum Copyshop. Ich kopierte meinen Lebenslauf, brachte die Kopien auf die richtige Größe und ging zur Kasse. Der Typ an der Kasse betrachtete den Stapel von Lebensläufen und fragte etwas irritiert: »Haben Sie einen Kopfschuss?« Da ich schon einige Wochen in Los Angeles war, wusste ich, was er damit meinte, und antwortete korrekt: »Ja – die Fotos sind hier in der Tasche, zusammen mit meinem Drehbuch.«

Der Mann sah sich die Fotos an, las meine Vita etwas genauer und fragte mich dann: »Suchen Sie einen Manager?« Binnen einer Stunde hatte ich eine Top-Agentur an der Strippe mit einer persönlichen Empfehlung von dem Typen, der nur an einem, und zwar ausgerechnet an dem Tag in der Woche in dem Laden arbeitete, als ich mich endlich aufgerafft und dort eingefunden hatte.

Zufall? Entscheiden Sie selbst!

Von der Theorie zur Praxis …

Timing ist alles

1. Wählen Sie etwas aus, an dem Sie gerade arbeiten, womit Sie zu experimentieren bereit sind und wofür Sie auch gewisse Risiken eingehen würden. Das kann ein berufliches Projekt sein, ein Kunstwerk, das Sie schaffen wollen, oder ein Bericht, den Sie schreiben müssen. (Lassen Sie die Finger von Sachen, bei denen es um Leben und Tod geht, sowohl im buchstäblichen als auch im übertragenen Sinne!)

2. Entschließen Sie sich, dass Sie sich für die Dauer dieses Projekts und nur dieses Projekts auf die Weisheit Ihres Körpers verlassen werden. Wenn Sie etwas gefühlsmäßig lieber nicht täten, dann *lassen Sie's!*

Beispiel:
Wenn Sie der Meinung sind, im Zusammenhang mit diesem Projekt einiges recherchieren zu müssen, und sich dabei ertappen, dass Sie sich stattdessen Wiederholungen von Raumschiff Enterprise: das nächste Jahrhundert *anschauen, dann denken Sie daran, dass Sie genau das tun müssen, um im perfekten Timing mit dem Universum zu sein – machen Sie es sich gemütlich, und versuchen Sie, die Verbindungsnähte in der Maske der Klingonen zu entdecken!*

---

3. Arbeiten Sie immer, wenn Ihnen danach zumute ist, an Ihrem Projekt, und vertrauen Sie darauf, dass Ihr Timing absolut perfekt ist. Achten Sie auf alle Koinzidenzen, glücklichen Zufälle und anderen »Glücksfälle«, die Ihnen unterwegs begegnen.
Vergessen Sie nicht, dass es keine Möglichkeit gibt, dieses Experiment zu verderben. Was immer Sie gerade tun, ist genau das, was Sie tun müssen, um im perfekten Timing mit dem Universum zu sein! Viel Spaß!

5. Von der Verfolgung des falschen Ziels ablassen und die eigene Motivation erkennen

Ich glaube, der größte Fehler in Schulen ist der,
Kinder durch Angst zum Lernen motivieren zu wollen …
Interesse kann erheblich mehr Wissbegier wecken
und verhält sich zur Angst wie eine Atomexplosion
zu einem Knallfrosch.
Stanley Kubrick

Es gibt zahllose pikante Anekdoten in Hollywood über ernsthafte junge Schauspieler, die sich erst vergewissern wollen, ob sie auch richtig motiviert sind, ehe sie eine Szene drehen.

Eine besonders schöne hat mir ein Freund von seiner Arbeit mit Marlon Brando erzählt. Es war gegen Ende der Karriere dieses großen Schauspielers. Eine junge Schauspielerin, die Brandos Tochter spielte, hatte etwas gegen eine Szene einzuwenden, in der sie einen Drink mixen sollte, während sie gerade schreckliche Nachrichten erhielt.

»Welche Motivation habe ich denn?«, fragte sie.

Brando lächelte sie an und zog sie auf die Seite.

»Stellen Sie sich einen Hut von der Größe des Bundesstaates Montana vor«, sagte er. »Und stellen Sie sich jetzt vor, dass der Hut randvoll mit Dollarnoten gefüllt ist. Können Sie sich das vorstellen?«

Die Schauspielerin nickte, sie war ein bisschen verwirrt, gehorchte aber.

»Das ist die Gage, die Sie für diesen Film bekommen«, fuhr Brando fort, »und Ihre besch …… Motivation können Sie sich an den Hut stecken!«

Wenn wir diese Frage aus der Welt des Schauspiels in die etwas realere Welt unseres Alltagslebens übertragen, ist sie erheblich sinnvoller.

Im Wesentlichen gibt es nur drei Motive für jede Handlung und für jedes Ziel, das man auf dieser Welt verfolgt:

1. Druckgefühl – »weil ich muss«
2. Vernunftgrund – »weil ich sollte«
3. Inspiration – »weil ich möchte«

Vor Kurzem bin ich auf die erstaunliche Geschichte von Sabriye Tenberken gestoßen, der Begründerin von *Braille ohne Grenzen*.

Sabriye, die im Alter von zwölf Jahren ihr Augenlicht verlor, verließ mit 26 Jahren ihr Heimatland Deutschland und ging nach Tibet, um blinden Kindern Lesen und den Umgang mit dem Computer beizubringen, vor allem aber deren Vertrauen in den eigenen Wert und Nutzen auf dieser Welt zu stärken.

Über ihre eigene Blindheit sagte sie:

Vielleicht ist es gut, dass ich blind bin, denn Leute, die sehen können, sehen alle möglichen Gründe, warum sie nichts tun können. Ich sehe keine Hindernisse. Ich sehe nur den einen Grund, aus dem ich handeln kann ... weil ich es will!

Wie Sie inzwischen wissen, fließt Ihr Leben umso natürlicher dahin, je mehr in Einklang Sie mit Ihrem Verlangen sind – und desto müheloser erscheint Ihnen der Erfolg.

Von der Theorie zur Praxis ...

Äußerer Druck, Vernunftgründe oder Inspiration?

1. Machen Sie einmal eine Liste Ihrer derzeitigen Ziele und fragen Sie sich bei jedem Ziel auf Ihrer Liste: »Welche Motive habe ich dafür?«
   In Ihrer Antwort wird sich entweder ein Druckgefühl, ein Vernunftgrund oder eine Inspiration widerspiegeln – mit anderen Worten: ob Sie müssen, sollen oder wollen.

2. Falls Ihr Motiv ein Gefühl des Drucks ist (*ich muss das sein/ tun/haben, weil ...*), überlegen Sie einmal, welche Konsequenzen es in der äußeren, der »realen« Welt hätte, das Betreffende zu tun oder zu lassen. Wenn Sie schon glücklich wären, müssten Sie es dann immer noch sein/tun/haben?

3. Wenn Sie sich aus Vernunftgründen ein Ziel gesetzt haben (*ich sollte das sein/tun/haben, weil ...*), prüfen Sie jetzt auch wieder die Folgen Ihres bevorstehenden Handelns oder Nichthandelns.
   Dabei könnten sich die folgenden Fragen als hilfreich erweisen:

> – *Was würde geschehen, wenn ich …?*
> – *Was würde geschehen, wenn ich nicht …?*
> – *Was würde unterbleiben, wenn ich …?*
> – *Was würde unterbleiben, wenn ich nicht …?*
> – *Wenn es niemand bemerken würde und niemandem etwas daran läge, würde ich das Ziel dann immer noch verfolgen?*
>
> 4. Falls es so aussieht, als würden Sie Ihrer Inspiration folgen (*Ich möchte das sein/tun/haben, weil …*), dann achten Sie einmal darauf, was geschieht, wenn Sie den Satz wie folgt beenden: »Ich möchte das sein/tun/haben, weil … ich es möchte!«
> Das ist der Prüfstein für ein wirklich inspiriertes Ziel und ein Handeln, das nicht nur irgendwann von Erfolg gekrönt wird, sondern auch zur rechten Zeit ungeahnte Koinzidenzen und Synchronizitäten herbeiführt.

Selbst wenn Sie motiviert sind, sich für das einzusetzen, was Sie wirklich wollen, kann es natürlich sein, dass Sie nicht die Zeit haben (oder nicht glauben, die Zeit zu haben) für das, was Sie eigentlich tun müssten, um Ihr Ziel zu erreichen. Mit diesem Hindernis befassen wir uns gleich, jetzt, sofort …

14
Zeit

Information	Können	Überzeugung
Wohlbefinden	Mitmenschen	Motivation
Zeit	Geld	Angst

Das Yoda-Prinzip

Tun oder nicht tun. Es gibt kein Versuchen.
Yoda in *Das Imperium schlägt zurück*

Die meisten Leute wundern sich, wenn sie hören, dass nicht
einer von meinen Klienten Gewichts-, Beziehungs- oder

Karriereprobleme hat. Liegt es daran, dass meine Klienten so cool sind? Sicher, das sind sie, aber der Grund ist der, dass es bei den Herausforderungen, vor denen wir alle im Leben stehen, 99- von 100-mal um das Prioritätensetzen geht.

Warum schlägt die Diät nicht an?
Weil man sich nicht wirklich daran hält.

Warum funktioniert die Beziehung nicht?
Weil man ihr noch keine Priorität im Leben gegeben hat.

Warum ist man im Beruf noch nicht das, was man sein wollte?
Weil man tagtäglich anderen Dingen den Vorrang gibt.

»Ich doch nicht!«, höre ich Sie jetzt schreien. »Ich tue mein Bestes, aber meine finanzielle Lage (der Verkehr/mein Partner/meine Partnerin/meine Kinder/mein Chef/hier eigene Ausrede einfügen!) hindert mich daran, das zu tun, was ich tun möchte!«

Wenn wir sagen, wir wollen es einmal »versuchen«, meinen wir meist zweierlei:

1. Wir haben keine rechte Lust, es zu tun, und sorgen frühzeitig für eine entsprechende Rechtfertigung (»Ich habe nur gesagt, ich will es *versuchen* …).

2. Wir glauben nicht, dass das Projekt oder Ziel unser Engagement und unseren Einsatz verdient. Wenn wir die Sache jedoch ohne zu großen Aufwand und Einsatz zu Ende bringen können, tun wir es.

Jedes Mal, wenn mir jemand erzählt, sein größtes Hindernis sei der Zeitmangel, weiß ich, dass das wahre Problem die Prioritätensetzung ist – was der oder die Betreffende mit den 1440 Minuten täglich, 168 Stunden wöchentlich und 365 Tagen im Jahr anzufangen gedenkt.

Hier das Geheimnis, wie das angebliche Hindernis »Zeitmangel« im Leben überwunden werden kann:

Die wichtigste Entscheidung, die Sie treffen können, ist die, was Sie wirklich wichtig nehmen wollen.

In diesem Kapitel werden wir einen Blick auf die verschiedenen Optionen werfen, die Ihnen offenstehen und die sowohl für die Ergebnisse Ihres Handelns als auch für Ihre Lebensqualität ausschlaggebend sind. (Sie wissen schon – wenn es nicht zu viel Mühe macht und nichts dazwischenkommt ...)

Die Millionen-Dollar-Frage

Vor Jahren war ich die Zweitbesetzung für die Rolle von Jennifer Saunders Gatten in einem Stück mit dem Titel *Me and Mamie O'Rourke*. Der Schauspieler, der diese Figur normalerweise spielte, war zu meinem Leidwesen sehr talentiert, sehr zuverlässig und kerngesund, sodass ich während des Stücks viel Zeit in meiner Garderobe verbrachte.

Nicht zuletzt um die Zeit totzuschlagen, stellte ich eine Liste all dessen zusammen, was ich mir im Leben wünschte, und steckte sie an die Garderobenwand. Es war eine lange, zusammengewürfelte Liste, die alles abdeckte – von meinem Auftritt als Star in einer eigenen Fernsehshow (was drei Jahre später Realität wurde) über einen Flug zum Mond (darauf warte ich noch) bis hin zur Anschaffung eines Hundes (ich habe inzwischen zwei, und sie sind toll!).

Ein Wunsch auf meiner Liste war mir ein Rätsel: fünf

Paar neue Socken! Mich wunderte nicht so sehr, dass ich mir so etwas wünschte – irgendwann steht man sinnend vor seiner Sockenschublade und merkt, dass eine Auffüllung dringend nötig ist. Vielmehr fragte ich mich, warum ich nicht einfach raus zum Sockengeschäft ging und die zehn Pfund oder so ausgab, die mich der Einkauf vermutlich kostete.

Am Ende erhielt ich neue Hinweise für die Lösung des Sockenrätsels, als ich mit einem Freund darüber sprach, und er mir sagte, es klänge ganz so, als hätte ich gar nicht die Absicht, neue Socken zu erstehen.

Er meinte sicher, er hätte mir zu einer tiefen Einsicht verholfen, dabei dachte ich gar nicht weiter darüber nach, bis mir klar wurde, dass er es wörtlich gemeint hatte. Ich sorgte nicht für neue Socken, weil ich nicht die *Absicht* hatte, Socken zu besorgen – das heißt, für mich hatte die Sockenfrage noch nicht die Priorität im Leben, die nötig gewesen wäre, um sie zu lösen.

Denken Sie einen Augenblick darüber nach. Wie viele Dinge stehen auf Ihrer Liste der anvisierten Aufgaben und Ziele, ohne dass Sie die *Absicht* haben, sie wirklich zu tun, zu sein oder zu haben, obwohl Sie sie im Grunde für Ihr Leben wünschen?

Ich habe gemerkt, dass die einfachste Möglichkeit, das Maß unserer Einsatzfreudigkeit und Entschlusskraft zu erkennen und gegebenenfalls entsprechend zu vergrößern, darin besteht, uns die »Millionen-Dollar-Frage« zu stellen:

Wenn ich Ihnen eine Million Dollar dafür böte,
dass Sie sich mit Erfolg für das einsetzen,
was Sie sich im Leben wünschen, was würden Sie
dann anders machen, um es zu erreichen?

Zum Beispiel erinnere ich mich, dass ich einmal ein Plakat für den Film *Weiße Jungs bringen's nicht* gesehen habe, auf dem in voller Größe der Schauspieler Wesley Snipes ohne T-Shirt mit Waschbrettbauch zu sehen war. Als ich meinen eher runden Leib mit seinem verglich, rechtfertigte ich den Unterschied damit, dass ich dachte: »Wenn ich sechs Millionen Dollar bekommen würde, um so fit zu werden, würde ich auch die nötige Zeit dafür finden und den nötigen Einsatz bringen.« Dann dämmerte es mir – ich würde ja sechs Millionen Dollar für meinen Einsatz bekommen – nur gab es die Bezahlung nicht im Voraus!

Wie wäre es, wenn Sie sich einmal die Millionen-Dollar-Frage im Hinblick auf Ihre wichtigsten Beziehungen stellen würden?

Wenn Sie wüssten, dass Sie eine Million Dollar (oder sonst etwas, das Sie super finden und das Sie inspirieren würde) für die Zeit bekämen, die Sie sich nähmen, um fantastische Beziehungen zu den Menschen zu unterhalten, die Ihnen im Leben am meisten bedeuten, was würden Sie dann anders machen, damit es fantastisch würde?

Wären Sie liebevoller? Geduldiger? Präsenter? Ehrlicher? Dann sind Liebe, Geduld, Präsenz und Ehrlichkeit der Nutzen, den Sie daraus ziehen werden, wenn Sie Ihre Beziehungen mit einer Millionen-Dollar-Intention pflegen.

Und wie steht's im Beruf – werden Sie zurzeit bei der Arbeit von Millionen-Dollar-Intentionen beflügelt?

Wenn ich Ihnen eine Million Dollar geben würde, damit Sie jeden Tag pünktlich und voller Schwung bei der Arbeit erscheinen, wie würden Sie das anstellen? Welche Vorbereitungen würden Sie allmorgendlich treffen? Was würden Sie tun, um Ihren Elan den ganzen Tag über beizubehalten?

Uns (und anderen) die Millionen-Dollar-Frage zu stellen und uns von Millionen-Dollar-Intentionen beflügeln zu lassen im Leben soll uns bewusst machen, dass es weitgehend eine Sache der Entscheidung ist, welchen Gebrauch wir von unserer Zeit machen und wie wir jeden Tag in unserem Leben auffassen – und die Entscheidung liegt immer bei uns selbst.

Warum sich nicht einfach die Pistole auf die Brust setzen?

Zu wissen, dass man am Morgen aufgehängt wird,
konzentriert den Geist hervorragend.
Samuel Johnson

Wenn Sie wüssten, dass das Zuspätkommen zu einer Konferenz Sie das Leben kostet, würden Sie es dann nicht vorziehen, früher von zu Hause wegzugehen und pünktlich anzukommen? Wenn Sie wüssten, dass Leben und Tod Ihrer Lieben davon abhingen, dass Sie im Umgang mit ihnen die Geduld nicht verlieren, würden Sie es dann nicht vorziehen, sich durch emotionale Kontrolle beherrschen zu lernen?

Diese Vorstellungen mögen zwar nicht gerade angenehm sein, aber wenn uns jemand wirklich oder im übertragenen Sinne die Pistole auf die Brust setzt, rücken viele Dinge, die wir im Allgemeinen für »unmöglich« halten, plötzlich in den Bereich des durchaus Möglichen.

Manche Menschen haben sich tatsächlich angewöhnt,

sich ständig von Verarmung, Verlassenwerden und Selbsthass bedroht zu sehen, falls sie dem Standard nicht entsprechen, den sie selbst aufgestellt haben. Wie problematisch eine solche Motivationsstrategie ist, liegt auf der Hand:

**Wer sich ständig die Pistole auf die Brust setzt,
will irgendwann auch abdrücken.**

Eine so aggressive Strategie kann natürlich kurzfristig zum Erfolg führen, aber dass ich selbst mich doch lieber durch die Millionen-Dollar-Frage inspirieren lasse, statt meine Motivation aus einer Smith-und-Wesson-Therapie, wie der NLP-Begründer Richard Bandler es nannte, zu beziehen, hat weniger etwas mit deren langfristiger Tragfähigkeit zu tun als vielmehr mit Spaß an der Freude. Das Leben macht nämlich erst richtig Spaß, wenn man so lebt, als wenn es ums Leben ginge.

Von der Theorie zur Praxis ...
Eine Frage der Prioritäten

1. Nehmen Sie sich diese Woche einmal Zeit, vorrangig darauf zu achten, was in Ihrem Leben Priorität hat. Wann ziehen Sie Fernsehen einem Gespräch vor? Wann lesen Sie lieber die Zeitung, statt zu arbeiten? Wann tun Sie eher das, was Sie angeblich tun sollen, anstatt das zu tun, was Sie wirklich tun wollen?

2. Achten Sie darauf, was Sie sagen, wenn Sie Versprechungen machen oder Entschuldigungen vorbringen. Geben Sie den Umständen die Schuld an Ihren Handlungen und deren Folgen (oder haben Sie das vor?)? (Falls Sie nicht sicher sind,

betrachten Sie Ihre Situation im Licht der Millionen-Dollar-Frage, oder unterziehen Sie sich versuchsweise hypothetisch der »Smith-und-Wesson-Therapie«!)

3. Wählen Sie eine Beziehung in Ihrem Leben aus, die Sie gern verbessern würden. Verhalten Sie sich bei Ihrem nächsten Zusammensein mit dieser Person so, als wäre sie der wichtigste Mensch der Welt, und achten Sie darauf, welche Auswirkungen das auf die gemeinsame Zeit hat.

4. Gehen Sie diese Woche mindestens eine Verpflichtung ein, die Sie unter allen Umständen einhalten werden (statt dies nur zu »versuchen«). Das kann eine Verabredung, ein tägliches Fitnessprogramm, Zeit für Partner/Partnerin oder Familie usw. sein. Sollten Sie sich dabei ertappen, dass Sie »vergessen« oder »versäumen«, Ihre Verpflichtung wahrzunehmen, stellen Sie fest, ob Sie sich anders verhalten würden, wenn Sie ihr wirklich höchste Priorität einräumten.

Zeitmanagement mit dicken Steinen

Hier eine Geschichte: Ein Seminarleiter stellte einmal ein großes Gefäß auf einen Tisch. Daneben stellte er einen Eimer Kies, einen Eimer Sand sowie einen Eimer Wasser und legte drei dicke Steine dazu. Dann forderte er die Seminarteilnehmer auf, eine Möglichkeit zu finden, um alle auf dem Tisch befindlichen Materialien in dem großen Gefäß unterzubringen.

Nach vielen Versuchen war klar, dass die einzige Möglichkeit, alles hineinzubekommen, darin bestand, mit den Steinen anzufangen. Dann füllte der Kies die Lücken zwischen den Steinen, der Sand die Lücken im Kies und das Wasser die Lücken im Sand.

Wenn es um die Frage geht, das, was wir wirklich wichtig nehmen wollen, bleiben wir leicht im täglichen Kies stecken, lassen uns vom Sand zermahlen und vom Wasser fortschwemmen. Es kann ganz schön knifflig sein, dem Priorität zu geben, was Vorrang hat – den »dicken Steinen« nämlich, den Dingen in unserem Leben, auf die es wirklich ankommt.

Es gibt im Wesentlichen vier Typen von »dicken Steinen« – das heißt vier Prioritäten, auf die wir uns in jedem Moment konzentrieren können, und mit den allgegenwärtigen kleinen Dingen können wir die Lücken dazwischen füllen.

Dicker Stein Nr. 1 – Aktivitäten

Manchmal ist das Wichtigste am Tag eine bestimmte Aktivität oder Folge von Aktivitäten. Wenn Sie Sportler sind, werden Sie dem Trainieren Priorität geben; wenn Sie Handelsvertreter sind, werden Telefonate bei Ihnen Priorität haben. Auf jeden Fall hat die Aktivität Vorrang vor dem gewünschten Endergebnis.

Dicker Stein Nr. 2 – Ziele

Eine der wichtigsten Prioritäten, die Sie sich setzen können, ist ein Ziel. Worin unterscheiden sich Ziele und Prioritäten? Ziele unterliegen selten unserer Kontrolle – Prioritäten jedoch immer.

Dicker Stein Nr. 3 – Intentionen

Manchmal ist es das Vernünftigste, wenn wir weder einer Aktivität noch einem Ziel Priorität geben, sondern einer Seinsweise. Solche Intentionen wirken im Hintergrund weiter, während wir tätig werden und unsere Ziele verfolgen. Zu den nützlichen Intentionen gehören das »Präsentbleiben«, die »Freude an dem, was man gerade tut«, und das »Zuhören und Sprechen mit dem Herzen«.

Dicker Stein Nr. 4 – Menschen

Was Sauerstoff für den Körper ist, ist Aufmerksamkeit für den Geist. Wenn wir einem Menschen Priorität geben, verpflichten wir uns, ihm das größte und dabei einfachste Geschenk zu machen, das wir machen können – das Geschenk unserer vollen, ungeteilten Aufmerksamkeit. Und natürlich ist es eine gute Idee, mindestens einmal am Tag darauf zu achten, dass die Person, die den Vorzug erhält, man selber ist.

Aber wie setzt man eigentlich Prioritäten?

1. Zuerst tun

Am einfachsten gibt man etwas Priorität, indem man es als Erstes tut – es gleich zuoberst auf die Tagesordnung setzt und dranbleibt, bis es erledigt ist. Diese Vorgehensweise eignet sich besonders gut für kurzfristige Aktivitäten und »Miniziele«, also für alles, was innerhalb von fünf Minuten oder maximal ein paar Stunden verwirklicht werden kann.

2. Sofort tun

Ich kenne keinen einzigen Menschen, der nicht im Laufe des Tages öfter mal vom gewählten Kurs abkommt. Egal, wie viele Erinnerungshilfen man an Computer, Kühlschrank oder Armaturenbrett klebt, man vergisst die Prioritäten garantiert immer wieder. Welche Lösung gibt es dafür? Sobald man sich erinnert, darauf konzentrieren und es sofort tun! Diese Vorgehensweise ist besonders vorteilhaft, wenn man Intentionen und Menschen Priorität geben will.

Oft tun

Wie verspeist man einen Elefanten? Bissen für Bissen. Wie gibt man einem Ziel den Vorrang? Indem man immer wieder und wieder darauf zurückkommt. Diese Methode ist bei Aktivitäten, Zielen, Intentionen und Menschen gleichermaßen gut geeignet zum Prioritätensetzen.

Von der Theorie zur Praxis ...

Arbeitsstunden

1. Wählen Sie eine Lebensrolle, eine Lebensaufgabe oder ein Lebensziel aus, mit dem Sie vorankommen wollen.

2. Geben Sie spaßeshalber eine grobe Schätzung ab, wie viele »Arbeitsstunden« – das sind die Stunden, die Sie einem Klienten in Rechnung stellen würden, wenn er Sie dafür bezahlte – Sie in der vergangenen Woche dafür aufgewendet haben.

---

3. Registrieren Sie von heute ab – und für den Rest der Woche, wenn Sie wollen – alle Arbeitsstunden in dem jeweiligen Bereich.

4. Wenn Sie meinen, nicht mehr anrechenbare Arbeitsstunden an Ihr Projekt wenden zu können, ist es wahrscheinlich Zeit, Ihre Strategie zu überprüfen. Oft werden Sie allerdings nur erkennen, dass Sie besser aus der betreffenden Sache einen »dicken Stein« machen und ihm einfach mehr Zeit und Aufmerksamkeit schenken!

Widmen wir dem Zaudern etwas mehr Zeit …

Im Kapitel über die Motivation habe ich mich zwar schon ein Stück weit mit dem Zaudern und Aufschieben befasst, aber in meinen Workshops mit Schwerpunkt »Zeitmanagement« greife ich das Thema gern von einem anderen Blickwinkel aus noch einmal auf. In diesen Kursen vertrete ich den Grundsatz, dass »Zaudern« und »Aufschieben« keine mentalen oder physischen Gebrechen sind, sondern einfach nur Etiketten, die wir einer x-beliebigen Situation aufkleben, in der wir die Art und Weise, wie wir unsere zeitlichen Prioritäten festgelegt haben, missbilligen.

Wenn ich zum Beispiel die Wiederholung einer Krimiserie im Fernsehen anschaue, stattdessen aber eigentlich an meinem Roman arbeiten müsste, wie ich meine, ist das für mich ein Aufschieben. Wenn ich nichts dagegen habe, die Krimiserie anzugucken (oder an keinem Roman schreibe), nenne ich das meine Entscheidung.

Zu Beginn dieser Workshops mache ich die Teilnehmer immer mit Roger und Rebecca Merrills Vierteilung der Zeit bekannt:

1. Viertel:	2. Viertel:
Eilig und wichtig	Wichtig, aber nicht eilig
3. Viertel:	**4. Viertel:**
Eilig, aber nicht wichtig	Weder eilig noch wichtig

Nach dieser These, die durch den Bestsellerautor Stephen R. Covey Berühmtheit erlangte, besteht ein gutes Zeitmanagement darin, den Löwenanteil der zur Verfügung stehenden Zeit für das zweite Viertel zu verwenden und Aufgaben zu erledigen, die wichtig, aber nicht eilig sind. Das ist eine wunderbare Theorie. Sie hat nur den Haken, dass wir uns fast alle angewöhnt haben, uns selbst auszutricksen, damit etwas erledigt wird; so malen wir uns bestimmte Folgen aus oder sind von irgendwelchen Konsequenzen überzeugt, die es angeblich nach sich zieht, wenn wir eine im Grunde gar nicht eilige und/oder nicht wichtige Aufgabe nicht erledigen. Mit anderen Worten: Wir nehmen etwas, was wir tun wollen oder für unsere Pflicht halten, und reden uns ein, dass wir es tun *müssen*.

Hier der Test:

Hat es wirklich reale Folgen,
wenn dies heute unerledigt bleibt?

Wenn die Antwort »Ja« lautet und Sie die mutmaßliche Folge (Verlust der Arbeitsstelle, ein Bußgeld, eine Gefängnisstrafe usw.) lieber vermeiden würden, dann lassen Sie die betreffende Aufgabe unbedingt auf Ihrer Dringlichkeitsliste stehen. Wenn die Antwort »Ja« lautet, die Folgen jedoch nur psychischer oder emotionaler Art wären (»ich werde mich nicht wohlfühlen«, »man wird mich für faul halten«, »es würde ja beweisen, dass ich nicht genügend motiviert bin« usw.), dann tätscheln Sie sich lieber den Rücken. Sie versuchen nämlich, sich durch Leidensdruck, den Sie selbst erzeugen, zu motivieren, obwohl Sie wissen, dass Sie die Aufgabe mit ziemlicher Gewissheit weiter vor sich herschieben werden, bis sie tatsächlich eilig ist oder Sie sie aufrichtig in Angriff nehmen und fertigstellen möchten.

Ehrlichkeit in Bezug auf das, was tagtäglich wirklich erledigt werden muss, hilft Ihnen zwar nicht unbedingt dabei, ihre Liste unerledigter Aufgaben schneller abzuhaken, aber Sie werden bei dem, *was* Sie erledigen, ein wesentlich angenehmeres Gefühl haben. Außerdem merken Sie, wenn Sie sich ebenso viel Zeit für das zugestehen, was Sie wirklich tun wollen (statt für das, was Sie erledigt haben wollen), dass Sie dann ganz von selbst zur rechten Zeit am rechten Ort mit den richtigen Leuten das Richtige tun.

Falls Sie eine Affirmation brauchen, um mit dem Aufschieben klarzukommen, dürfen Sie sich gern meine ausleihen:

Ich gebe mir unendlich viel Spielraum.

Jongliertricks für ein effektives Zeitmanagement

Alles sollte so einfach wie möglich gemacht werden –
aber nicht einfacher.
Albert Einstein

Vor vielen Jahren schauten mir meine Kinder einmal beim Jonglieren zu. Sie kicherten, als ich nur einen Ball in die Luft warf, fanden es spannend, als es zwei waren, hielten es für Zauberei, als ein dritter Ball ins Spiel kam, und waren schließlich total perplex über meine Fähigkeit, noch einen vierten, fünften und sechsten Ball einzufügen.

Als ich mir selbst zu erklären versuchte, welcher Unterschied zwischen dem Jonglieren mit drei und dem Jonglieren mit mehr als drei Gegenständen besteht, ging mir des Rätsels Lösung auf, nämlich dass man beim Jonglieren mit drei Gegenständen zwei davon immer fest im Griff hat. Je mehr Gegenstände man ins Spiel bringt, umso mehr befinden sich in der Luft und entziehen sich damit der Kontrolle des Jongleurs.

Wäre das Leben nicht viel einfacher, wenn nie mehr als drei Dinge auf der Liste der unerledigten Aufgaben ständen?

Das folgende Zeitmanagementsystem habe ich ursprünglich für einen besonders zerstreuten Klienten entwickelt. Ich fand es so toll, dass ich es selbst anwendete, und inzwischen machen Hunderte von Menschen in aller Welt Gebrauch davon.

Die meisten Leute brauchen nicht mehr als zehn Minuten im Monat für die Anwendung des Systems, das übrigens mit fast jedem anderen Zeitmanagementsystem, das ich kenne, kompatibel ist. Es vereint die Idee, dass nie mehr als maximal drei Dinge gleichzeitig Priorität genießen dürfen, mit der Kraft der regelmäßigen täglichen Konzentration darauf.

Und so funktioniert es …

Einmal im Monat

1. Nehmen Sie sich für diesen Monat maximal drei Dinge vor, die Vorrang haben sollen – falls es mehr als drei werden, sortieren Sie weiter aus!
   Beispiel:
   Zeit mit der Familie verbringen, Manuskript in der Rohfassung fertigstellen, 4 bis 5 Kilo abnehmen.
2. Setzen Sie sich nun für die nächsten zwei Wochen bis zu drei Prioritäten:
   Beispiel:
   Freien Mitarbeiter einstellen, Steuererklärung abgeben, Ferienvorbereitungen treffen.
3. Letzte Runde – setzen Sie sich bis zu drei Prioritäten für die kommende Woche.
   Beispiel:
   Steuerunterlagen zusammensuchen, neuen Fitnessratgeber lesen, Hundehütte sauber machen.

Einmal pro Woche

1. Überprüfen Sie Ihre drei Prioritäten für die nächsten zwei Wochen. Vergessen Sie auch die Prioritäten für den ganzen Monat nicht!
2. Überprüfen Sie Ihre drei Prioritäten für die nächste Woche.

3. Stellen Sie Ihre Liste zur spirituellen Selbstpflege in dieser Woche auf (lesen Sie im Kapitel 11 »Wohlbefinden« nach, wie das geht!).

Täglich

1. Legen Sie die obersten drei Prioritäten für heute fest.
2. Haken Sie die spirituellen Selbstpflegepunkte ab, die Sie ausgeführt haben.

Vielleicht sind Ihnen die folgenden Fragen von Nutzen, während Sie Ihre Prioritäten setzen:
a) Was ist für mich das Wichtigste, worauf ich mich konzentrieren will?
b) Was ist für mich das Nützlichste, worauf ich mich konzentrieren will?
c) Was ist für mich das Liebste, worauf ich mich konzentrieren will?

Antworten auf diese Fragen können sich auf eine Aktivität, ein Ziel, eine Intention oder einen Menschen beziehen.

Hier als Beispiel ein Planungsblatt, das meine Klienten mit ihrem Willkommenspaket erhalten. Bitte machen Sie sich für den Eigengebrauch beliebig viele Kopien von dieser Buchseite, möglichst im A4-Format.

Plan für die Woche vom _____

Prioritäten in diesem Monat

1. _____

2. _____

3. _____

Prioritäten in den nächsten zwei Wochen

1. _____

2. _____

3. _____

Prioritäten in dieser Woche

1. _____

2. _____

3. _____

Spirituelle Selbstpflege	Mo	Di	Mi	Do	Fr	Sa	So
1.							
2.							
3.							
4.							
5.							
6.							
7.							
8.							
9.							
10.							

Experimentieren Sie mit diesem System ein paar Wochen lang und passen Sie es Ihren eigenen Bedürfnissen an, indem Sie so viel oder so wenig davon verwenden, wie für Sie nützlich und praktisch ist und Ihnen Spaß macht.

Wenn Sie allerdings dieses oder auch ein anderes Zeitmanagementsystem bloß dazu benutzen, um noch mehr Aktivitäten in Ihren Tag hineinzuquetschen, werden Sie wieder unter Zeitdruck geraten, der sich dann hindernd zwischen Sie und Ihr wundervolles Leben schiebt. Darum möchte ich Sie noch auf einen charakteristischen Unterschied aufmerksam machen, bevor es weitergeht ...

Das Tagespensum

Vor vielen Jahren, ehe ich das System entwickelte, das Sie gerade kennengelernt haben, brachte ich einen Vorsprechtermin, eine Coachingsitzung mit einem Klienten und ein geschäftliches Treffen in einer 30-Minuten-Lücke meines Terminkalenders unter. Da ich nicht in der Lage war, diese drei Bälle gleichzeitig in der Luft zu halten, hielt ich es für ratsam, meinem Zeitmanagement ein Update zu verpassen, und buchte einen eintägigen Kurs für die Anwendung eines eher traditionellen Zeitmanagementsystems.

Als ich endlich über die Vorstellung hinaus war, mein ganzes Leben nach einem kleinen schwarzen Terminkalender verplanen zu können (großer Gott, hatte ich eine Angst, das Büchlein zu verlieren!), ging ich an die Bestimmung meiner täglichen und wöchentlichen 1.-2.-3.-Prioritäten und kreuzte die entsprechenden Kästchen neben den jeweiligen Tagesaufgaben an.

Eines Tages hatte ich ein außergewöhnliches Erlebnis, das ich kaum glauben konnte. Es war gegen vier Uhr nachmittags, und ich schaute gerade in mein Buch, was als Nächstes an der Reihe war. Zu meiner Verblüffung stand nichts mehr auf der Liste. Ich hatte mein Tagespensum geschafft.

Falls Sie angestellt sind und von morgens neun bis abends fünf arbeiten (gibt es Sie denn überhaupt noch?), bedeutet das wahrscheinlich nicht viel, aber wenn Sie selbstständig sind, ein eigenes Unternehmen leiten oder auch einen Haushalt mit Kindern in Gang halten müssen, können Sie sich vorstellen, wie merkwürdig das Gefühl war, für diesen Tag alles erledigt zu haben.

Natürlich hätte ich noch etwas zu tun finden können, wenn ich Lust dazu gehabt hätte, denn meine Vorhaben hatten sich ja nicht alle auf wunderbare Weise von selbst vollendet. Aber ich hatte genug getan – ich hatte das fertig, was ich hatte tun wollen.

Dieser magische Zustand war so verlockend, dass ich ihn bis zum Gehtnichtmehr ausschöpfte. Gedanken, auf die ich früher gar nicht gekommen wäre, wie etwa der, möglichst immer »acht Stunden Schlaf zu bekommen«, oder »es mir zu Hause mit der Familie gemütlich zu machen«, waren plötzlich an der Tagesordnung, und ich hatte sogar Zeit, um Romane zu lesen (irre!) und mit meinen Kindern zu spielen (Wahnsinn!).

Obwohl ich es in dieser Kunst absolut nicht zur Meisterschaft gebracht habe (wovon meine Frau und meine drei Kinder ein Liedchen singen können, die es kürzlich für unausweichlich nötig hielten, mich daran zu erinnern, dass ich eine Frau und drei Kinder habe ...), im Folgenden ein paar Tipps. Es geht um einige wichtige Unterscheidungen, die ich getroffen habe, weil es dadurch leichter wird, tagtäglich den Frieden zu erfahren, der sich einstellt, wenn bei Tagesende alles erledigt ist:

1. Dem Leben mehr Vollkommenheit geben

In vielen Coaching-Kursen geht es unter anderem darum, dem Leben mehr »Vollkommenheit« zu geben. Die Teilnehmer werden dazu ermutigt, alles Unerledigte zu erledigen und alle Fehler wiedergutzumachen, also zum Beispiel Menschen, mit denen man noch etwas zu bereinigen hat, anzurufen oder sonstwie zu kontaktieren, um die Sache zu regeln.

Das ist im Grunde machbar (es verlangt allerdings ein bisschen Kreativität, wenn es um ein klärendes Gespräch mit Onkel Hans geht, der schon zehn Jahre tot ist) und könnte durchaus ein lohnendes Projekt sein. Nur empfehle ich, es mit Beistand eines Coachs oder mit Unterstützung einer Gruppe zu machen und sich ausreichend Zeit – von einem Monat bis zu einem Jahr – dafür zu nehmen.

Um Ihrem Leben allmählich mehr Vollkommenheit zu geben, üben Sie sich zu Anfang am besten darin, sich mit möglichen Unvollkommenheiten und unerledigten Dingen zu befassen, so wie sie gerade auftreten. Unerledigtes zu erledigen und daraus eine tägliche, wöchentliche oder auch monatliche Priorität zu machen, wird Sie dem Gefühl bleibenden Friedens in Ihrem Leben ein gutes Stück näher bringen.

2. Lernen, im Moment heil und ganz sein

Eine weniger anspruchsvolle Version dieser Übung mit unmittelbarem praktischem Nutzen ist die, zu lernen, *für den Moment* heil und ganz zu sein.

Manchmal lassen sich die Dinge, die man mit sich herumträgt, nicht in wenigen Minuten bereinigen, aber man kann trotzdem seinen Frieden mit ihnen machen. Dazu gibt es im Wesentlichen drei Möglichkeiten:

a) Einen Schritt in die richtige Richtung tun
Das könnte heißen, einen Plan zu entwerfen, Nachforschungen anzustellen, einen ersten Anruf zu tätigen oder einen Teil eines größeren Projekts fertigzustellen.

b) Eine einfache Handlung tagtäglich wiederholen
Bei großen Zielen und Projekten genügt oft schon das Wissen, sich Tag um Tag auf das ersehnte Endergebnis zuzubewegen, damit sich im Hinblick auf das Ziel ein gewisses Gefühl der Ruhe einstellt.

c) Etwas erst einmal auf sich beruhen lassen
Am Theater sind Schauspieler gehalten, etwaige Probleme »hinter der Bühne« zurückzulassen, um bei ihrem Auftritt voll und ganz in die Welt des Stücks eintauchen zu können. (Der berühmte englische Schauspieler Sir John Gielgud war bekannt dafür, dass er sogar seinen Mageninhalt hinter der Bühne zurückließ; er pflegte sich in einen bereitstehenden Eimer zu übergeben, bevor er auf die Bühne trat und eine atemberaubende Darbietung als Hamlet oder Mercutio hinlegte.)
Wir können es innerlich ähnlich machen, indem wir unseren mentalen Ballast nicht in den Konferenzraum, ins Klassenzimmer oder zum Arbeitsplatz mitnehmen, sondern draußen lassen und mit unserer Aufmerksamkeit da sind, wo wir gerade sind. Dann können wir total präsent sein bei allem, was wir tun.

Wenn das, was wir mental mit uns herumschleppen, wirklich wichtig ist, wird es auch auf uns warten, bis wir mit der anderen Sache fertig sind, der wir den Vorzug gegeben haben.

Von der Theorie zur Praxis …

Im Moment heil und ganz sein

1. Machen Sie eine Liste all der Leute, mit denen Sie noch etwas zu regeln haben. (Sie finden sie zum Beispiel dadurch, dass Sie überlegen, wessen Anruf Sie furchtbar peinlich finden würden, wenn das Telefon jetzt klingelte). Nehmen Sie sich pro Tag oder Woche eine Person von Ihrer Liste vor und kontaktieren Sie sie irgendwie, rufen Sie sie an oder schreiben Sie ihr, um die Situation zu klären. Gehen Sie auf diese Weise Ihre ganze Liste durch.

2. Achten Sie den Tag über darauf, was sich (wenn überhaupt) zwischen Sie und Ihr Gefühl von Frieden schiebt. Notieren Sie sich, was es ist, und unternehmen Sie mindestens einen Versuch, um eine Lösung zu finden. Experimentieren Sie, um herauszufinden, wie viel Sie tun müssen, um sich *für den Moment* heil und ganz zu fühlen.

3. Üben Sie sich darin, sich selbst für heil und ganz zu erklären, indem Sie Ihren mentalen Ballast ablegen, bevor Sie irgendwelche persönlichen Interaktionen mit anderen Menschen durchführen, die Sie für heute angesetzt haben. Falls Ihnen das schwerfällt, kommen Sie nicht um die Entscheidung herum, die Interaktion lieber aufzuschieben (und sich vorrangig um das zu kümmern, was Ihnen gerade auf der Seele liegt) oder weiterzuüben, bis es Ihre zweite Natur geworden ist.

Hiermit erkläre ich das Thema Zeit, mit dem wir uns jetzt beschäftigt haben, offiziell für abgehakt!

Im nächsten Kapitel bewältigen wir ein Hindernis, das kostspieliger sein kann als jedes andere ...

15
Geld

Information	Können	Überzeugung
Wohlbefinden	Mitmenschen	Motivation
Zeit	**Geld**	Angst

Ein teures Hindernis

Wenn ein Mensch hinter Geld her ist, ist er geldgierig;
wenn er es hortet, ist er ein Kapitalist; wenn er es ausgibt, ist
er ein Playboy; wenn er nichts hat, ist er ein Habenichts;
wenn er nicht versucht, welches zu bekommen,
hat er keinen Ehrgeiz; wenn er es bekommt,

ohne dafür zu arbeiten, ist er ein Parasit;
und wenn er es durch lebenslange Arbeit angehäuft hat,
nennt man ihn einen Narren, der nichts vom Leben hatte.
Vic Oliver

Wenn ich die Leute frage, was sie davon abhält, so zu leben, wie sie es sich erträumen, lautet die Antwort Nummer eins, dass es am Geld liegt, vor allem am Mangel daran. Und da wir im Durchschnitt tagtäglich mindestens ein Drittel unserer Zeit daran wenden, Geld zu verdienen, scheint Geld für unsere Vorstellung vom Leben insgesamt ein entscheidender Faktor zu sein.

Die meisten Menschen halten Geld jedoch bestenfalls für ein »notwendiges Übel« und schlimmstenfalls für etwas, mit dem diejenigen, die es haben, die niederhalten, die es nicht haben. Ebenso wie in allen anderen Bereichen unseres Lebens sind es auch hier unsere ungeprüften, unbezweifelten Annahmen, die den Ausschlag für unser Verhältnis zum Geld geben.

Meiner Überzeugung nach können meine Klienten und ich unser Einkommen und damit auch die mit dem Gelderwerb verbundene Freude und Befriedigung vor allem deshalb kontinuierlich steigern und einen tieferen Sinn daraus beziehen, weil wir diese ungeprüften Annahmen ständig anzweifeln. Das tun wir, indem wir Fragen stellen und beantworten, die nicht nur enthüllen, was wir von Geld halten, sondern auch, warum wir diese Überzeugungen hegen.

Nachfolgend sieben ebenso unterhaltsame wie aufschlussreiche Fragen, die Ihnen ein Gespür dafür geben können, welcher Zusammenhang zwischen dem Geld und Ihrem Lebenstraum besteht.

Fangen wir mit den großen Fragen an:

1. *Was würden Sie tun, wenn Sie im Lotto gewännen?*
2. *Welche Arbeit würden Sie sich aussuchen, wenn alle Arbeit gleich bezahlt würde?*
3. *Wenn Sie eine Million geschenkt bekämen, müssten sie jedoch in einem Monat ausgeben, wofür würden Sie das Geld dann ausgeben?*

Ich mag solche Fragen; sie regen die Fantasie stark an und helfen uns, uns über unsere Lieblingswünsche klar zu werden. Das Übel ist, dass sie ein bisschen realitätsfern sind – Sie haben nicht im Lotto gewonnen, Arbeit wird nicht gleich bezahlt, und statistisch gesehen ist es wahrscheinlicher, dass Sie von einer Ziege totgetrampelt werden, als dass Sie eine Million geschenkt bekommen.

Stellen wir also die gleichen Fragen noch einmal, nur ein bisschen realitätsnäher …

4. *Welche Rolle spielt Geld derzeit bei Ihrer Lebensplanung? Welche Rolle sollte es nach Ihrer Ansicht spielen?*
5. *Wenn Sie durch Ihren Hunger nach mehr Geld etwas in Ihrem Wesen kompensiert haben, was Ihnen nach Ihrem Empfinden fehlt, was wäre das?*
6. *Was ist Ihnen im Leben wichtiger als Geld? Was ist Ihnen nicht so wichtig?*
7. *Wie viel Freude macht Ihnen das ganze Thema »Geld«, wenn Sie es auf einer Skala von 1 bis 10 bewerten? Können Sie mindestens eine Sache nennen, mit der Sie jetzt gleich Ihr Vergnügen steigern könnten?*

Jede dieser Fragen kann Ihnen helfen, in Sachen »Geld« einschneidende Veränderungen durchzuführen. Bei mir selbst vollzog sich der grundlegendste Wandel allerdings erst, nachdem ich mir eine achte Frage gestellt hatte:

Ist Geldverdienen ein lohnendes Ziel?

Dass mir diese Frage so elementar erschien, hatte folgenden Grund: Wenn das Geldverdienen ein lohnendes Ziel war, widmete ich ihm bei Weitem nicht genügend Zeit, Aufmerksamkeit und Energie; und wenn das Geldverdienen kein lohnendes Ziel war, verschwendete ich viel zu viel Zeit, Aufmerksamkeit und Energie daran.

Beim NLP unterscheiden wir zwischen sensorisch orientierter Sprache (mit Bezug auf das, was gesehen, gehört, geschmeckt, berührt und gerochen werden kann) und unbestimmter, vager, »seichter« Sprache. Das »Seichte« hat durchaus seinen Platz (da fällt einem gleich die sommerliche Strandlektüre ein), ist jedoch völlig fehl am Platz, wenn man brauchbare Entscheidungen treffen will. Die Wahrheit ist, dass vage Fragen auch zu vagen Antworten führen.

Am besten lässt sich das Vage oder »Seichte« aus der Frage entfernen, wenn man nach den entscheidenden Informationsteilen sucht, die in der Frage ausgelassen, verzerrt oder verallgemeinert wurden. Als ich unter diesen Gesichtspunkten erneut meine ursprüngliche Frage stellte, trat die »wirkliche« Frage hervor:

Ist das Geldverdienen (Wie viel? In welcher Zeit? Zu welchem Zweck?) ein lohnendes Ziel?

Anfangs präzisierte ich die Fragen in der Klammer wie folgt:

> *Lohnt es sich, alles zu tun, was nötig ist, um so viel Geld wie möglich zu verdienen und dann garantiert nie mehr Geldsorgen zu haben?*

Meine Antwort auf diese Frage war ein klares »Nein«. Zwar fand ich das Ziel, mir nie mehr Sorgen ums Geld machen zu müssen, durchaus erstrebenswert, aber mir war durch meine Arbeit mit Millionären auch klar, dass es sich so gut wie nie durch eine noch so große Menge Geld verwirklichen lässt.

Ebenso klingt der Satz: »Alles tun, was nötig ist!« aus dem Munde eines Motivationsredners toll, und er macht sich auch gut unter dem gerahmten Foto eines Sportlers, der sich besonders ausgezeichnet hat; aber er verliert doch viel von seiner Magie, wenn ein ungeliebter Diktator ihn ausspricht oder wenn er unter dem Bild eines durch Krieg, Hunger oder Armut zerstörten Dorfes steht.

Beim nächsten Mal präzisierte ich die Frage so:

Lohnt es sich, in diesem Jahr mit Arbeit, die ich liebe und gern mache, genügend Geld zu verdienen, um unsere Ausgaben zu decken, 10 Prozent zu sparen, 10 Prozent zu spenden, am Haus etwas zu verbessern und die Steuern zu bezahlen?

Auch diesmal war die Antwort eindeutig – ein uneingeschränktes Ja.

Nur zum Vergnügen präzisierte ich die Frage ein drittes Mal:

Lohnt es sich, die nächsten zehn bis fünfzehn Jahre mit Arbeit, die ich liebe und gern tue, genügend Geld zu verdienen, um für meine Familie zu sorgen, meine Kinder zur Universität zu schicken, mich finanziell unabhängig zu machen und über eine Million für wohltätige Zwecke und Ähnliches auszugeben?

Jetzt war meine Antwort ein emphatisches Ja, und nicht nur das: Mein Gehirn sprudelte geradezu über von kreativen Ideen, wie ich auf dieser Welt Werte schaffen und tauschen konnte. Wieder einmal hatte ich mein »Wow!« gefunden – meinen ganz persönlichen Erfolgsplan. Und als Geld in unvorhergesehenen Mengen in mein Leben zu strömen begann, wurde mir erneut bewusst, dass etwas fast Magisches geschieht, wenn man sich die Erlaubnis gibt, wirklich zu wollen, was man sich wünscht – selbst wenn es Geld ist!

Von der Theorie zur Praxis …

Ein lohnendes Ziel

1. Glauben Sie, Sie könnten im Geldverdienen ein lohnendes Ziel sehen? Wenn Ihre Antwort nicht hundertprozentig klar ist, präzisieren Sie die Frage so lange, bis Sie ein unmissverständliches »Ja« haben:

   Ist das Geldverdienen (Wie viel? In welcher Zeit? Zu welchem Zweck?) ein lohnendes Ziel?

2. Wenn Sie sich über die Menge des Geldes, den zeitlichen Rahmen und die Zielsetzung klar geworden sind, die das Geldverdienen unbestreitbar zu einer lohnenden Aufgabe machen, dann los!

Das kleine Geheimnis

Jährliches Einkommen zwanzig Pfund, jährliche Ausgaben neunzehn Pfund, neunzehn Schilling, sechs Pence, Ergebnis: Glück. Jährliches Einkommen zwanzig Pfund, jährliche Ausgaben zwanzig Pfund, null Schilling und sechs Pence, Ergebnis: Elend.
Charles Dickens in *David Copperfield*

Wenn ich den Hindernislauf zum Erfolg in Seminaren lehre, handle ich Zeit und Geld meistens zusammen ab, weil sie so vieles gemeinsam haben. Beide werden im Allgemeinen als etwas angesehen, das begrenzt ist und von anderen kontrolliert wird. Und die meisten Probleme, die sowohl mit Zeit als auch mit Geld assoziiert werden, lassen sich durch eine regelmäßige, erschreckend einfache Tätigkeit lösen:

Aufschreiben!

- Sie wissen nicht, wie viel Sie ausgeben? *Schreiben Sie es auf!*
- Sie machen sich Sorgen, Sie könnten einen Termin verpassen? *Schreiben Sie ihn auf!*
- Sie fragen sich, ob das Geld, das Sie verdienen, die dafür aufgewendete Zeit wert ist? *Schreiben Sie es auf!*

Warum ist es so wichtig, alles aufzuschreiben, was mit Zeit und Geld in Zusammenhang steht? Weil weder Zeit noch Geld real existieren! Bei beiden handelt es sich um menschengemachte, abstrakte Konstrukte, die ursprünglich das Leben vereinfachen sollten, stattdessen aber oft dazu führen, dass es noch erheblich komplizierter wird. Und wie jeder, der schon einmal in einer Philosophievorlesung eingeschlafen ist, bezeugen kann, ist es mitunter äußerst ermüdend, sich abstrakte Konstrukte einzuprägen.

Alles aufzuschreiben, was mit Zeit und Geld zusammenhängt, trägt dazu bei, diese Konstrukte aus dem Bereich des Abstrakten herauszulösen und zu konkretisieren. Dann tritt die Mathematik an die Stelle des Mythos, und das kleine Geheimnis lebenslangen Wohlstands *(gib weniger aus, als du verdienst, und investiere, was übrig ist)* erweist sich als so hanebüchen, dass niemand je geglaubt hätte, es könnte so einfach sein.

Falls Sie immer noch glauben, dass Geld wirklich existiert, dann studieren Sie einmal ein paar Tage lang den Markt für Termingeschäfte oder die Grundlagen der Ökonomie. Mein Hausgenosse, ein Börsenmakler, hat mir einmal erklärt: »Wenn man so tut, als würden die vielen Nullen gar nichts bedeuten, ist der Verlust von einer Milliarde ziemlich leicht zu verkraften!«

Was mich zum nächsten Punkt bringt …

Ruhig, ruhig, ruhig, ruhig

> *Don't worry – make money!*
> Richard Carlson

Ich belauschte einmal ein Gespräch in meinem Kopf und hörte mich sagen: »*Ich finde erst Ruhe, wenn der Scheck bezahlt ist!*«

Das wäre mir beinahe gleich wieder entfallen, aber dann wurde mir plötzlich bewusst, dass diese Ausdrucksweise ein paar interessante Folgerungen zuließ. Offensichtlich hatte ich beschlossen, beunruhigt abzuwarten, bis der Scheck bezahlt wurde und das Geld auf meinem Konto war. Da ich nur zu gut weiß, welche üblen Auswirkungen übermäßige Anspannung auf Gesundheit und Wohlbefinden hat, mir jedoch meiner mystischen Kräfte zur Beeinflussung der Scheckgutschrift bei Barclays nicht ganz sicher war, hielt ich die Zeit für gekommen, diese Gedanken einer eingehenderen Betrachtung zu unterziehen. Das Gespräch in meinem Kopf lief ungefähr so ab ...

Ich (als Coach): Warum glaubst du, keine Ruhe zu finden, solange der Scheck nicht bezahlt ist?

Ich (als ich): Weil ich meinen Finanzen keine Aufmerksamkeit schenke, wenn ich entspannt bin.

Coach: Kannst du mir ein Beispiel nennen?

Ich: Als es mir finanziell schlecht ging, war ich immer über meine finanzielle Lage im Bilde. Aber sobald ich eine zuverlässige Einkommensquelle hatte, achtete ich nicht mehr auf meine Ausgaben. Wenn ich weiterhin angespannt aufgepasst hätte, hätte ich nicht zu viel ausgegeben.

Coach: Warum glaubst du, dass dich das davor bewahrt hätte, über deine Verhältnisse zu leben?

Ich: Wenn es mir finanziell gut geht, werde ich faul – ich gebe zu viel aus und prüfe meine Ausgaben nicht mehr nach.

Coach: Warum gibst du zu viel aus und überprüfst deine Ausgaben nicht, wenn es dir gut geht?

Ich: Wahrscheinlich denke ich, dass es in Ordnung ist – ich sorge für ein ausreichendes Polster und versuche dann, mich ungefähr an das Budget zu halten. Die Sache ist bloß die, dass es nie funktioniert! Vermutlich war ich immer der Überzeugung, Geldbesitz hätte unter anderem den Vorteil, dass man nicht mehr über Geld nachdenken muss.

Coach: Und wieso glaubst du das?

Ich: Wenn ich mich jetzt so höre, glaube ich es gar nicht.

Coach: Was glaubst du dann?

Ich: Ich glaube, über Geld nachzudenken hat unter anderem den Vorteil, dass man welches haben wird!

Coach: Und was machst du jetzt?

Ich: Es fällt mir ziemlich leicht, meine Gewohnheiten im Geldausgeben auf dem gleichen Level zu halten, egal, wie viel ich auf dem Bankkonto habe. Ich brauche nur wieder ein Cash-Budget für mich und ein Extrakonto für die Haushaltsausgaben einzurichten.

Coach: Wie findest du das?

Ich: Beruhigend! Interessant ist, dass ich immer gedacht habe, Geldbesitz würde mich von finanziellen Sorgen befreien, dabei finde ich Ruhe nur, wenn ich mir ein System einrichte, auf das ich mich verlassen kann.

Dieses Gespräch war zwar individuell auf mich zugeschnitten, aber die Konsequenzen daraus sind meines Erachtens universal. Wie in vielen Bereichen unseres Lebens können wir auch hier eine andere Wahl treffen, wenn uns bewusst wird, dass wir uns meist durch Druck, Stress und Unbehagen zu motivieren versuchen, und dann fließen uns ganz andere Gewinne zu.

Von der Theorie zur Praxis ...
Entspannt mit Geld umgehen

1. Welches Verhältnis haben Sie zurzeit zum Geld?

2. Was, fürchten Sie, würde passieren, wenn es anders wäre? (Anders gesagt: Welche »Vorteile« hat das Weitermachen?)

3. Welches Verhältnis hätten Sie gerne zum Geld?

4. Was müssten Sie ändern, um das gewünschte Verhältnis zum Geld herzustellen und gleichzeitig sicherzugehen, dass Sie die in Frage 2 entdeckten Vorteile nicht gefährden?

Wie man mehr Geld verdient

Geldmangel ist die Wurzel allen Übels.
George Bernard Shaw

Wenn man sich erst einmal mit dem Gedanken angefreundet hat, mehr Geld haben zu wollen (und dem Geldbesitz immer entspannter entgegensieht), ist es natürlich von Nutzen, ein bisschen mehr darüber zu wissen, wie man daran kommt.

Die meisten Leute scheinen mit der Vorstellung vom Mehrverdienen ähnlich verquer umzugehen wie jemand mit einem niedergebrannten Kaminfeuer. »Erst möchte ich mehr Wärme«, verlangen sie, »dann überlege ich mir auch, ob ich noch Holz auflege!« Aber ebenso, wie ein Feuer ohne Nahrung nicht in Gang kommt, wächst auch das Einkommen normalerweise nicht, wenn Sie nicht erst einmal den sichtbaren Wert dessen, was Sie der Welt anzubieten haben, steigern.

Es gibt in der Hauptsache vier Methoden, mit deren Hilfe Sie den sichtbaren Wert Ihres Produkts oder Ihrer Dienstleistung steigern können. Schauen wir uns die einzelnen Strategien kurz an:

1. Den Nutzen im Auge behalten

Wie viel bewirkt das, was Sie tun, in der Welt oder zumindest in dem Teil der Welt, dem Sie etwas verkaufen wollen? Einen hervorragenden Anfang für den Fall, dass Sie mehr Geld verdienen wollen, können Sie machen, indem Sie sich vergewissern, ob Ihr Angebot auch wirklich von Nutzen ist für die Leute, denen Sie es machen.

Wenn Sie zum Beispiel gerade arbeitslos sind, denken Sie am besten darüber nach, was Sie einem künftigen Arbeitgeber zu bieten hätten. Wenn Sie für ein Unternehmen arbeiten, könnten Sie entweder Überlegungen anstellen, die sich auf das Produkt bzw. die Dienstleistung beziehen, die Ihre Firma liefert, oder Sie können sich auf das Produkt bzw. die Dienstleistung beziehen, die Sie Ihrer Firma liefern. Und wenn Sie im kreativen Bereich (Musik, Kunst, Film usw.) tätig sind, denken Sie nach, was Sie einem Publikum, einer Galerie oder einem Produzenten zu bieten haben.

2. Die eigene Besonderheit herausstellen

Wäre Nützlichkeit der einzige Schlüssel zum Wohlstand, müssten Lehrer und Krankenschwestern ausnahmslos Millionäre sein. Da sie es nicht sind, ist noch ein anderer Faktor in Betracht zu ziehen – wie einzigartig ist das Produkt oder die Dienstleistung, die Sie anzubieten haben? Hier kommt das Gesetz von Angebot und Nachfrage ins Spiel. Je größer das Angebot (in diesem Fall von Leuten oder Firmen, die das Gleiche tun wie Sie), umso weniger können Sie dafür verlangen; je knapper das Angebot (vorausgesetzt, es bietet genügend Vorteile, um die Nachfrage in Gang zu bringen), umso mehr können Sie berechnen.

»Warum gerade ich?« ist tatsächlich eine der besten Fragen, die Sie sich stellen können, wenn Sie mehr Geld verdienen möchten, und wie alle Fragen ist sie am aussichtsreichsten, wenn sie so lange gestellt wird, bis eine Antwort da ist.

3. Das bestgehütete Marketinggeheimnis

Was ist das bestgehütete Marketinggeheimnis? Nur allzu oft ist die einzig zutreffende Antwort darauf: Sie selbst.

Wie viele Menschen wissen wirklich genau, was Sie machen? Zehn? Hundert? Tausend? Wie viele haben es selbst gesehen?

Egal, auf welchem Gebiet Sie tätig sind, die Zahlen sprechen für sich:

**Je mehr Menschen wissen, was Sie machen,
umso mehr werden auch das kaufen,
was Sie anzubieten haben!**

Doch obwohl Sie vielleicht eine Menge Leute erreichen, verdienen Sie möglicherweise trotzdem nicht so viel, wie Sie gerne verdienen würden. Jetzt kommt die Story ins Spiel …

4. Eine bessere Story erzählen

Wenn Sie mehr Geld verdienen wollen, brauchen Sie eine bessere Story – eine Story, die sowohl den Wert dessen, was Sie anzubieten haben, herausstreicht, als auch die Werte der Person, die das Angebot macht. Üben Sie die Story mit jedem, der dafür infrage kommt – dass Sie auf der richtigen Fährte sind, erkennen Sie, sobald die Leute »Wow!« sagen, und dass Sie voll ins Schwarze getroffen haben, sobald sie ihre Brieftaschen hervorholen!

Die folgende Übung wird Ihnen dabei helfen, die vier Strategien nutzbringend für sich umzusetzen …

Von der Theorie zur Praxis …

Die Wertebilanz

1. Bewerten Sie mithilfe der zuvor genannten vier Methoden Nutzen, Einzigartigkeit, Sichtbarkeit und Story Ihres derzeitigen Produktes bzw. Ihrer Dienstleistung auf einer Skala von 1 bis 10. Zählen Sie die vier Punktwerte zu einer schnellen »Wertebilanz« zusammen.

2. Denken Sie sich möglichst viele Strategien aus, wie Sie Ihre Punktzahl im Laufe des nächsten Monats um zehn Punkte erhöhen können.

3. Tun Sie den nächsten Schritt – setzen Sie Ihre Lieblingsstrategien in die Tat um!

Der »Freiheitsfonds«

Der Unterschied zwischen Armen und Reichen ist der,
dass Arme ihr Geld ausgeben und das sparen,
was übrig ist, während Reiche ihr Geld sparen
und das ausgeben, was übrig ist.
Jim Rohn

Sobald Sie anfangen, Ihr Einkommen zu steigern, und die finanzielle Sicherheit keine solche Triebkraft mehr in Ihrem Leben ist, entsteht im Allgemeinen eine ganze Reihe von neuen »Wow!«-Wünschen. Mich engagieren Leute vor allem deshalb als Coach, damit ich ihnen dabei helfe, die angebliche Sicherheit ihres derzeitigen Angestelltendaseins aufzugeben und vertrauensvoll den Sprung in die Selbstständigkeit oder ins Unternehmertum zu wagen.

Normalerweise sind sie bass erstaunt, wenn ich ihnen rate, sich selbstständig zu machen, *bevor* sie ihre Stelle kündigen.

Lassen Sie mich erklären, wie ich das meine ...

Das Verhältnis von Arbeitgeber und Arbeitnehmer basiert im Allgemeinen auf einer Art Energieaustausch – ich bin bereit, Ihnen einen bestimmten Geldbetrag zu bezahlen, wenn Sie sich im Gegenzug damit einverstanden erklären, alles zu tun, was ich Ihnen sage (ob sinnvoll oder nicht, je nach Ihrer Tätigkeit und Ihren Ansichten).

Selbstständig zu sein bedeutet, bei sich selbst angestellt zu sein, das heißt, Sie sind bereit, sich einen gewissen Geldbetrag zu zahlen, und verpflichten sich im Gegenzug, das zu tun, was Sie selbst sich sagen (auch wieder sinnvoll oder nicht, je nach Ihrer Tätigkeit und Ihren Ansichten).

Wie können Sie sich selbstständig machen, bevor Sie Ihre Stelle kündigen?

Indem Sie die folgenden vier einfachen Schritte tun:

1. Eröffnen Sie ein hochverzinstes Sparkonto, auf das Sie jederzeit Zugriff haben, und ein normales Girokonto.

2. Sorgen Sie dafür, dass von jetzt an jeder Gehaltsscheck, jede Überweisung, alle Zinsen usw. direkt auf Ihrem Sparkonto landen.

3. Fragen Sie sich, wie viel Geld Sie jeden Monat zu einem bequemen, bescheidenen Lebensstil brauchen. Diese Summe wird dann Ihr neues Selbstständigengehalt.

4. Überweisen Sie (per Dauerauftrag) jeden Monat das vereinbarte Gehalt von Ihrem Sparkonto auf Ihr Girokonto. Falls Sie für regelmäßig wiederkehrende Ausgaben wie Miete usw. ein eigenes Konto haben wollen, können Sie auch darauf regelmäßig eine feste Summe überweisen.

Die Differenz zwischen dem, was vom Arbeitgeber usw. auf Ihrem Sparkonto ankommt, und dem, was auf Ihr Girokonto weiterfließt, ist der Anfang Ihres »Freiheitsfonds«. Sobald Ihr Fonds sechs bis zwölf Monatsgehälter für ein bequemes, bescheidenes Leben hergibt, können Sie Entscheidungen über Ihre nächsten Schritte im Berufsleben treffen, die nicht nur finanziell motiviert sind. (Wenn Sie besonders wagemutig sind, können Sie sich »Freiheitsfonds« auf Ihre Kontoauszüge drucken lassen, wozu sich – zumindest in den USA – die meisten Banken gern bereitfinden.)

Sobald Sie sich auf diese Weise selbstständig gemacht haben, hat Ihr Arbeitgeber keine finanzielle Gewalt mehr über Sie. Da er Ihnen kein Gehalt mehr zahlt (obwohl er natürlich weiterhin in Ihren Freiheitsfonds einzahlt, solange Sie für ihn arbeiten), sind Sie nicht mehr in der gleichen Weise an ihn gekettet.

Wenn Sie sich finanziell unabhängig gemacht haben von Ihrer Arbeitsstelle, entscheiden Sie sich vielleicht, dazubleiben, wo Sie sind. Das Verlockende an der Selbstständigkeit ist in Wirklichkeit meist nur die Freiheit, nach der Sie sich sehnen, und sobald Sie Ihre Arbeit nicht mehr tun *müssen*, sondern tun *können*, haben Sie oft auch Freude daran, manchmal zum ersten Mal.

Allen anderen öffnet der Freiheitsfonds ein Tor zu einer Welt ungeahnter Möglichkeiten, in der die Verwirklichung von »Wow!«-Zielen nicht so sehr ein »Glaubenssprung« ist als vielmehr ein sanfter Gleitflug ins Leben ihrer Träume.

Und wenn ich schon selbstständig bin?

Sollten Sie schon selbstständig sein, funktioniert dieses System noch besser. Folgen Sie einfach den vier Schritten, und freuen Sie sich darauf, am Ende aus der finanziellen Berg- und Talfahrt herauszukommen. Der einzige Nachteil dieses Systems ist der, dass Sie auch nach einem fetten Zahltag nicht mehr ausgeben können – es steht Ihnen jeden Monat immer nur eine feste Summe zur Verfügung, egal, wie viel Sie verdienen.

Sie können das System am besten benutzen, wenn Sie es Ihren individuellen Bedürfnissen anpassen. Spüren Sie in sich hinein, was Ihnen ein Gefühl von Freude und Lebendigkeit gibt und welches Rücklagenpolster Sie anstreben wollen. Die meisten Selbstständigen sind so daran gewöhnt, von der Hand in den Mund zu leben, dass sechs Monatseinkommen auf der hohen Kante ihnen wie unnötiger Luxus erscheinen. Andere wiederum sind durch entbehrungsreiche Jahre, in denen sie sich nach der Decke strecken mussten, so tief von Sorge und Angst geprägt worden, dass ein Jahreseinkommen das Mindeste ist, was sie im Rücken haben müssen.

Hier der Brief eines Lesers meiner wöchentlichen Tipps, der mit seiner Familie einen eigenen Freiheitsfonds aufgestellt hat, mit fantastischen Ergebnissen:

Lieber Michael,

ich schreibe nur kurz, um mich für die großartigen Tipps zu bedanken, die Sie jede Woche aussenden. Gleich zu Anfang war das Freiheitsfonds-Experiment dabei. Meine Frau und ich haben es sofort ausprobiert und uns sechs Monatsgehälter als Rücklagenziel gesetzt. Nach unserer Kalkulation hätte es 12 bis 24 Monate dauern müssen.

Wir haben es in zwei Monaten geschafft!!! Und jetzt, nach weiteren zwei Monaten, haben wir zwei Jahreseinkommen als Reserve (und bekommen darauf vier Prozent Zinsen monatlich!). Ich habe meine anstrengende Tätigkeit als leitender Angestellter aufgegeben und ein eigenes Unternehmen gegründet; wir haben – außer einer Haushypothek – keine Schulden, ich habe Zeit für meine Familie, wir gehen jeden Tag ins Fitnesscenter und haben endlich das Gefühl, richtig zu leben.

Als wir uns unser Ziel setzten, wussten wir nicht, was für ein tolles Gefühl es ist, Entscheidungen treffen zu können, die nicht finanziell motiviert sind.

Vielen Dank!

Nick, Joanna & Lisa (6 Jahre alt) Halsey
Worcester, GB

Dieses Ergebnis ist natürlich besonders beeindruckend, aber die genannte Methode führt fast immer schneller zum Erfolg, als gedacht. Das liegt unter anderem daran, dass sie sich die grundlegende Psychologie des Menschen zunutze macht. Seien Sie mal ehrlich – lassen Sie sich lieber Monat für Monat zu Ihrem eigenen Besten etwas Geld abziehen, oder ist es Ihnen lieber, bei jeder Ausgabe überlegen zu müssen, wie viel für Ihre Rücklagen bleibt?

Während Sie zusehen, wie Ihr Freiheitsfonds wächst, wächst auch Ihre Motivation, denn »wo ein Weg ist, ist auch ein Wille«, und Sie werden staunen, wie viele kreative Möglichkeiten Sie auftun, um den Fonds bis zum Überlaufen zu füllen!

Von Geld zu Wohlstand

Reichtum ist ein Maß für den Zugriff auf Ressourcen.
Sanaya Roman

Bis jetzt haben wir uns in diesem Kapitel ausschließlich aufs Geld konzentriert – und ich glaube, wie gesagt, dass mehr Geld zu haben – unter den richtigen Voraussetzungen – ein äußerst lohnendes Ziel ist.

Nach meiner Erfahrung ist es jedoch in den seltensten Fällen Geldmangel, der uns daran hindert, unsere Ziele zu verwirklichen, sondern eher unsere Unfähigkeit, uns das volle Spektrum der Ressourcen zunutze zu machen, über das wir in jedem Augenblick verfügen.

Meine Klienten und ich verwenden seit über einem Jahrzehnt ein Modell, das ich die »Ressourcenbank« nenne – eine Möglichkeit, Mittel zu katalogisieren und anzuwenden, die man zuvor nie als Teil des eigenen Reichtums betrachtet hat.

Von der Theorie zur Praxis ...

Die Ressourcenbank

1. Machen Sie eine Bestandsaufnahme aller Ressourcen, die Ihnen im Leben zur Verfügung stehen. Der Einfachheit halber teilen wir sie in vier Kategorien von »unerschöpflich (etwas, von dem man immer mehr hat, je mehr man davon verwendet) bis hin zu »begrenzt« (etwas, von dem man immer weniger hat, je mehr man davon verwendet).

Kategorie 1: Ihr eigener Genius
Welche Qualitäten, Kenntnisse, Gaben und Talente haben Sie der Welt zu bieten?
Es ist nicht schlimm, wenn Sie bezweifeln, dass sie je praktischen Nutzen haben werden – schreiben Sie einfach möglichst viele auf ...
Beispiele:
Bin liebevoll, gütig, ein fantastischer Tänzer, ein guter Vermittler, witzig, kann eine ganze Maß Bier austrinken, ohne zu schlucken, usw.

Kategorie 2: Kontakte
Wen kennen Sie? Wen noch? Wen sonst noch? Und wen kennen die?
Es heißt, der Mensch würde im Schnitt mindestens 250 Mitmenschen kennen. Damit hätten Sie direkten oder indirekten Kontakt zu annähernd 62 500 Leuten, die auch alle wieder auf eine Ressourcenbank zurückgreifen können!

Hier ein paar Gruppen von Leuten, unter denen Sie Namen für Ihre Liste finden können:

- Kollegen und Mitarbeiter
- Leute, für die Sie arbeiten
- Leute, die für Sie arbeiten
- Angehörige
- Freunde
- Nachbarn
- Ihr »Fanclub«
- Ehemalige Schulkameraden
- Ehemalige Kolleginnen und Kollegen
- Kunden/Klienten/Mandanten

Kategorie 3: Ihr Geld

Wie viel Geld haben Sie derzeit – auf dem Konto, in Ersparnissen, in Anlagen usw.? Wenn Sie morgen Ihr Haus und/oder Ihr Geschäft veräußern würden, wie viel Bargeld könnten Sie dann zusammenbekommen?

Geld ist zwar nicht die einzige Quelle des Wohlstands, aber immer noch eine gute. Manche Probleme lösen sich wirklich auf, wenn man Geld hineinsteckt. (Für den Rest ist alles Übrige von der Ressourcenbank da!)

Kategorie 4: Ihr Besitz

Was gehört Ihnen? Über welche Dinge, die anderen Leuten gehören, können Sie außerdem noch verfügen?

Außer den Dingen, die wir zum täglichen Leben brauchen, haben wir meist noch jede Menge anderes Zeug gehortet, viel mehr, als wir im Leben je brauchen. Bevor Sie jetzt gleich Ihre Garage, Ihren Keller oder Kleiderschrank ausräumen, werfen Sie lieber erst einen kurzen Blick auf Ihren Kram und legen Sie alles beiseite, was Sie oder jemand anders vielleicht noch brauchen oder sich wünschen könnte.

Beispiele:
Haus, Computer, Faxgerät, Fotokopierer, Schreibtisch, Stühle usw.

2. Nehmen Sie sich jetzt ein Problem, ein Ziel oder irgendeinen Lebensbereich vor, in dem Sie festsitzen. Behalten Sie das Problem oder Ziel im Hinterkopf, während Sie alles überfliegen, was sich in Ihrer Ressourcenbank angesammelt hat. Wonach Sie suchen, sind neue Verbindungen – kleine Aha-Erlebnisse bei Verknüpfungen von Ressourcen, die Ihnen vorher einfach noch nie in den Sinn gekommen sind. Notieren Sie alles, was Ihnen einfällt, oder markieren Sie den betreffenden Begriff in Ihrer Ressourcenbank mit einem Sternchen.

3. Setzen Sie Ihre neuen Ideen in die Tat um. Machen Sie von Ihren guten Gaben Gebrauch, tätigen Sie ein paar Anrufe, geben Sie etwas Geld aus, setzen Sie Ihre Mittel ein, und seien Sie auf Ihr blaues Wunder gefasst!

Hier ein paar Vorschläge, wie Sie im Leben von Ihrer Ressourcenbank profitieren können:
- Mehr Geld verdienen
- Neue Kunden/Klienten finden
- Auf neue Vertriebs- oder Geschäftsideen kommen
- Mit schwierigen Leuten oder Konflikten zu Hause oder im Beruf umgehen lernen
- Auf dieser Welt mehr bewegen

Warum es so gut funktioniert, hat folgende Gründe ...

Wir verlassen uns fast immer auf dieselben ein oder zwei Ressourcen, die uns wieder und wieder aus Schwierigkeiten heraushelfen oder auf unserem Weg zum Ziel voranbringen sollen. Wenn wir festsitzen, liegt es nicht daran, dass uns *wirklich* die Alternativen ausgegangen sind, sondern dass uns in der betreffenden Situation unsere gewohnten Retter in der Not nicht zur Seite stehen oder nichts nützen.

Die Ressourcenbank ist deshalb ein so wirksames Hilfsmittel, weil sie uns zwingt, mit unserem Denken über die althergebrachten Grenzen, in denen wir es uns bequem gemacht haben, hinauszugehen. (Und wenn Sie Ihrer persönlichen Ressourcenbank einmal einen Besuch abstatten, werden Sie angenehm überrascht sein, wie viel Sie dort auf dem Konto haben!)

Von Wohlstand zu Überfluss

Mit Geld in der Tasche bist du hübsch und witzig,
und singen kannst du auch gut.
Jüdisches Sprichwort

Als ich in London auf der Schauspielschule war, hatte ich nebenbei einen Teilzeitjob in einem New-Age-Buchladen nahe Camden Town. Eines Tages kam Robert Plant, der Lead-Sänger von *Led Zeppelin*, in den Laden und ging stracks zum Inhaber. »Was haben Sie Gutes?«, fragte er. Der Ladeninhaber dachte kurz nach, dann trat er ans Regal und reichte Robert Plant einen der beliebtesten Artikel – eine Subliminal-Kassette mit dem Titel »Überfluss«, die versprach, »den Geist für Reichtum zu konditionieren«. Plant betrachtete die Kassette amüsiert. »Ich glaube, das Thema habe ich abgehakt«, sagte er. »Was haben Sie denn sonst noch?«

Gegen Ende dieses Kapitels möchte ich Sie mit einer dritten Strategie des Umgangs mit Geld vertraut machen, denn jenseits von Geld oder Wohlstand wartet noch der wahre Überfluss auf uns. Und wenn Sie den Weg weitergehen von Geld über Wohlstand bis hin zum Überfluss, können Sie sich an jeder Wegbiegung auf ein Abenteuer gefasst machen!

Meine eigene Reise begann, als ich anfing, Autoren für meine Radiosendung zu interviewen und dabei ein sehr eigenartiges Phänomen beobachtete. Immer wenn ich einen Autor interviewte, von dem ich dachte, dass er mir »überlegen« war, war ich nervös und verkrampft; aber wenn ich einen Autor interviewte, von dem ich dachte, dass ich ihm »überlegen« war, war ich ungezwungen und konnte frei agieren. Bei näherer Betrachtung der Sache wurde mir klar, dass sich der auffällige Unterschied nicht durch den relativen Status des jeweiligen Autors ergab, sondern dass er seine Ursache in der grundlegenden Verschiedenheit meiner Betrachtungsweise hatte:

Die zuerst erwähnten Interviews führte ich mit dem Gefühl, dass mir etwas fehlte, und ich konzentrierte mich darauf, etwas zu bekommen; bei den anderen hatte ich eher ein Gefühl von Fülle und konzentrierte mich darauf, etwas zu geben.

Das ist der erste von drei Schlüsseln zur Erfahrung der Freiheit, die man erlangt, wenn man aus der Fülle seines eigenen Lebens lebt.

Schlüssel Nr. 1 – Konzentration auf das, was man zu geben hat, statt auf das, was man haben will

Machen Sie ein Geschäft auf, weil Sie das Geld brauchen?

Dann gehen Sie offenbar davon aus, dass Ihnen etwas fehlt, von dem Sie glauben, es »nötig zu haben«, damit sich Ihre Anstrengungen überhaupt lohnen.

Stellen Sie sich jetzt einmal vor, Sie eröffneten ein Geschäft, weil Sie etwas Unglaubliches zu bieten haben. Der finanzielle Erfolg ist Ihnen dabei ziemlich sicher.

Falls Sie im Verkauf tätig sind, ist es dann einträglicher für Sie, einen potenziellen Kunden anzurufen, weil Sie ihm etwas verkaufen wollen? (In diesem Fall gehen Sie davon aus, dass Ihnen etwas fehlt – Sie »brauchen« das Geld des Kunden.) Oder ist es einträglicher, einen potenziellen Kunden anzurufen, weil Sie etwas in Hülle und Fülle haben und ihn an diesem Segen teilhaben lassen möchten?

Und wie läuft es im Bereich Ihrer intimen Beziehungen?

Die meisten Menschen wollen in einer Beziehung leben, weil sie sich nach Liebe sehnen. Aber eine romantische Beziehung einzugehen, weil man sich nach Liebe sehnt, ist so, als würde man zur Bank gehen, um einen Kredit aufzunehmen – vielleicht bekommt man das Geld ja, aber wenn man nicht aufpasst, ist man bald tief verschuldet – und die Kreditzinsen sind nicht gerade niedrig.

Aber wenn Sie mit einem Herzen voller Liebe eine Beziehung eingehen, ist das so, als würden Sie bei der gleichen Bank eine große Summe deponieren. Dann werden Sie vom Bankdirektor zu einem feinen Essen eingeladen, weiß er doch, dass sich viele andere Banken ebenfalls um Sie und Ihre Einlage reißen würden. Weil Sie vom Überfluss her handeln, wird Ihr Konto stets gut gefüllt sein, und Sie werden immer freudig begrüßt werden.

Schlüssel Nr. 2 – aus der Fülle leben

Haben Sie jemals einen Champagner-Wasserfall gesehen – das oberste Glas steht auf drei Gläsern, die ihrerseits auf fünf Gläsern stehen, und so fort bis hinunter zum feinen Tafeltuch?

Wenn das oberste Glas so gefüllt wird, dass es überfließt, füllen sich natürlich auch alle Gläser darunter, und so strömt die Fülle weiter und weiter hinab bis ganz unten.

Das Geheimnis, wie Sie aus der Fülle leben können, besteht darin, jeden Tag das eigene Glas zu füllen, indem Sie sich mit der Liebe, Freiheit, Energie und Kraft in Ihrem eigenen Innern verbinden. Wenn Sie sich so bis zum Überfließen füllen, teilen Sie das Beste, das Sie haben, ganz von selbst mit allen Menschen in Ihrer Umgebung.

Schlüssel Nr. 3 – die Fülle anderer Menschen lobpreisen

Laut Huna-Lehrer Serge Kahili King ist ein Lobpreis ein Kompliment, das wie ein Versprechen klingt. Da die Energie dahin fließt, worauf sich die Aufmerksamkeit richtet, sorgen wir jedes Mal, wenn wir uns Zeit für die Bewunderung des Erfolgs, Wohlstands und Glücks anderer nehmen, für Segen in Hülle und Fülle – für »gute Vibes« im Überfluss, die sowohl dem Empfänger als auch uns selbst zugutekommen.

Das ist die Grundlage für unsere letzte Übung zum Thema Finanzen …

Von der Theorie zur Praxis …
Überfluss!

1. Achten Sie den ganzen Tag über darauf, ob Sie von Fülle oder von Mangel ausgehen. Wenn Sie merken, dass Sie auf

Ihre eigene Bedürftigkeit fixiert sind, stellen Sie sich eine (oder alle) der folgenden Fragen:

- Was möchte ich in dieser Situation am liebsten geben?
- Wie viel davon habe ich schon in diesem Bereich meines Lebens?
- Was hat diese Situation an sich, wofür ich zutiefst dankbar bin? Weshalb macht mich das dankbar?
- Was fehlt mir eigentlich? Was wäre, wenn ich längst mehr als genug davon hätte?

2. Suchen Sie nach Menschen in Ihrem Leben, die »Helden der Fülle« sind. Nehmen Sie sich auf jeden Fall Zeit, um deren Erfolg zu preisen, und lassen Sie, wo es angemessen ist, Ihr »Glas« in deren Gegenwart voll werden.

3. Überlegen Sie, ob Sie nicht jeden Tag damit beginnen wollen, sich mit Gutem anzufüllen. Lesen Sie Bücher oder Internetseiten, die Sie inspirieren. Führen Sie Tagebuch über alle guten Dinge in Ihrem Leben. Meditieren Sie über die unendliche Güte, von der Sie umgeben sind.
Sie sind fertig, wenn Sie ein Gefühl innerer »Erfülltheit« haben – oft ist es ein Gefühl der Befriedigung und Zufriedenheit, begleitet von stillen Tränen der Dankbarkeit. Mit der Zeit merken Sie, dass Ihre Fähigkeit, Gutes zu erfahren und aus der Fülle zu leben, zunimmt und es immer weniger Zeit erfordert, sich anzufüllen bis zum Überfließen.

Vor der Wand

Auf unserem Hindernislauf zum Erfolg steht uns noch ein letztes Hindernis bevor – und für die Mehrzahl von uns ist dieses das furchterregendste von allen …

16
Angst

Information	Können	Überzeugung
Wohlbefinden	Mitmenschen	Motivation
Zeit	Geld	**Angst**

Die Schlange in der Zimmerecke

Letzten Endes wissen wir im tiefsten Innern,
dass hinter einer jeden Angst eine Freiheit winkt.
Marilyn Ferguson

Stellen Sie sich vor, Sie lebten in einem völlig dunklen
Raum und hätten Tag und Nacht entsetzliche Angst vor

einer tödlichen Schlange, die zusammengerollt in einer Zimmerecke liegt. Sie hüten sich davor, jener Ecke nahe zu kommen, und ein Teil Ihrer Aufmerksamkeit ist immerfort auf die Schlange gerichtet, für den Fall, dass sie ihren bevorzugten Ruheplatz zu verlassen beschließt.

Stellen Sie sich nun vor, eine Minute lang gingen alle Lampen im Zimmer an. Ihre Neugier ist stärker als Ihre Angst, sodass Sie sich zur Schlange hinüberzublicken trauen, und da sehen Sie, dass es sich nur um ein aufgerolltes Seil mit ausgefranstem Ende handelt, an dem nichts Beängstigendes oder Gefährliches zu entdecken ist.

Selbst wenn das Licht nun wieder ausginge, hätten Sie keine Angst mehr vor dem Stück Seil in der Ecke. Denn Sie haben mit eigenen Augen gesehen, was die »Schlange« wirklich ist, und könnten nie wieder dieser Täuschung aufsitzen.

Im Zen-Buddhismus wird die kurzzeitige Erfahrung, dass das Licht angeht (also eine kleine »Erleuchtung« stattfindet), *Kensho* genannt. Dieses Erlebnis klingt zwar meistens wieder ab, aber die dadurch gewonnenen Einsichten bleiben erhalten.

Hier einige typische kleine *Kensho*-Erlebnisse, von denen mir Freunde und Klienten im Lauf der Jahre berichtet haben:

- *Man führt endlich ein Gespräch, vor dem man sich immer gedrückt hat, nur um zu entdecken, dass es keine große Sache war und die Beziehung, die man damit unter Umständen zu zerstören meinte, jetzt stärker ist denn je.*

- *Man offenbart sein tiefstes, dunkelstes Geheimnis, und stellt fest, dass jeder es schon kannte und/oder dass es niemanden interessiert.*

- *Man findet heraus, dass die Person, auf die man schrecklich eifersüchtig war oder vor der man große Angst hatte, selbst eifersüchtig war und Angst vor einem hatte.*

* *Man sieht sich dem gegenüber, was einem am meisten Angst macht, und erkennt, dass nur das beängstigend ist, was man selbst dazu erfunden hat – was es für das eigene Leben bedeuten könnte, von der Angst »überrollt« zu werden.*

Ich hatte meine letzte kleine Erleuchtung vor Kurzem in der gemütlichen Sitzecke meines örtlichen Buchladens. Lange Zeit hatte ich Angst vor einem Wortwechsel mit Fremden, weil ich glaubte, vielleicht zu dominant daherzukommen und den Betreffenden zu verletzen, ein Beweis für meine geheime Angst, ein taktloser Grobian zu sein. Oder dass ich mich zu sehr zurückhalten würde, womit sich meine geheime Angst bestätigen würde, eine Niete, ein Versager und ein Fußabtreter zu sein.

Als ich es mir gerade bequem gemacht hatte, um einen Stapel Bücher durchzusehen, die ich mit viel Liebe aus dem Regal gesucht hatte, holte die Frau neben mir ihr Handy hervor und fing an, extrem laut mit mehreren Leuten zu telefonieren. Unter anderem unterhielt sie sich mit ihrem Freund, ihrer Gynäkologin und einer Frau namens Marni, die ihr offenbar nicht die gewünschte Unterstützung angedeihen ließ.

Normalerweise wäre ich, innerlich kochend, sitzen geblieben (Angst), hätte sie in meiner berechtigten Empörung aufgefordert, das Telefon wegzupacken (Kampf), oder wäre einfach aufgestanden und gegangen (Flucht). Aus unerfindlichen Gründen machte ich es dieses Mal völlig anders. Ich fragte sie höflich, ob es ihr etwas ausmachen würde, das Handy abzustellen.

Was uns beide, die Frau und mich, total überraschte, war

mein völliger Mangel an Selbstgerechtigkeit. Sie war so auf Kampf eingestellt, dass meine Friedfertigkeit sie vollkommen verblüffte. Sie stellte ihr Handy ab und marschierte davon, sicherlich genauso verdutzt wie ich über das, was gerade geschehen war.

Bei genauerem Nachdenken wurde mir klar, was ich dort gelernt hatte – dass ich einfach um etwas bitten konnte, ohne eine Geschichte zu erfinden, die meine Bitte rechtfertigte (und damit »bewies«, dass ich trotzdem ein guter Mensch war und nichts Unzumutbares verlangte).

Eine typische *Kensho*-Erfahrung könnte man so beschreiben:

**Oft genügt ein flüchtiger Blick in die Freiheit,
um die Angst für immer zu vertreiben.**

Damit Ihnen »ein Licht aufgeht« und Sie in Ihrem Leben mehr Freiheit erfahren, wollen wir uns einmal genauer anschauen, was Angst eigentlich ist, wie sie wirkt und woher sie kommt …

Wovor haben wir solche Angst?

Tu, was du fürchtest, und die Furcht stirbt.
Eleanor Roosevelt

Vor vielen Jahren bin ich einmal zusammen mit Carol Vorderman in einer Fernsehsendung mit dem Titel *Put it to the test* aufgetreten. Ich sollte in dieser landesweit ausgestrahlten Sendung die Wirksamkeit der schnellen NLP-Technik gegen Phobien vorführen. Drei Menschen mit einer Spinnenphobie waren im Studio durch Elektroden an EEG- und EKG-Geräte angeschlossen und wurden von zwei Ärzten betreut.

In der Sendung wurde den Versuchspersonen ein Glasgefäß mit Taranteln gezeigt, und sofort verzeichneten die Monitore einen jähen Anstieg der Herzfrequenz und der elektrischen Gehirnaktivität. Jetzt arbeitete ich etwa 30 Minuten lang mit den Leuten; danach kehrten wir ins Studio zurück, wo sie wieder an die Geräte angeschlossen wurden, und dann mussten sie erneut die Taranteln anschauen. Dieses Mal blieb ihre Herzfrequenz fast normal, auch als die Spinnen ihnen direkt vors Gesicht gehalten wurden.

Die Ärzte staunten über dieses Ergebnis, aber mich selbst wunderte es kaum, da ich schon Hunderte Male miterlebt hatte, dass die NLP-Technik wirkt. Was ich an jenem Tag hingegen höchst interessant fand, war das, was vor dem Aufzeichnen der Sendung geschah …

Ein paar Stunden vor unserem Auftritt wurden die Freiwilligen zur Generalprobe an die Geräte angeschlossen. Ein Studioangestellter brachte das leere Gefäß herein, in dem später die Spinnen sitzen sollten. Kaum erblickten die Versuchspersonen das leere Gefäß, erhöhten sich die Herzfrequenzen und Hirnaktivitäten *genauso wie beim Anblick echter Spinnen*. Plötzlich wurde klar, dass sie keine Angst vor Spinnen hatten – sie hatten Angst vor dem, was sich in ihrem Geist und Körper abspielte, wenn sie an Spinnen *dachten*.

Ich bin durch eigene Erfahrungen und durch das, was Klienten mir erzählt haben, zu dem Schluss gekommen, dass dies nicht nur für solche Phobien gilt, sondern für alle Ängste:

Wir haben keine Angst vor dem,
wovor wir Angst zu haben glauben –
wir haben Angst vor dem, was wir denken.

Da 99 Prozent aller Ängste im Denken begründet liegen, können Sie (sobald Sie wissen, wie) sich schnell und leicht von Ihrer Angst befreien, ohne irgendetwas auf dieser Welt ändern zu müssen.

Von der Theorie zur Praxis ...

Eine Fernbedienung fürs Gehirn

(Führen Sie diese Übung mit etwas aus, das Ihnen ein bisschen Angst einflößt, und üben Sie so lange, bis es Ihnen nichts mehr ausmacht. Mit zunehmender Übung können Sie auch mit Situationen spielen, die mehr Angst erregen ...)

1. Stellen Sie sich vor, Sie säßen zu Hause auf Ihrem Lieblingsplatz und sähen fern. Neben Ihnen liegt eine spezielle Fernbedienung, mit deren Hilfe Sie mit den Bildern auf der Mattscheibe spielen, sie anhalten, zurückspulen und schnell vorwärtslaufen lassen können.

2. Beim Zappen kommen Sie an einen Fernsehkanal, wo der Bildschirm zunächst leer bleibt. Es handelt sich um einen speziellen Kanal, der nur Sendungen darüber zeigt, wie man alte Angstmuster durchbricht. Sogleich läuft ein alter Schwarzweißfilm an, in dem sich ein Schauspieler, der Ihnen erstaunlich ähnlich sieht, in einer ähnlichen Situation befindet, wie Sie sie vielleicht bald erleben werden.

3. Schauen Sie sich, während der Film läuft, die Fernbedienung genauer an. Diesmal fallen Ihnen wahrscheinlich ein paar Extratasten auf, die Ihnen noch mehr Kontrolle über das an die Hand geben, was auf dem Bildschirm passiert:

Helligkeit – reguliert den Hell-Dunkel-Kontrast, bis das Bild angenehm ist.

Farbe – damit können Sie den Film an jeder beliebigen Stelle auf Farbe und wieder zurück auf Schwarzweiß stellen.

Größe – vergrößert und verkleinert das Bild.

Zoom – diese Funktion holt Bildinhalte näher heran oder schiebt sie weiter weg.

Lautstärke – mit dieser Taste stellen Sie den Ton lauter oder leiser.

Temperatur – erhöht oder senkt die Zimmertemperatur, bis sie genau richtig ist.

Zeichentrick – macht aus einem Spielfilm einen Zeichentrickfilm und umgekehrt.

Variables Ende – diese Taste ermöglicht es Ihnen, dem Film jedes beliebige Ende zu geben, das Sie gern sehen möchten, wie bei manchen DVDs.

Interaktiv – hiermit können Sie aktiv in das Geschehen auf dem Bildschirm eingreifen, zum Beispiel, indem Sie mittendrin den Standpunkt wechseln, Ton unterlegen oder die Tonspur verändern, Bildlegenden oder Sprechblasen hinzufügen.

4. Schauen Sie sich den Film so oft an, wie Sie mögen. Wenn es Momente gibt, die Sie besonders unangenehm finden, dann spielen Sie mit den verschiedenen Möglichkeiten, die Ihnen die Fernbedienung bietet, bis der Film so ist, wie Sie ihn sich wünschen, sodass Sie ihn in aller Gemütlichkeit und Ruhe mit Behagen anschauen können. (Ihn mit Zirkusmusik auf der Tonspur rückwärtslaufen zu lassen, hat eine erstaunliche Wirkung!)

Der Ursprung von Angst

Schon in der Kindheit wird uns zu unserer Sicherheit beigebracht, bestimmte Dinge zu fürchten. Statt sich die nötige Zeit zu nehmen und uns die Gefahren und Besonderheiten einer unermesslich großen, unbekannten Welt zu erklären, vermitteln uns unsere wohlmeinenden Eltern oder Vormunde eine Art »Kurzschrift der Angst«, um unser Überleben zu sichern.

Die Zenlehrerin Cheri Huber hebt hervor:

Intelligenz ist das, was unsere Sicherheit garantiert … aber es wäre gut, wenn uns jemand auch das alles erklären könnte … – nicht so, als sei das Kind dumm oder leichtsinnig oder ständig von Unglück bedroht –, sondern einfach so, wie man Informationen an jemanden weitergibt, der sie nicht hat.

Ich weiß noch, wie sich mir zum ersten Mal der Sinn dieser Sätze intuitiv erschloss. Ich stand am Rand einer verkehrsreichen Straße, die ich überqueren wollte; jedes Mal, wenn ein Auto vorbeisauste, trat ich unwillkürlich einen Schritt zurück, bis mir klar wurde, dass ich keine Angst zu haben brauchte, angefahren zu werden, auch wenn ich nicht zurücktrat. Dass ich mich richtig verhalten konnte, lag einfach daran, dass ich es wollte und wusste, wie – ich brauchte nicht von Angst dazu getrieben zu werden.

Richard Machowicz, ehemals bei den US-Navy-Seals, einer amerikanischen Spezialeinheit, drückt es so aus:

Angst ist kein guter Indikator für Gefahr, sondern ausgewertete Erfahrungen sind es … Selbstverständlich hat jeder von uns Angst. Aber denke einer nie auch nur eine Sekunde lang, dass

die Angst, die er vor etwas hat, eine Warnung ist und ihn ret-
ten wird. Vielmehr ist es die korrekte Auswertung früherer Er-
fahrungen, die richtige Entscheidungen herbeiführt, Punktum.
Und es sind die richtigen Entscheidungen, die einem das Leben
retten.

Wenn Sie das nächste Mal etwas machen wollen und plötzlich Angst bekommen, dann stellen Sie sich die folgenden
drei Fragen:

1. *Was ist das Schlimmste, das geschehen könnte, falls das,*
   was ich fürchte, wirklich eintrifft?
2. *Was ist das Beste für mich und andere, was geschehen*
   könnte, wenn ich zwar Angst hätte, es aber trotzdem täte?
3. *Was wäre wahrscheinlicher als diese zwei Extreme?*

Jedes Mal, wenn Sie sich diese Fragen stellen und sie beantworten, werden Sie bessere und immer bessere Entscheidungen treffen, selbst angesichts einer dem Anschein
nach beängstigenden Situation. Was Ihnen die Auswertung
Ihrer Erfahrungen noch mehr erleichtern kann, ist das
Wissen, dass Sie nicht allein da hindurch müssen (was immer es ist).

Stellen Sie sich vor, irgendjemand aus Ihrem Leben würde
jeden Schritt Ihres Weges mit Ihnen tun, Sie bedingungslos
lieben und zu Ihnen stehen, auch wenn Sie fehlgingen. Stellen Sie sich darüber hinaus vor, diese Person würde Ihnen
das Gefühl vermitteln, Sie seien absolut sicher und würden
umsorgt – geliebt, akzeptiert und behütet.

Nehmen Sie eine Herausforderung bereitwilliger an,
wenn Sie mit so jemandem zusammen sind? Sind Sie dann
eher gewillt, es mit der Welt aufzunehmen? Oder zumindest es erst mal mit dem eigenen Leben aufzunehmen?

Zum Glück ist ein Teil von Ihnen immer präsent, immer liebevoll, immer freundlich und immer für Sie da. Wenn Sie diesem Teil bisher noch nicht begegnet sind, nehmen Sie sich ein paar Minuten Zeit für die folgende Übung …

Von der Theorie zur Praxis …

Dem inneren Führer begegnen

1. Entspannen Sie sich körperlich und lassen Sie es zu, dass Sie ganz präsent werden – dass Sie diese Worte lesen, die Geräusche ringsherum hören und fühlen, was Sie fühlen.

2. Stellen Sie sich jetzt vor, Sie würden jedem Teil Ihres Körpers Liebe zukommen lassen – den Zehen und den Augen, den Schenkeln und der Nase – gehen Sie jeden Körperteil durch, bis es Sie von Kopf bis Fuß kribbelt.

3. Der Teil von Ihnen, der Ihnen Liebe zuwendet, ist Ihr innerer Führer. Bitten Sie diesen Teil von sich um Hilfe und Rat, wie Sie trotz Ihrer Ängste weitergehen können.

Während Sie sich darin üben, auf diese Weise Zeit mit sich selbst zu verbringen, merken Sie, wie Ihre Ängste schwinden und sich Ihnen neue Möglichkeiten eröffnen. Liebe überwindet Angst, jedes Mal aufs Neue – und die Quelle der Liebe ist in Ihnen.

Die Angst vor Ablehnung überwinden

Alle Schauspieler suchen die Ablehnung.
Und wenn sie die nicht finden, lehnen sie sich selbst ab.
Charlie Chaplin

1977 wurde in der *New York Times* eine viel zitierte Befragung veröffentlicht, die erbracht hatte, dass ein größerer Prozentsatz der Befragten mehr Angst vor einem öffentlichen Auftritt hatte als vor dem Tod.

Das zeugt zwar von einer gewissen Logik (natürlich hatten mehr an der Befragung Beteiligte schon öfter einen öffentlichen Auftritt erlebt als den Tod), aber ich hatte immer den Eindruck, dass die lähmendste Angst für viele von uns die Angst vor Zurückweisung ist.

Ob sie uns davon abhält, einen geschäftlichen Anruf zu tätigen, uns mit jemandem zu verabreden oder das Leben unserer Träume zu verwirklichen, jedes Mal, wenn wir ein Anliegen vorbringen (oder es vorzubringen gedenken), wird unsere aufs Überleben ausgerichtete Angst vor Ablehnung wach.

Das liegt vor allem daran, dass die Möglichkeit, abgewiesen zu werden, im Allgemeinen real ist. Die Person, mit der wir ein Geschäft abschließen wollen, entscheidet sich vielleicht, nichts zu kaufen, die Person, mit der wir uns verabreden wollen, sagt vielleicht wirklich nein, und die Straße zum Leben unserer Träume ist vielleicht wirklich mit Abweisungen gepflastert.

Als ich noch Fulltime-Schauspieler war, mussten meine Freunde und ich jeden Tag mit einer Absage rechnen. Und wie jeder, der ein Produkt oder eine Dienstleistung verkaufen will, mussten wir jede Menge Absagen verkraften, um überhaupt etwas zu verdienen. Eine befreundete Schauspielerin erzählte mir kürzlich sogar, dass sie in Panik gerät, wenn eine gewisse Ruhe eingekehrt ist und sie nicht mindestens zehn Mal die Woche eine Absage bekommt!

Vor langen Jahren bin ich auf einen einfachen Trick gestoßen, der Wunder wirkt, wenn die Angst vor Zurückweisung gedämpft werden soll, und es uns erlaubt, auch angesichts der Möglichkeit einer Ablehnung noch unser Bestes zu tun.

Sie können ihn gerne anwenden, wenn Sie das nächste Mal nervös sind, weil Ihnen ein geschäftliches Telefonat, ein Bewerbungsgespräch, ein Treffen oder eine Verabredung mit einem/einer Unbekannten bevorsteht.

Von der Theorie zur Praxis ...

Die eigene Sippe mitbringen

1. Konzentrieren Sie sich vor Ihrem Treffen/Anruf/Geschäft/ Interview ein paar Minuten auf Menschen in Ihrem Leben, von denen Sie geliebt werden. Falls Sie religiös sind, können Sie sich auch auf die Liebe Gottes konzentrieren; Leute mit eher humanistischen Neigungen können die Liebe eines Kindes, des Partners oder der Partnerin oder eines Haustiers in den Mittelpunkt stellen.
(Wenn Ihnen niemand einfallen will, der Sie liebt oder geliebt hat, gibt es für Sie wahrscheinlich Wichtigeres im Leben, als Geschäftsanrufe zu tätigen!)

2. Konzentrieren Sie sich weiter auf das Gewahrsein (und das damit verbundene Gefühl), geliebt zu werden, und denken Sie an das drohende Ereignis. Machen Sie sich bewusst, dass Sie zwar noch immer das Gleiche wie vorher von den Leuten wollen, es jedoch nicht nötig haben, von ihnen geliebt

oder anerkannt zu werden. Sie werden bereits geliebt, akzeptiert und geschätzt.

3. Gehen Sie mit diesem Gewahrsein und Gefühl zu Ihrem Treffen. Sollten Sie irgendwann während dieser Begegnung über Gebühr nervös werden, machen Sie sich einfach wieder bewusst, dass Sie geliebt werden, und fühlen Sie es.

Warum funktioniert das so gut?

Es geht auf das zurück, wovon in Kapitel 5 die Rede war – auf unsere biologische Veranlagung zu Sicherheit und Geborgenheit. Wenn wir diesen alten Teil unseres Gehirns beruhigen (und ihn zu diesem Zweck mit Gefühlen der Verbundenheit und Zugehörigkeit überschwemmen, wie sie das Wissen, geliebt zu werden, mit sich bringt), sind wir besser in der Lage, die Ressourcen unseres Geistes voll und ganz auszuschöpfen.

Es ist fast so, als würde man dem Gehirn die Botschaft übermitteln: Lass es dich nicht bekümmern, wenn diese Person oder diese Leute dich nicht akzeptieren – du bist längst auf der sicheren Seite!

Löwen, Tiger und Babys

Als meine Frau bei der Geburt unseres ersten Kindes in den Wehen lag (zu einer Zeit also, in der es, wie sie sich stets zu sagen beeilt, wenig Grund für sie zum Lachen gab), kam es am dritten Morgen um sechs Uhr früh nach 57 anstrengenden Stunden zu einem komischen Zwischenfall. Mitten in all dem Schmerz und Leid kam die Hebamme mit einem Anästhesisten, den sie aufgetrieben hatte, in den Kreißsaal, und er gab meiner Frau eine örtliche Betäubung, die den

Unterleib völlig unempfindlich macht gegen Schmerz und
so stark wirkt, dass man der Betäubten sogar sagen muss,
wann sie das Kind herauspressen soll.

Mit meiner Frau vollzog sich binnen weniger Augenblicke eine Verwandlung, die mich davon überzeugte, unseren Notgroschen am besten in die Herstellung dieses Be-
täubungsmittels zu investieren. Hatte sie noch Sekunden
vorher vor Qual so laut geschrien, dass sie sogar bei den
Dreharbeiten von *Der Soldat James Ryan* Aufmerksamkeit
erregt hätte, setzte sie sich jetzt, vollkommen gelöst, auf-
recht hin und bat mich, ihr die Sonntagszeitung zu geben.
Die nächsten fünf Minuten saßen wir beisammen und plauderten oder lasen, als wäre dieses ganze Kinderkriegen nicht
schwieriger als der jährliche Gesundheitscheck.

Aber dann ging es los – die nächste Wehe setzte ein, und
sofort war klar, dass die Betäubung überhaupt nicht gewirkt
hatte und dass die Erleichterung und Ruhe, die meine Frau
verspürt hatte, nicht dem Betäubungsmittel, sondern dem
Placeboeffekt ihrer eigenen Erwartungen in der Ruhepause
zwischen zwei Wehen zu verdanken gewesen waren.

Sechs Stunden, 72 Wehen und ein inoffizielles *Purple-
Heart*-Abzeichen später brachte meine Frau einen gesunden
Jungen namens Oliver zur Welt, der uns in der Zwischen-
zeit so viel Freude gemacht hat, dass die 63 Stunden
Schmerz und Leid, die seine Geburt verursacht hat, dadurch mehr als wettgemacht werden. (Auf jeden Fall in
meinen Augen. Wie meine Frau darüber denkt, müssen
Sie sie selbst fragen … hatte ich erwähnt, dass die Geburt
63 Stunden dauerte?)

Was ebenfalls an jenem Tag das Licht der Welt erblickte,
war eine wunderbare Art und Weise, mit Schmerz und
Angst umzugehen; sie hat sich in der Bratpfanne und im

Feuer des täglichen Lebens bei mir selbst und bei Hunderten meiner Schüler bewährt, von ein paar Tausend Zenmeistern aus längst vergangenen Zeiten ganz abgesehen. Aus der Beobachtung, wie meine Frau sich trotz völliger Erschöpfung, Angst und Schmerzen in angenehmere Gefühle »hineintrickste«, habe ich gelernt, dass das Leben im gegenwärtigen Augenblick eigentlich immer in Ordnung ist, egal, wie schrecklich oder schmerzhaft wir uns den nächsten ausmalen.

Sehr häufig im Leben werden unsere Schmerzen und unsere Angst erst durch die Erwartung weiterer (und schlimmerer) zukünftiger Schmerzen und Ängste verursacht. Wenn wir Augenblick für Augenblick in uns selbst hineinhorchen, ob alles in Ordnung ist, stellen wir fest, dass die Antwort unweigerlich ein emphatisches »Ja!« ist.

Mit anderen Worten: Solange Sie beim Lesen dieser Seiten nicht gerade mit 120 km/h frontal in einen gigantischen Mähdrescher sausen, stehen die Chancen gut, dass genau da, wo Sie jetzt sitzen, alles okay ist.

Von der Theorie zur Praxis ...

Ist im Moment alles okay?

1. Wählen Sie etwas, das Sie tun wollen oder müssen, wovor Sie jedoch Angst haben.

   Beispiele:
   Zum Zahnarzt gehen; den netten Menschen anrufen, den Sie gestern Abend in der Kneipe kennengelernt haben, und sich mit ihm verabreden.

2. Setzen Sie einen bestimmten Zeitpunkt dafür an.

3. Bis zu dem betreffenden Termin werden Sie einige unruhige Momente durchmachen. Fragen Sie sich immer, sobald Sie Angst überkommt: »Ist im Moment alles okay?«
Wenn Ihre Antwort »nein« lautet, überprüfen Sie sie noch einmal. Irgendwelche Löwen, Tiger oder Bären in Sicht? Wäre in diesem Moment alles okay für Sie, wenn Sie wüssten, dass Sie das, was Sie fürchten, gar nicht tun müssten?

4. Wiederholen Sie die ersten drei Schritte so oft wie möglich.
Beispiel:
Zum Zahnarzt gehen. Ich bekomme Angst, wenn ich einen Artikel über eine schiefgegangene Wurzelkanalbehandlung lese. Ist im Moment alles okay? Ich hole tief Luft und schaue mich um; ich sehe, dass ich im Wohnzimmer sitze und lese. Keine Löwen, keine Tiger, keine Bären. Ja, im Moment ist alles okay.

Beispiel:
Einen wichtigen Anruf tätigen. Die Zeit für den Anruf rückt immer näher, und mir ist schon ganz flau im Magen. Das ist es doch nicht wert! Ich werde nicht anrufen ... jetzt alles okay? Na ja, mein Herz klopft wie wild. Fühlt sich nicht so gut an. Dabei weiß ich, dass alles okay wäre, wenn ich mich entschlösse, nicht anzurufen ... Ich werde mich später entscheiden. Keine Löwen, keine Tiger, keine Bären in Sicht. Ja – im Moment ist alles okay.

5. Widmen Sie sich, sobald der festgesetzte Tag und Zeitpunkt da ist, der Aktivität, die Sie so scheuen. Prüfen Sie sich bei jedem Schritt der Aktion, und achten Sie darauf, über welchen Zeitraum tatsächlich alles okay ist (mit Ihnen).
Beispiel:
Beim Zahnarzt. Es ist okay, im Wartezimmer zu sitzen. Es ist auch noch okay, auf dem Zahnarztstuhl zu liegen und mit dem Arzt zu plaudern. Es ist sogar okay, dass ich friedlich daliege

und den Bohrer näher kommen höre. O weh, gleich ist er an meinen Zähnen … jetzt ist er an meinen Zähnen! Er ist an meinen Zähnen! Aua! Ist alles okay? Wie peinlich – aber: alles okay. Tut mir leid, Herr Doktor!

Beispiel:

Der Anruf. Es ist ganz in Ordnung, die Nummer rauszusuchen. Es ist auch noch in Ordnung, den Hörer abzunehmen. Es ist sogar noch in Ordnung, das Amtszeichen zu hören. Oje, jemand nimmt ab. Er ist es! Er sagt: »Hallo!« Will wissen, wer dran ist! Ach je, ach je! Im Moment alles okay? Ich hole tief Luft und schaue mich um, während wir weiterreden. Keine Löwen, keine Tiger, keine Bären in Sicht. Ja, im Moment ist alles okay.

Die Wurzel aller Ängste

Wer Angst vor dem Tod hat, ist nicht wirklich frei.
Martin Luther King jr.

Auf der Liste der überzeugendsten Glaubenssätze, nach denen man leben sollte, ist die Feststellung »Wir müssen alle sterben« nicht unter den Top Ten, ja nicht einmal unter den Top Fifty zu finden. Dabei ist dieser Gedanke für mich einer von denen, die mich auf dieser Welt am stärksten motivieren und inspirieren.

Wenn wir alle sterben müssen (und nicht wissen, wann), ist es doch nur logisch, jeden Augenblick voll und ganz auszuschöpfen. Wenn wir alle sterben müssen (und nicht einmal wissen, wann), welchen Sinn hätte es dann, sich nur deshalb in Aktivitäten zu ergehen, die bisher nichts eingebracht haben, weil sie uns eines Tages das einbringen könnten, was wir uns wünschen? Wenn wir alle sterben müssen (und niemand genau weiß, wann), folgt daraus nicht ganz natürlich, dass wir dann Vorsorge treffen wollen für die, die wir lieben, für unsere Familie?

Vor einigen Jahren stand ich auf dem Dach eines der höchsten Gebäude der Welt und bekam entsetzliche Höhenangst. Ich schloss die Augen, holte ein paar Mal tief Luft und rief mir ins Gedächtnis, dass ich ohnehin sterben würde – die Frage war nur, wann. Seltsamerweise steigerte es meine Angst nicht etwa, mich an meine Sterblichkeit zu erinnern, vielmehr war sie danach wie weggeblasen. Von da an konnte ich beschwingt und unbekümmert auf jeder Aussichtsplattform herumlaufen und den Blick auf die Stadt aus luftiger Höhe genießen.

In gewisser Weise ist alle Angst auf die Angst vor dem Tod zurückzuführen. Folgt man der »Angstleiter« Sprosse für Sprosse hinab (... *und was, fürchten wir, wird geschehen, wenn sich unsere Angst bewahrheitete? Und was, fürchten wir, würde dann geschehen?*), landet man unweigerlich unsanft beim eigenen Tod.

Es ist komisch, aber wenn man jeden Morgen mit der Tatsache Frieden schließt, dass der heutige Tag vielleicht der letzte ist, kann man endlich jeden Tag in aller Freiheit voll ausschöpfen.

Ich erinnere mich noch gut an meinen ersten Fallschirmsprung. Am Sprungtag gingen wir zum Flugplatz, bekamen eine zweiminütige Grundausbildung, mussten danach zwei Stunden warten und kletterten schließlich in ein Flugzeug mit offenem Bauch. Während wir langsam aufstiegen bis zu einer Höhe von etwa 3 000 Metern, schoss mir der Gedanke durch den Kopf, dass das, was ich vorhatte, zwar als »riskant« galt, ich aber wahrscheinlich nie größere Sicherheit in einem

Flugzeug genießen würde als heute. (Normalerweise sind Fallschirme unter den Sitzen verstaut – ich hatte meinen schon umgeschnallt!)

Erst im Moment des Absprungs, als ich vom Flugzeug aus in die unendliche, unbekannte Weite des Himmels schaute und die Wolken unter mir sah, wurde mir klar, dass diese Erfahrung für mich nicht neu war – dass ich im Grunde irgendwie schon mein Leben lang aus Flugzeugen sprang. Natürlich gab es den bekannten Adrenalinstoß, als ich an das dachte, was mir bevorstand, gefolgt von einem fast unmerklichen Ruck der Entschlossenheit. Als Nächstes hechtete ich auch schon zur Luke, und dann sprang ich oder fiel ich kopfüber ins Leere.

Als ich mich eben an die Geschwindigkeit des freien Falls gewöhnt hatte, entfaltete sich mein Fallschirm, und bald war ich in der Lage, meinen Flug in die Tiefe zu steuern, mir einen Landeplatz auszusuchen und die Aussicht zu genießen, während ich schwerelos auf mein Ziel zuschwebte. Ich hatte sogar Zeit, über das Erlebnis nachzudenken. Meine Gedanken fingen an, herumzuwandern, und da fiel mir eine meiner Lieblingsgeschichten ein …

Mehr Neugier als Angst

1911 tauchte in den Vorbergen des Mount Lassen im Norden Kaliforniens aus nie geklärten Gründen ein Mann auf, nackt und mutterseelenallein. Zwei Anthropologen aus Berkeley, Thomas Waterman und Alfred Kroeber, brachten in Erfahrung, dass es sich um das letzte noch lebende Mitglied eines einstmals starken amerikanischen Indianerstammes handelte, der Yahi. Obgleich der Mann die Freundschaft der Weißen annahm, die ihn aufnahmen und in der örtlichen Universität unterbrachten, sagte er nie seinen wahren Namen und wurde schließlich als »Ishi« bekannt, was übersetzt »Mensch« heißt.

Da er nie in der »Zivilisation« gelebt hatte, wie seine Wohltäter es nannten, wurde er dauernd mit Dingen konfrontiert, die er noch gar nicht kannte. Bei seinem ersten Besuch in San Francisco wurde er zum Bahnhof von Oroville mitgenommen. Als der Zug einfuhr, entfernte Ishi sich still von seinen Reisebegleitern und stellte sich hinter eine Säule. Als sie ihn zu sich winkten, kam er jedoch wieder hervor und stieg in den Zug.

Zurück in der Universität, fragte Kroeber ihn, was sein seltsames Benehmen auf dem Bahnhof zu bedeuten gehabt hätte. Ishi erzählte ihm, in seiner Jugend hätten er und Angehörige seines Stammes den Zug durch das Tal fahren sehen. Er hätte sich gewunden und Rauch und Feuer gespien, und da hätten sie gedacht, es sei ein Dämon, der Menschen fräße.

Kroeber fragte neugierig: »Und wie hast du den Mut gefunden, in den Zug zu steigen, wenn du doch dachtest, es sei ein Dämon?«

»Mein Leben hat mich gelehrt, mehr Neugier als Angst zu haben.«

Indem wir uns jeden Tag Zeit für eine Sache nehmen, die uns nicht ganz geheuer ist, trainieren wir unseren Geist und stählen allmählich unseren Mut und unser Herz.

Dann steht es uns frei, den Rat von Sir Laurence Olivier zu beherzigen, der auf die Frage des jungen Schauspielers Albert Finney, wie man die Nerven behalten könnte, erwiderte:

Mach es wie ich, mein Junge – setze dich mit deinem Mut selbst in Erstaunen!

Leben jenseits von Angst

Das beste Mittel, das ich für den Umgang mit Angst kenne, hat eigentlich gar nichts mit Angst zu tun – man setzt einfach voraus, dass man als Mensch dazu neigt, sich zu ängstigen, und stellt sich jetzt vor, wie anders das Leben wohl ohne diese Neigung wäre.

Vor ein paar Jahren wollte ich gerade einen Vertrag unterschreiben, der mich verpflichtete, ausschließlich für ein sehr erfolgreiches Coaching-Unternehmen zu arbeiten, als mir der kalte Schweiß ausbrach. Dieser zarte psychologische Wink gab mir zu verstehen, dass ich auch nach fast 15 Jahren als professioneller Coach, Trainer und Redner noch immer insgeheim Ängste hatte, was meine berufliche Karriere betraf, und mich selbst dadurch behinderte.

Nun wäre es durchaus vernünftig gewesen, die Angst zu beobachten, zu analysieren, umzuwandeln oder sogar zu durchbrechen, aber plötzlich kam mir eine Frage in den Sinn, die ich mir noch nie gestellt hatte:

Was würde ich tun, wenn ich keine Angst hätte?

Die Antwort kam so leicht und schnell, dass ich zunächst fast überwältigt war. Aber ich fragte weiter. Und obgleich ich überhaupt nichts tat, überkam mich ein Gefühl von Freiheit und innerer Ruhe, das mir sowohl fremd als auch vertraut war, so als ob man zu einem brandneuen Haus nach Hause kommt.

Ich fing an, mir die Frage regelmäßig zu stellen, in den unterschiedlichsten Situationen, und merkte rasch, dass ich zwar die meiste Zeit über kein körperliches Angstgefühl hatte, mich aber trotzdem im Leben von Angst bremsen ließ.

Das ist das Problem mit der ganzen »Fühl die Angst und mach es trotzdem«-Philosophie – um danach zu leben, muss man wirklich erst die Angst spüren. Die meisten von uns haben jedoch ihr Leben so effektiv auf Angstvermeidung ausgerichtet, dass uns die Angst selbst gar nicht mehr bewusst ist. Wenn Sie im tiefsten Herzen wissen, was Sie tun müssen, um eines Ihrer Ziele zu verwirklichen, und trotzdem nichts tun, liegt es aller Wahrscheinlichkeit nach daran, dass Sie Angst vor etwas haben.

Von der Theorie zur Praxis …

Jenseits von Angst leben

1. Suchen Sie sich irgendeinen Bereich Ihres Lebens, in dem Sie einen Durchbruch erzielen möchten, was Ihre Leistungen oder die Qualität Ihrer Erfahrungen oder beides betrifft.

2. Beenden Sie den Satz »*Wenn ich keine Angst hätte, würde ich …*« möglichst oft für jeden dieser Bereiche (nehmen Sie sich als Minimum zehnmal vor). Diese Satzenden sollen keine neue Liste zum Abhaken von Dingen ergeben, die Sie tun müssten. Sie werden wissen, welche Ihrer Ideen (wenn überhaupt) Sie am besten in die Tat umsetzen, wenn Sie merken, dass Sie bereits dabei sind, es zu tun!

   Beispiel:
   Lebensbereich – meine Beziehungen
   Wenn ich keine Angst hätte, würde ich …
   - *häufiger die Wahrheit sagen.*
   - *mir Zeit für mich selbst nehmen, auch wenn mein Partner oder meine Partnerin das nicht mag.*
   - *in ihm/ihr den wichtigsten Menschen der Welt sehen.*
   - *um Sex bitten, wenn ich Lust dazu hätte, und andernfalls einfach nein sagen.*

> – *mich mehr auf meinen Partner/meine Partnerin einlassen.*
> – *ihn oder sie von ganzem Herzen rückhaltlos lieben und sehen, was passiert.*
>
> 3. Wiederholen Sie diese Übung möglichst oft, und gehen Sie dabei alle Lebensbereiche durch, die Ihnen in den Sinn kommen. Ich empfehle, sie mindestens einmal täglich durchzuführen, allerdings scheint häufigeres Üben den Prozess zu beschleunigen. Achten Sie darauf, wie schnell Sie sich freier fühlen, Fortschritte machen und Freude empfinden.

Tatsächlich ist es ein riesiger Unterschied, ob man einfach keine Angst mehr spürt oder ob man frei geworden ist, weil man den Raum jenseits von Angst in sich selbst gefunden hat. Und je öfter man sein Leben jenseits von Angst lebt, umso schneller folgt auf die Frage: »Was würde ich machen, wenn ich keine Angst hätte?« die Antwort: »Genau das, was ich gerade mache.«

Nachwort

Ein wunderbares Leben

»Was wünschst du dir, Mary? Was wünschst du dir?
Ist es der Mond? Nur ein Wort von dir, und ich werfe
ein Lasso hinauf und ziehe ihn herunter.«
James Stewart in dem Film *Ist das Leben nicht schön?*

Vor Kurzem war ich mit einem angehenden Klienten Kaffee trinken und erwähnte beiläufig, dass ich zwar einen Großteil meiner Zeit mit Coachen, Unterrichten und Schreiben zubringe, mich aber nicht unbedingt als Coach, Lehrer oder Schriftsteller empfinde. Als er mich fragte, was ich denn dann als meinen Beruf ansähe, kam ich tatsächlich ins Grübeln.

»Es ist der ›Wunderbar-leben‹-Beruf«, sagte ich schließlich.

Alles, wovon bisher in diesem Buch die Rede war – von einem Leben, das einem ein »Wow!« entlockt, bis zur Überwindung der neun Lebenshindernisse – handelt im Grunde von einem wunderbaren Leben. Übrigens habe ich noch keinen einzigen Menschen kennengelernt, der nicht wunderbar leben wollte, obwohl das »Wunderbare« sehr unterschiedlich definiert wird.

Womit wir bei der wahrscheinlich wichtigsten Frage dieses Buches wären:

Wenn ein wunderbares Leben die Summe einer Menge wunderbarer Tage ist, was kann man dann tun, damit es so viele wunderbare Tage wie nur möglich werden?

Hier meine Top-Ten-Tipps …

1. Beschließen, dass heute ein wunderbarer Tag wird

Es klingt zwar einfach, aber ich vermute mal, dass einer der Hauptgründe dafür, warum die Leute nicht öfter einen wunderbaren Tag erleben, der ist, dass sie es nie beschlossen haben. Sie gehen davon aus, dass »wunderbare Tage« wie das Wetter sind – kurzfristig vorherzusagen, aber langfristig unberechenbar. Denken Sie noch mal nach. Mit viel Intention und ein wenig Geschick können Sie sich Ihr eigenes Mikroklima der Freude schaffen und überallhin mitnehmen.

Ihre Übung dafür?

Beschließen Sie, dass der Tag wunderbar werden soll!

2. Lauter wunderbare Dinge erwarten

Der amerikanische Bestsellerautor Brian Tracy beginnt jeden Morgen damit, dass er mehrmals zu sich selber sagt: »Heute wird mir etwas Wunderbares widerfahren.« Und das tut es zwangsläufig auch. In der ersten Woche, in der ich es versuchsweise ebenso machte, bekam ich drei Rollenangebote, einen neuen Coaching-Klienten und eine Rückzahlung vom Gaswerk.

Und jetzt alle zusammen …

Heute wird mir etwas Wunderbares widerfahren. Heute wird mir etwas Wunderbares widerfahren. Heute wird mir etwas Wunderbares widerfahren!

3. Sich etwas Schönes vornehmen

Heute gibt es Sushi zum Abendessen. Morgen ist ein Mittagsschläfchen fällig. Dienstagabend gehe ich zu einem Baseballspiel. Mittwoch müssten die bei Amazon bestellten Bücher ankommen. Donnerstag kann ich einen dicken, fetten Scheck einlösen. Freitag bin ich mit Nina und den Kindern im Kino. Klingt nach einer wunderbaren Woche!

4. Unendlich viel Nachsicht gegenüber der Welt (und sich selbst) üben

Von Coquelin, dem großen französischen Schauspieler des 19. Jahrhunderts, wird erzählt, er hätte einmal an einem Sommerabend vor einer Show sein Ensemble zusammengerufen und verkündet, er könne so nicht weitermachen. Auf die Frage, warum nicht, erwiderte er: »Ich habe heute einfach keine Lust, mich aufzuregen.«

Warum nehmen nicht auch Sie sich heute einen Tag frei von allen Aufregungen? Sie können weiter so viel oder so wenig tun wie immer und sich Ihr Leben so einrichten, wie es Ihnen gefällt, aber lassen Sie einfach mal die emotionale Achterbahn hinter sich und setzen Sie Ihr Leben dankbar und fröhlich fort.

5. Etwas Wunderbares tun

Es gibt im Wesentlichen drei Kategorien von wunderbaren Dingen, die man tun kann:
a) Dinge, die wunderbar sind, während man sie tut.
b) Dinge, die Wunder wirken.
c) Dinge, die wunderbar sind, während man sie tut, und die darüber hinaus noch Wunder wirken.

Wenn Ihr Tag wunderbar werden soll, dann sorgen Sie dafür, dass möglichst vieles aus den Kategorien a), b) und c) auf Ihrem Terminplan steht!

6. Zeit mit wunderbaren Menschen verbringen

Wollen Sie wunderbare Tage erleben, einen nach dem anderen?

Dann stellen Sie eine Liste der wunderbarsten Menschen auf, die Sie kennen, und beschließen Sie, von heute an jeden Tag mit mindestens einem davon eine gemeinsame Zeit zu verbringen.

7. Wunderbares Essen genießen

Erinnern Sie sich noch an das Experiment von 1930, bei dem Kleinkinder einen Monat lang selbst bestimmen durften, was sie essen wollten? Also, wenn eine Schar von Zweijährigen ganz von selbst zu einer ausgewogenen Ernährung findet, warum dann nicht auch Sie?

Wählen Sie heute, statt sich etwas aus einem der über 7 000 in den Buchkatalogen aufgeführten Diätratgeber herauszusuchen, Ihr Essen ausnahmsweise mal danach aus, was Sie wunderbar finden würden!

8. Wunderbare Bücher lesen

In seinem Buch *Die Kraft der Mythen* erzählt Bill Moyers die Geschichte eines Studenten von Joseph Campbell, der sich über die unendlich lange Liste von Büchern beschwerte, die Professor Campbell begleitend zu seinen Vorlesungen zu lesen empfahl. Daraufhin soll Campbell gesagt haben: »Es wundert mich, dass Sie's überhaupt versucht haben – Sie haben doch Ihr Leben lang Zeit, diese Bücher zu lesen!«

Nach meiner Theorie (und ich lese zwei bis drei Bücher pro Woche) kann ich, selbst wenn ich 16 Stunden am Tag sieben Tage die Woche lese, nur an der Oberfläche dessen kratze, was es gibt – es besteht also wirklich keine Notwendigkeit, je ein Buch zu lesen, das nicht wahrhaft wunderbar ist!

(Eine Liste der wunderbarsten Bücher, die ich selbst bis heute gelesen habe, können Sie auf meiner Website unter der Rubrik »Want to learn more?« einsehen; den Link finden Sie am Ende des Buches.)

9. Am Abend an die wunderbaren Dinge denken

Wäre es nicht schrecklich, wenn Sie einen wirklich wunderbaren Tag erlebt hätten, ohne es überhaupt zu bemerken? Nehmen Sie sich heute Abend einmal etwas Zeit, und denken Sie an all die wunderbaren Dinge zurück, die Sie heute gemacht haben und die Ihnen heute widerfahren sind – Sie werden sehen, wie das Gesetz der Anziehung wirksam wird, denn je mehr Sie nachsinnen, umso mehr finden Sie!

10. Ein wunderbarer Tag ist voller Wunder

Zuoberst auf meiner Liste der Fehlbesetzungen in klassischen Filmen steht John Wayne als römischer Feldherr in John Hustons Film *Die größte Geschichte aller Zeiten.*

Wayne sprach seinen wichtigsten Satz »Er ist wahrlich der Sohn Gottes« offenbar nicht ganz so enthusiastisch, wie Huston es sich gedacht hatte. »It needs more awe – es muss mehr Ehrfurcht (*awe*) rein«, befahl Huston, woraufhin Wayne, der die Anweisung wörtlich nahm, in seiner unnachahmlichen Art sagte: »Aww ... he truly is the son of Gawwd.«

Schauen Sie heute einmal auf die Wunder ringsumher – bestaunen Sie zum Beispiel die Schönheit von Schmetterlingen, versuchen Sie zu fühlen, wie sich die Erde unter Ihren Füßen dreht, oder schauen Sie Ihren Kindern tief in die Augen und fragen Sie sich, wie zum Kuckuck die eigentlich hierhergekommen sind.

Amüsieren Sie sich, lernen Sie immerfort dazu, und denken Sie daran: Jedes Mal, wenn Sie einen wunderbaren Tag erleben, bekommt wieder ein Engel Flügel!

Bis zum Wiedersehen!
Ihr **Michael Neill**

Sie wollen mehr wissen?
Besuchen Sie meine Website www.geniuscatalyst.com/learnmore.php! Ein Großteil der hier vorgestellten Bücher ist auch in deutscher Übersetzung erschienen.

Ihr »geheimes Passwort« lautet:
BGL21292

Dank

Wenn ich alle Leute aufzählen wollte, in deren Schuld ich mit meinem Buch stehe, würden mehr Seiten zusammenkommen, als dieses Buch hat. Darum sage ich hiermit ein herzliches Dankeschön allen, die etwas zum Inhalt und zu den Erfahrungen beigetragen haben, die hier gesammelt sind!

Ein paar Leuten möchte ich an dieser Stelle ganz besonders danken:

- Stuart Wilde, der mich einfach vor eine Gruppe von Leuten geschubst hat, obwohl ich gar nicht wusste, dass ich schon dafür bereit war: Ich kam, er schubste mich, ich flog!
- Richard Bandler für seine Unterstützung und für die Entwicklung des Gebietes, das mir das Leben gerettet und meine Karriere beflügelt hat.
- Paul McKenna dafür, dass er mich mit Fußtritten und Geschrei aus einem vorzeitigen Ruhestand gezerrt hat (und dass er immer ein großartiger Freund war).
- Gay und Kathlyn Hendricks, die mich davon überzeugt haben, dass es viel mehr Spaß macht, über die Brüstung zu schauen, als sich sein Leben lang zu ducken.
- Sacha Gervasi, der mich dazu ermutigt hat, dieses Buch zu schreiben, obwohl ich noch gar nicht »so weit« war.
- Sue Crowley – meinem Glücksengel –, ohne die das Werk im Bücherregal meines Geistes verschmachtet wäre.
- Bill Cumming und Peter Fenner, die Hebamme gespielt

und bei der Geburt meines spirituellen Selbst geholfen haben.

- Mandy Evans und Michele Lisenbury Christensen, die mich immerzu ermutigt und mich darin unterstützt haben, das zu leben, was ich coache.
- All meinen Lehrern, Trainern und Klienten damals und heute: Ihr habt unendlich viel für mein Leben und dieses Buch getan!

Besonderen Dank schulde ich ferner dem »Uncle Father David« der Kinder, der mein bester Freund, Vertrauter, Lehrer und Mitforscher wurde. Ich bin dankbar, dich so jung kennengelernt zu haben, dass ich nie herausfinden musste, was für ein kostbares Gut unsere Freundschaft ist …

Literaturhinweise

Bandler, Richard: *Time for a Change. Lernen, bessere Entscheidungen zu treffen.* Junfermann, Paderborn, 3. Aufl. 2003.

Covey, Stephen R.: *Die 7 Wege zur Effektivität.* Gabal, Offenbach, 9. Aufl. 2005.

Dwoskin, Hale: *Die Sedona-Methode.* Vak-Verlag, Kirchzarten, 2. Aufl. 2006.

Dyer, Wayne: *Spirituelle Antworten auf alle Probleme.* Goldmann, München 2003.

Gawain, Shakti: *Stell dir vor. Kreativ visualisieren.* Rowohlt, Reinbek 2004.

Hendricks, Gay und Kathlyn: *Liebe macht stark. Von der Abhängigkeit zur engagierten Partnerschaft.* Goldmann, München 2004.

Holden, Robert: *Happiness now! Timeless Wisdom for Feeling Good Fast.* Hay House, Carlsbad, Cal., USA 2007.

Huber, Cheri: *Nichts an dir ist verkehrt. Ungewöhnliche Wege zur Selbstakzeptanz.* Kösel, München, 3. Aufl. 2004.

Jeffers, Susan: *Selbstvertrauen gewinnen. Die Angst vor der Angst verlieren.* Kösel, München 2003.

Katie, Byron: *Ich brauche deine Liebe – stimmt das?* Goldmann, München 2005.

Kline, Nancy: *Time to Think. Listening to Ignite the Human Mind.* Cassell, London 1998.

McKenna, Paul: *Ein neues Leben in sieben Tagen.* Goldmann, München 2007.

Moyers, Bill: *Die Kraft der Mythen*. Artemis & Winkler, Düsseldorf 1989.

Reiland, Christian: *LOA. Das Gesetz der Anziehung.* Goldmann, München 2008.

Robbins, Anthony: *Grenzenlose Energie. Das Powerprinzip.* Ullstein, Berlin 2004.

Squire, Rushnell: *Wenn Gott zwinkert. Wie die Kraft des Zufalls Dein Leben leitet.* Silberschnur, Güllesheim 2003.

Tenberken, Sabriye: *Mein Weg führt nach Tibet. Die blinden Kinder von Lhasa.* Droemer/Knaur, München 2004.

Williamson, Marianne: *Das Geschenk der Wandlung. Ein Wegweiser zu persönlichem Wachstum.* Goldmann, München 2006.

Wilson, Robert A.: *Der neue Prometheus. Die Evolution unserer Intelligenz.* Hugendubel, München 2003.

Yancey, Philip: *Gnade ist nicht nur ein Wort.* Brockhaus, Haan 2007.

Wachsen und sich wandeln

Michael Dawson,   21736
Der Weg der Vergebung

Marianne Williamson,   21744
Das Geschenk der Wandlung

M. Scott Peck,   21666
Der wunderbare Weg

Jack Allanach,   21733
Der Feind in deinem Kopf

GOLDMANN
ARKANA

Die ganz einfache Methode des »Hundeflüsterers«

ISBN 978-3-442-33782-8

Wenn Sie sich mit dem Gedanken tragen, einen Hund anzuschaffen, ist dieses Buch für Sie. Und ebenso, wenn Sie Ihren Hund über die Maßen lieben, ihm aber gewisse Unarten nicht abgewöhnen können. Denn der „Hundeflüsterer" zeigt Ihnen, was im Kopf eines Hundes vor sich geht und wie Sie eine gute, erfüllte Beziehung erreichen.